LÉON GAMBETTA

LETTRE D'UN CORSE HABITANT LYON

A UN CORSE HABITANT AJACCIO

PAR

J.-B.-C. PINSOLO

« Oui, tout pour la Patrie, il faut
« l'aimer sans rivale et être prêt à tout
« sacrifier, jusqu'à nos plus intimes pré-
« férences ! Je ne mets rien au-dessus
« de ce beau rêve : Patrie avant tout ! »
(Léon GAMBETTA.)

LYON
ASSOCIATION TYPOGRAPHIQUE
F. PLAN, RUE DE LA BARRE, 12
—
1883

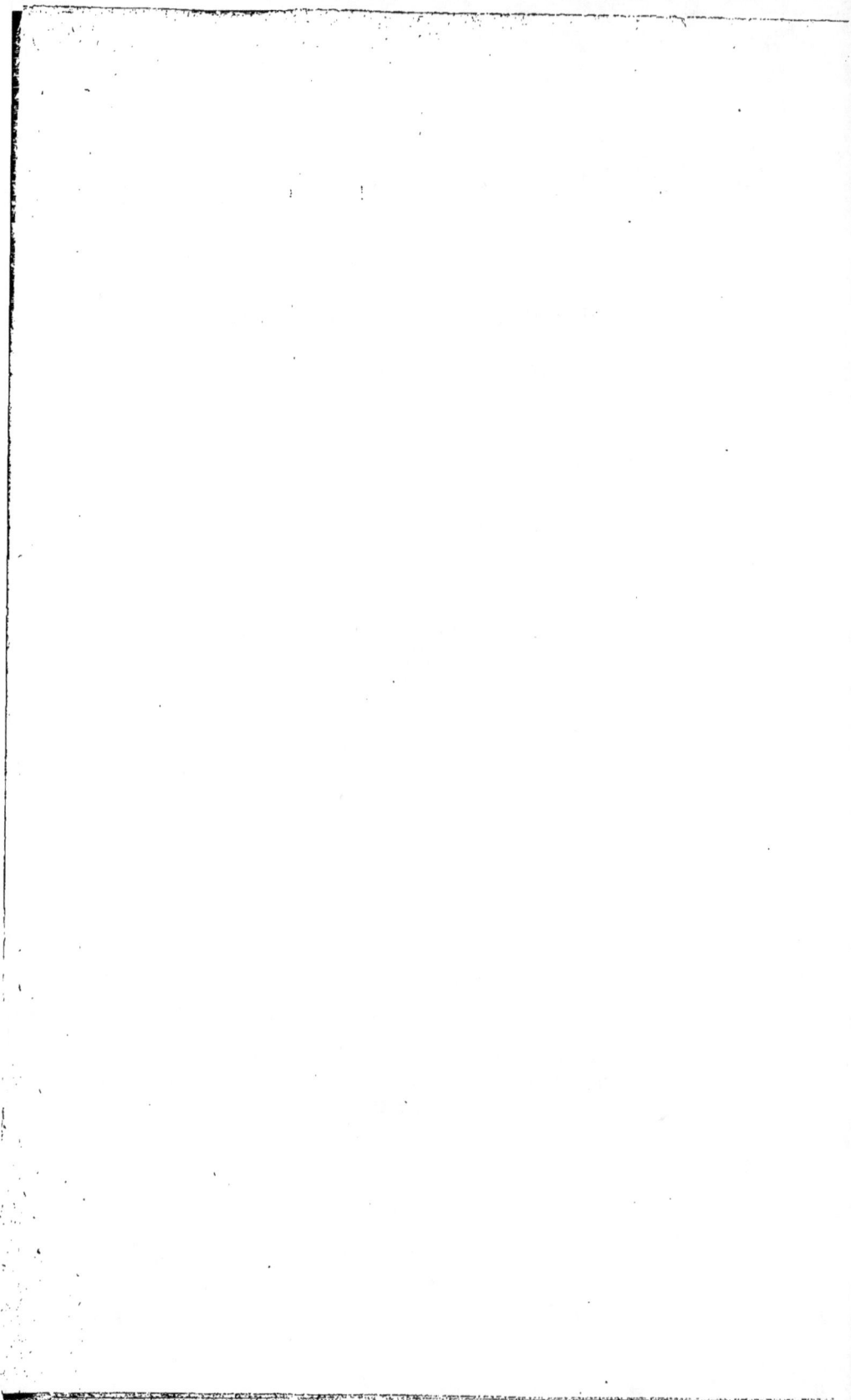

DÉDIÉ

A M. CHALLEMEL-LACOUR, *comme témoignage d'estime et de vive reconnaissance d'un patriote lyonnais pour sa courageuse, sage et patriotique administration du département du Rhône aux heures douloureuses de la Patrie.*

A M. Henri MARTIN *et à* M. Paul DEROULÈDE, *organisateurs de la Ligue des Patriotes, hommage d'amitié et de vive gratitude patriotiques.*

———

Ce travail, qui n'a d'autre mérite que le désintéressement et la bonne foi de celui qui l'a écrit avec le cœur plus qu'avec l'esprit, et qui est un témoignage sincère de haute estime, d'affectueuse amitié, d'impérissable reconnaissance et d'amers regrets patriotiques pour l'illustre mort qui en est l'objet, ne doit pas être souillé par un vil intérêt matériel! Il ne doit pas et il ne sera pas vendu, il sera donné et il sera envoyé *franco* par l'auteur aux parents et aux amis du grand patriote qui en feront la demande écrite à M. J.-B.-C. Pinsolo, adressée à l'Association typographique, rue de la Barre, 12, à Lyon.

LÉON GAMBETTA

LETTRE D'UN CORSE HABITANT LYON A UN CORSE HABITANT AJACCIO

PAR

J.-B.-C. PINSOLO

> « Oui, tout pour la Patrie, il faut
> « l'aimer sans rivale et être prêt à tout
> « sacrifier, jusqu'à nos plus intimes pré-
> « férences ! Je ne mets rien au-dessus de
> « ce beau rêve : Patrie avant tout ! »
>
> (Léon Gambetta.)

NOTICE PRÉLIMINAIRE

Je crois devoir avertir le lecteur bénévole ou morose que cette lettre, un peu trop longue, offerte à sa patience amie et à son indulgente approbation ou à sa haine et à sa censure amères, selon la nature de ses idées et l'état passionnel de son cœur, n'est que l'expression vraie, un peu adoucie, des sentiments pénibles qui, à l'heure où je l'écrivais, s'agitaient dans mon esprit, troublé par la conduite indigne des mauvais patriotes et des charlatans politiques, qui faisaient naître dans mon âme indulgente des effluves de colère et de haine, par leurs agissements et leurs actes injustes et anti patriotiques. Et cette colère et cette haine maudites qui souillaient mon âme, d'où j'aurais voulu pouvoir les chasser, m'envahissaient et me dominaient d'autant plus malgré moi, que leurs éléments morbides bouillonnaient par avance dans mon cœur et dans mon cerveau où les avaient amassés les calomnies ignobles, les dénigrements infâmes et la hideuse ingratitude dont les égoïstes envieux, les médiocrités jalouses et les réacteurs haineux abreuvaient M. Gambetta, sans autre motif que la rage de leur jalousie et de leurs passions aveugles.

C'était le cri douloureux arraché à mon amour de la République, de la liberté, de la justice et de la patrie, cruellement blessé dans la personne aimée du grand patriote qui était l'incarnation vivante de tous ces trésors sacrés de mon affection. Ce fut le débordement violent de l'immense indignation qui remplissait mon âme navrée par tant d'infamies ! Ce fut l'explosion de mon cœur hypertrophié par les turpitudes de ces lâches détracteurs du magnanime citoyen et l'expansion impétueuse de l'amertume de mes trop vifs ressentiments, dont les flots précipités étendirent cette réponse à un ami beaucoup au-delà des limites ordinaires.

Ce plaidoyer âpre et informe, mais loyal et de bonne foi, ou plutôt, cette plainte amère et désordonnée d'une conscience sincère et convaincue, offensée dans ses sentiments les plus intimes, dans ses croyances les plus chères, dans ses affections patriotiques les plus ardentes, je l'avais fiévreusement griffonnée après l'abandon du pouvoir par M. Gambetta, et elle était à peu près terminée à l'avènement du ministère Duclerc.

J'aurais pu la publier alors, et je l'aurais certainement publiée si je n'avais écouté que les douloureux sentiments de colère qui me l'avaient dictée, mais de crainte que mon trop franc, trop vif et trop rude langage de vieillard irrité par tant d'égoïsme, par tant de mauvaise foi, par tant d'insanités et d'infamies, ne surexcita contre le grand citoyen les rancunes et les haines de ses vils détracteurs ; de crainte que ma plume inexpérimentée, vacillante et incertaine ne trahît ma pensée et servît mal l'homme illustre que je voulais défendre, quand des milliers de plumes vaillantes, autorisées et amies pouvaient le faire infiniment mieux que je ne le pouvais ; de crainte aussi de nuire aux efforts que faisait ce magnanime démocrate, avec sa longanimité, son dévoûment, son abnégation et sa générosité habituels, pour réconcilier tous les républicains, même les irréconcilliables, que la monstrueuse coalition contre lui avait divisés, je crus de mon devoir de patriote sincère et dévoué d'imposer silence à mes ressentiments amers et je gardai pour moi seul ce produit de ma juste indignation, qui n'était que l'expression vraie et désintéressée de mon ardent amour pour la justice, pour la liberté et pour la patrie.

Je le gardai comme un témoignage vivant, que j'offrai à moi-même, de mon admiration, de mon amitié et de mon inextinguible reconnaissance pour le brillant orateur, pour le dévoué républicain, pour le magnanime et infatigable patriote.

Et je l'ai conservé cet enfant rachitique et difforme, premier-né de la pensée affaiblie et fiévreuse d'un vieillard quasi octo-génaire, je l'ai conservé tel qu'il était sorti de ma conscience, troublée par tant d'injustices, par tant d'ingratitude, par tant de cynisme et d'infamies ! J'ai seulement, forcé par les alléga-tions absurdes avancées par certains députés pour justifier leur vote de coalition immorale contre ce grand homme d'État, j'ai un peu gonflé ce premier-né d'une génération spontanée et rapide, en le nourrissant des réflexions successives, plus ou moins indi-gestes, que me suggéraient les assertions fausses et de mau-vaise foi de ces jaloux rancuneux. Et ces réflexions multipliées ont beaucoup ajouté à l'exubérance de l'expression de mes sen-timents, aux redites et aux incorrections qu'avaient déjà pro-duites les idées pénibles qui se pressaient à flots dans mon esprit troublé et revenaient sans cesse au bout de ma plume, où les poussait l'exaspération de mon patriotisme cruelllement blessé.

Et cependant, ce patriotisme seul avait pu me faire garder le silence ! Mais, hélas ! le patriotisme ne me demande plus de me taire à cette heure funèbre, d'angoisses et de deuil ! je n'ai plus ni motifs ni raisons pour cacher mes pensées, ni l'amertume de mes âpres ressentiments, pas plus que je n'en n'ai pour cacher ma poignante douleur et mes amers·regrets, maintenant que le magnanime et vaillant patriote a quitté pour toujours cette terre de la vieille Gaule qu'il avait tant aimée et qu'il avait arrosée de sa sueur patriotique et ensemencée de son fécond génie pour la rendre fertile de toutes les grandeurs. Nul n'a plus intérêt à mon mutisme, maintenant que ce puissant et indomptable lion qui veillait à la garde de la liberté, de l'indé-pendance et de l'honneur du pays s'est endormi dans la sombre et profonde nuit de l'éternité et n'est plus là, gardien vigilant, toujours prêt à défendre de sa griffe acérée et irrésistible la République et la patrie, contre tout agresseur audacieux que l'agitation de son ondoyante crinière et ses rugissements écla-tants n'auraient pas suffi pour tenir éloigné de tous les trésors inviolables et sacrés qui font notre grandeur morale, politique et matérielle.

Je ne sens plus le besoin de me taire maintenant que le brillant soleil qui chauffait, éclairait, fécondait et vivifiait la République a disparu du ciel de la France, qu'il illuminait, et s'est éclipsé dans les limbes de l'incommensurable infini !

A quoi bon me taire, maintenant que ce phare lumineux qui éclairait la voie de la vraie liberté et celle de la France républi-

caine, pour les guider et les conduire à leurs plus hautes destinées, ainsi que le nuage brillant illuminé par Dieu éclairait le
peuple hébreu à travers le désert, pour le guider et le conduire
à la terre promise, maintenant que ce flambeau du génie de la
France s'est éteint pour le plus grand malheur de la patrie, qui
le pleure avec des larmes brûlantes et dont elle portera longtemps
le deuil et sentira la perte irréparable ? Et à qui mon silence
servirait-il, maintenant que le puissant et invincible champion
de toute notre fortune et de tout notre prestige, de toutes nos
gloires et de toutes nos grandeurs est enseveli pour jamais dans
les plis glorieux du drapeau national qu'il avait relevé de la boue
sanglante de Sedan où l'avaient laissé tomber la faiblesse, l'incurie et la lâcheté d'un gouvernement inepte ?

Et il le releva avec d'autant plus de courage et d'énergie, ce
symbole vénéré de la liberté et de la patrie, que la grandeur de
son amour et de son dévoûment patriotiques ne laissaient
naître dans son esprit, pas plus que dans son âme, la moindre
pensée de crainte ou de faiblesse, la moindre défaillance d'esprit
ni de cœur, le moindre doute sur le triomphe de la patrie aimée !
Il était trop fier d'être le fils aimé de la grande et héroïque nation
pour concevoir la pensée désespérante, la pensée impie et sacrilège pour son grand cœur, qu'elle pouvait être vaincue, elle, le
vainqueur de tant de rois ! Et cette sublime et sainte confiance, qu'il puisait dans son amour ardent de la patrie, ne lui
permit jamais de désespérer d'elle, pas même après que le cruel
destin et l'infamie des hommes pervers avaient trahi son indomptable énergie et sa divine espérance patriotiques ; pas même
après que l'invincible fut enfin vaincue, et lui avec elle : tous
deux accablés par le nombre que les prodiges de leur héroïsme
héréditaire furent impuissants à vaincre.

Oui, jamais ce grand cœur ne désespéra de la patrie qu'il
aimait sans rivale et de toutes les forces passionnelles de son
âme ardente ; pas même après la trahison de l'infâme Bazaine,
pas même après qu'ils furent vaincus, elle et lui, par le nombre,
par la trahison et par la défaillance des hommes de peu de foi.
Car alors il lui restait encore et il conserva pieusement la foi vive
et ardente que la chère blessée se relèverait promptement de sa
chute horrible ! et il conserva cette réconfortante et sainte
espérance d'autant plus vive et plus certaine, qu'il avait la volonté puissante et immuable d'aider à son relèvement et à sa
grandeur de toutes les forces de sa vaste intelligence, de sa
grande âme et de son grand cœur, qui en avaient la puissance
effective et suffisante.

Il le releva, ce glorieux drapeau de la vieille et impérissable gloire de Jemmapes et de Valmy, il le releva avec tant de fierté, de courage, d'énergie et d'audace, avec tant de perspicacité, de sagesse, d'habileté et de génie, qu'il fit frissonner de crainte le colosse allemand, que son nom et sa voix de lion rugissant, répétés par tous les échos et réveillant la France endormie, firent trembler et douter de sa force pendant la lutte ; le faisait trembler à l'heure où il triomphait de notre faiblesse, à l'heure sombre et donloureuse où il faisait râler la France sous le poids de son impitoyable talon crotté, et le faisait trembler encore après, à chaque éclat de sa voix frémissante dont le retentissement réveillait toujours le patriotisme, l'amour de la liberté, de la gloire et de la grandeur de la patrie, dans tous les cœurs français où le souffle délétère du despotisme les avait endormis un moment. Et il tremblera toujours, malgré l'orgueil de sa puissance et l'enivrement de son triomphe qu'un gouvernement incapable et imprévoyant lui avait préparé.

Il tremblera toujours, le barbare, au souvenir de cette lutte homérique, de cette résistance gigantesque, soutenue, contre sa formidable puissance, par cet invincible Antée qui reprenait ses forces épuisées en frappant du pied la terre féconde de l'héroïque et généreuse Gaule ! Il tremblera toujours au souvenir de ce Briarée, enfant de cette terre fertile en prodiges de toutes les grandeurs humaines, au souvenir de ce merveilleux enfant de toutes les vertus et de toutes les audaces de notre vaillante et magnanime nation ! Il tremblera toujours au souvenir de ce Phaéton intrépide qui, plus heureux que ce fils d'un dieu, et plus heureux que l'Icare légendaire, s'éleva dans les airs, puis sortit du nuage et tomba du ciel comme la foudre ou plutôt comme l'ange gardien de la France, que son génie, son énergie et son dévoûment arrachèrent au sommeil léthargique et morbide de la servitude, et que sa voix, tour à tour émue et vibrante, poussa contre le redoutable et féroce envahisseur, en lui rappelant ses splendides et impérissables traditions d'héroïsme, de gloire et d'honneur et en rallumant ainsi dans son âme refroidie la sainte flamme du patriotisme qui l'embrasait, lui, d'une brûlante ardeur et que le despotisme avait étouffé chez elle en l'ensevelissant dans son suaire funèbre !

· Oui ! ces grands et immortels souvenirs de la lutte formidable et de l'héroïque lutteur feront toujours trembler notre redoutable ennemi d'hier et feront reculer tous les jaloux, tous les envieux, tous les antagonistes, tous les compétiteurs injustes de ce noble et généreux pays, à chaque heure de leurs pensées hostiles ! Aucun d'eux n'oubliera l'indomptable athlète qui défendit notre sol et notre dignité avec cette énergie et ce dévoûment surhumains, et, aux heures de leurs mauvais desseins contre nous, chacun d'eux se souviendra que la fière et noble image du magnanime patriote sera encore une de nos forces pour nous défendre, en vivant toujours dans le cœur de la France que son ombre héroïque guidera sans cesse, aux jours du danger, à la défense de sa liberté, de son indépendance et de son honneur qu'il sauva, lui, à force de courage et de dévoûment patriotique, aux heures sombres et néfastes de nos horribles malheurs !

Oui ! maintenant que les médiocrités envieuses, maintenant que les ambitieux vulgaires et sans valeur n'ont plus à craindre ni la voix retentissante du grand orateur réprouvant leurs folles utopies, leurs théories insensées ou de mauvaise foi, maintenant que les jaloux haineux de son puissant génie, de son immense renommée, de la grandeur de son influence intellectuelle et morale, ne pourront plus blesser ni son grand cœur ni sa grande âme, avec leurs lâches et infâmes calomnies, et ne pourront plus se déshonorer, s'ils en ont encore l'impudence, qu'en bavant le reste de leur rage impuissante sur le cercueil du grand et vaillant patriote, sur ce cercueil auguste et vénéré que la France inconsolable inonde de ses larmes, qu'elle couvre de fleurs et qu'elle a enveloppé de son glorieux drapeau, qu'il avait tenu, lui, si fièrement levé devant l'ennemi ! maintenant que les détracteurs ignobles du grand citoyen n'ont plus à craindre que ses idées, ses doctrines et la puissance irrésistible du souvenir immortel de ses vertus libérales et patriotiques, qu'ils sont et seront toujours impuissants à entamer, s'ils avaient l'audace ou la folie de le tenter ! maintenant, en un mot, maintenant qu'aucune considération personnelle, d'ordre moral ou politique, ne m'arrête, je publie cet écrit tel qu'il a été formulé par une pensée de liberté, de patriotisme et de justice !

Je le publie, non pour son importance, pour son mérite ou son utilité, qui ne peuvent être que négatifs et sans valeur, vu l'heure où il paraît après la disparition du grand patriote aimé qui en était l'objet, vu sa pauvreté d'idées et de raisons nouvelles et son incorrection d'ordonnance, de style et de langage, mais je le publie pour les mêmes motifs qui me l'avaient fait conserver : comme le haut témoignage de mon admiration, de

ma reconnaissance et de ma vive et inaltérable affection pour
le patriote et le républicain illustre que je pleure avec des
larmes amères et que toute ma famille pleure avec moi et avec
la France !

Et à cette heure funèbre de deuil national, dans ce noble
pays de la reconnaissance, de la générosité et du dévoûment,
où les cordes sensibles du patriotisme et de la liberté vibrent
toujours tristes et lugubres, ou sonores et harmonieuses au
moindre souffle de crainte ou d'espérance, de triomphe ou de
revers et de malheurs, comme la harpe éolienne vibrait au
moindre souffle du vent, comme la statue de Memnon faisait
entendre, à l'aurore affligée, la mélodie tendre et suave de la
titillation de ses fibres qui tressaillaient au moindre rayon du
soleil levant, dans ce noble pays de l'honneur que le mot de
lâcheté fait frémir, pourrait-il s'y trouver encore des lâches
détracteurs du plus illustre enfant de la France, qui seraient
assez éhontés pour user le reste de leurs dents venimeuses sur
la pierre adamantine de son vénéré sépulcre ?

Et qui pourrait avoir une aussi audacieuse impudence, à cette
heure où la France violemment réveillée en sursaut par la
commotion électrique du dernier souffle de l'homme prodigieux
dont les accents vibrants et sonores et le dévoûment patriotique l'avaient réveillée jadis de sa torpeur d'esclave et l'avaient
poussée à la défense de sa liberté, de son indépendance et de
son honneur ?

Qui oserait, qui pourrait être assez vil pour ajouter ainsi
l'amertume d'une telle infamie aux regrets amers et cuisants
de la France, à cette heure où, frappée au cœur par le trait
aigu et cruel de cette mort prématurée et inattendue du plus
vaillant de ses valeureux enfants, elle est debout, soulevée par
les tressaillements d'une immense et profonde émotion patriotique, et court affolée et palpitante, sous les étreintes de la plus
poignante douleur, pour rendre un dernier hommage de son
ardent amour et de son éternelle reconnaissance à celui qui
fut la personnification de son merveilleux génie et de ses sublimes aspirations à toutes les grandeurs morales, politiques et
matérielles ?

Qui oserait, qui pourrait être assez peu Français pour vouloir
dénigrer et rabaisser ainsi une des plus grandes gloires, une
des plus éclatantes grandeurs et des plus puissantes forces morales de la patrie, à cette heure où la France, qui dormait
tranquille, confiante et rassurée sous l'égide et la puissance

protectrice de ce merveilleux génie qu'elle avait enfanté et qu'elle avait nourri de son propre génie traditionnel, s'est réveillée ainsi frissonnante d'angoisses et de douleur en se sentant diminuer par la perte immense de cette force secourable et bienfaisante qui emporte avec elle une partie, et la meilleure, de sa propre force et ne lui laisse que le souvenir de cette prodigieuse puissance disparue ?

Elle lui laisse, en s'évanouissant, cette féconde, effective et salutaire puissance brisée par la trop grande expansion de son immense énergie calorifique, elle lui laisse le souvenir de ce qu'il fut et de ce qu'il fit pour elle aux jours de la lutte suprême pour sa liberté et aux heures terribles de ses plus grands dangers et de ses plus grandes douleurs ! Il lui laisse aussi, en disparaissant de la patrie désolée, ce vigoureux enfant qui vivait de sa vie et ne vivait que pour elle, il lui laisse, à cette mère inconsolable, à cette France généreuse et reconnaissante, il lui laisse le souvenir de la foi vive, de la conviction profonde qu'elle avait, qu'elle a et qu'elle aura toujours, de la puissance secourable qu'il pouvait lui donner en vivant pour elle, et des prodiges qu'il pouvait faire pour sa liberté, pour sa gloire, pour sa prospérité et sa grandeur, ce digne et valeureux enfant de ses entrailles, de sa pensée féconde et de son cœur brûlant !

Et qui voudrait ou qui pourrait effacer du cœur de la France ce pieux et bienfaisant souvenir ? Qui oserait et qui pourrait être assez peu patriote pour commettre une telle impiété, quand la France serre avec amour dans son âme affligée ce riche héritage, ce précieux souvenir du grand patriote, comme un talisman magique qu'elle conservera toujours et qui sera toujours pour elle une de ses meilleures forces morales pour conjurer les dangers qui pourraient la menacer encore dans les temps futurs ? Oui, ce souvenir, qui sera toujours une crainte décourageante et un danger pour ses ennemis, sera toujours pour elle un stimulant de courage, de générosité et de dévoûment, une aide efficace, un secours réconfortant aux heures incertaines et aux heures sombres et orageuses de l'avenir ! Il sera pour elle un conseiller fidèle, un guide sûr, une flamme vivifiante, une lumière salutaire qui illuminera les ténèbres et dissipera les nuages qui recèlent la foudre, aux heures sombres qui menaceraient de devenir dangereuses et lugubres pour elle !

Oui ! il sera toujours tout cela pour la France, ce cher et réconfortant souvenir, aux heures du danger où, privée du puissant appui vivant et effectif, de ce colosse d'intelligence et de force, aux heures où, privée de ce Mentor sagace qui veillait sur elle avec la plus tendre sollicitude et la guidait sûrement vers le but suprême de ses sublimes aspirations, elle ne pourra plus compter que sur elle-même, sur son courage, sur son énergie et son patriotisme traditionnels, pour défendre le riche patrimoine de toutes ses grandeurs, en s'inspirant de ce précieux et vivifiant souvenir! Elle ne pourra plus compter que sur son bon sens, sur sa sagesse et sur son génie positif, rationnel et pratique pour se garantir des embûches perfides, pour se préserver des égarements fiévreux, des doctrines malsaines, des folles et criminelles menées des anarchistes et des réactionnaires. Elle ne pourra plus compter que sur elle-même pour se défendre contre les entreprises dangereuses de ses ennemis du dehors, jaloux de son prestige et de toutes ses incomparables splendeurs! Elle ne pourra plus compter que sur elle-même, en un mot, et c'est assez avec l'aide de ce cher souvenir, pour se guider et se conduire vaillamment et sans faiblesse à sa haute destinée de liberté et de grandeur intellectuelle, morale et politique où voulait et pouvait la conduire l'héroïque enfant qu'elle pleure!

Oui! je le répète, pour l'honneur de la France, pour l'honneur de la liberté et de la République qui la donne, pour l'honneur de la justice et de la dignité humaine, je ne puis pas et je ne veux pas croire que dans ce pays de la loyauté, de l'honneur et de la vieille gloire, que dans ce pays héroïque, enthousiaste et passionné pour tout ce qui est noble et grand, il puisse s'y trouver encore des hommes assez dénués de sens et de cœur, assez pervertis et assez cyniquement infâmes pour vouloir ternir de nouveau, de leur souffle impur, l'honneur sans tache et la pure et éclatante gloire de ce grand citoyen que nous pleurons, et qui, disparaissant, nous en laisse la mémoire immortelle, comme il nous lègue les impérissables exemples de ses sublimes et magnanimes vertus civiques, qui, avec ses idées, ses principes et ses doctrines fécondes, dont nous acceptons le riche héritage, seront l'enseignement exemplaire du courage, du dévoûment, de la loyauté et de l'honneur, de l'amour de la liberté et de la patrie pour les générations futures, comme ils seront une des grandes puissances morales du pays aux jours des épreuves que le mauvais destin pourrait lui réserver encore!

Non! aucun homme, quelque dégradé qu'il puisse être, ne voudrait ou n'oserait faire une telle infamie quand tous les

Français, dignes de ce grand nom, viennent, en personne ou par délégation, de tous les points du sol de la patrie ébranlé par la secousse terrible de cette mort cruelle et inattendue, ils viennent pour honorer la dépouille mortelle de ce grand citoyen qui les avait conduits à la défense du pays et de l'honneur national, et ils défilent pieusement, consternés et baignés de larmes d'affliction et de regrets, devant le cercueil de l'illustre mort, qu'ils couvrent de milliers de couronnes de fleurs venues de tous les coins de la patrie en deuil et des quatre parties du monde !

Non ! aucun ne voudrait ou n'oserait faire cela, quand tout ce que la France possède d'hommes d'intelligence et de cœur, d'hommes illustres en tous genres, passe, devant ce cercueil, le front baissé et découvert, comme on passe devant l'image révérée d'un dieu ! Aucun ne voudrait ou n'oserait faire cela, quand tout Paris, la ville des lumières, des sciences, des lettres, des arts et de toutes les splendeurs, voit tous ses monuments et toutes ses maisons voilés de deuil, et voit tous ses enfants saluer au passage, avec un pieux respect mêlé de tristesse et de douleur, le cercueil de celui qu'ils avaient tant de fois acclamé, et dans le génie duquel ils avaient mis toutes leurs espérances patriotiques ; ou les voit passer devant ce cercueil, courbés et pleurant, comme des roseaux pliés par l'orage et larmoyant la sève de leur vie !

Et quel serait le misérable impie et sacrilège qui oserait jeter une note discordante sur la tombe prématurée de ce noble enfant de la France, mort avant le temps, consumé par la flamme dévorante de son amour ardent pour la liberté et pour la patrie, quand nos frères d'Alsace-Lorraine, que le mauvais destin a violemment et cruellement séparés de nous, et qui, en attendant l'heure de la justice réparatrice, en attendant l'heure de la délivrance et du retour au sein de la patrie qui les pleure, bravent fièrement la colère de leurs oppresseurs en couvrant de deuil leurs maisons, leurs femmes et leurs filles, et en partant de chaque ville, de chaque village, de chaque hameau, par masses nombreuses d'hommes, de femmes et d'enfants, qui, tristes et éplorés, viennent porter toutes les fleurs de leur pays qu'ils ont pu cueillir et des masses de terre de leur sol à cette tombe de celui qui les avait tant aimés, tant disputés à l'ennemi ravisseur, et en qui ils avaient tant à espérer ?

Ils viennent glorifier ainsi, avec une ferveur pieuse, cette tombe auguste du plus grand patriote de la France, pour témoigner à ce génie lumineux qui doit remplir ces ténèbres éternelles de son brillant esprit éteint pour eux et pour nous ! Ils viennent lui témoigner ainsi leur vive douleur, leurs cuisants regrets et leur inaltérable reconnaissance, en l'assurant de leur fidélité à la France et en attestant aux yeux troublés de leurs maîtres en courroux et aux yeux du monde qui les admire étonné, en attestant qu'ils resteront toujours Français de cœur, et qu'ils garderont toujours pieusement, dans leur sein brûlant de patriotisme, la pure et ardente flamme de l'espérance du retour à la patrie aimée !

Qui pourrait être assez pervers pour profaner cette tombe révérée qui renferme le plus grand républicain, le plus grand patriote et le plus grand homme d'Etat de notre âge, quand des délégués de toute l'Europe, quand tous ceux qui, dans le monde, aspirent à la liberté, à l'indépendance et à la grandeur morale et politique de leur pays, viennent, chargés de fleurs, se mêler aux délégués de toute la France, pour rendre hommage au vaillant champion de la liberté et de l'indépendance nationale, brisé par le mauvais destin ? quand les représentants des rois et des empereurs, poussés ou attirés par l'exemple et l'entraînement sympathique du monde libéral, abaissent la superbe de leur orgueil et viennent se joindre aux ennemis de la puissance de leurs maîtres, pour escorter, comme une garde d'honneur, le char funèbre du grand démocrate, et passent, le front baissé, devant le glorieux symbole de la liberté et de la patrie qui enveloppe les restes vénérés de ce valeureux enfant du peuple, comme s'ils passaient vaincus devant l'image de la France victorieuse ?

Et qui pourrait conserver encore de l'antipahie ou de la haine pour l'illustre mort, après cette merveilleuse apothéose, digne d'un demi-dieu du vieux temps, faite par tout un grand peuple, par les représentants de tous les souverains de l'Europe, qui, pourtant, se croient nés pour dominer le monde, et par tout ce que les nations civilisées ou en voie de progrès possèdent de patriotes et d'amis de la liberté, pour glorifier le génie, les vertus et les hauts faits de ce vaillant et fier plébéien dont l'intelligence, le courage et la magnanimité ont abaissé les vieilles races au-dessous de son prestige et de sa retentissante renommée ? Qui oserait projeter son ombre hideuse de démon ou de reptile immonde sur les splendeurs de cette grandiose glorification, sur l'éclat merveilleux de cette resplendissante manifestation patriotique, inouïe et indicible qui honore et illustre notre noble pays pour la durée des siècles, et qui a grandi immensément notre France aux yeux du monde étonné, en attestant ainsi sa puissante vitalité morale, son patriotisme ardent et sans limites, son amour passionné pour la liberté et pour l'indépendance, son dévoûment, sa générosité et l'énergie spontanée du ressort de sa force effective capable d'enfanter des miracles ?

Non ! aucun enfant de ce pays, quelque vil et ignoble qu'il soit, ne saurait être aussi peu patriote et aussi peu Français, quand cet élan spontané, quand cette sublime expansion de reconnaissance et de douleur de la grande nation, pour rendre l'hommage le plus solennel au génie transcendant et aux grandes vertus du plus vaillant et du plus illustre des patriotes, force les ennemis de la France à réfléchir et à faire provision d'aménité, de respect et de justice envers elle ! De telle sorte que le grand démocrate, le magnanime patriote aura grandi la France et affermi la République et la liberté par l'affliction et les regrets sans fin que sa mort imprévue et par trop cruelle a causés à la France qu'il avait aimée sans partage en lui vouant exclusivement sa généreuse vie, qu'il a employée et usée, avec une abnégation absolue et sans réserve, à la défense de sa dignité, de son indépendance, de sa liberté et de son honneur, de sa prospérité et de sa grandeur, qui étaient ses passions dominantes et impérieuses dont les flammes trop ardentes l'ont dévoré avant l'heure !

Et si après ces témoignages à la fois tristes et glorieux, si après cet épanchement de la douleur et de la gratitude universelles, inconnus jusqu'ici, si après ces honneurs incomparables qu'on n'a jamais faits et qu'on ne fera jamais à aucun potentat de la terre, et dont la mémoire réconfortante fécondera les sentiments généreux et patriotiques des générations futures, si après ces heures d'une aussi majestueuse et édifiante glorification de celui qui fut l'incarnation de la liberté et du patriotisme, et dont les idées, les principes et les doctrines seront l'évangile des vrais républicains de l'avenir, si après cette exaltation merveilleuse des vertus, du génie et de la mémoire impérissable du grand patriote, il se trouvait encore, dans ce pays de la loyauté et de l'honneur, des hommes assez pauvres d'esprit, de sens et de cœur, assez dépravés et assez vils pour insulter à cette mémoire qui est la force incommensurable que nous laisse de lui le magnanime citoyen pour vaincre les dangers de l'avenir, honte et infamie éternelles à ces gens sans cœur et sans foi, indignes d'être Français, et que tous les bons patriotes devront honnir et repousser avec dégoût, comme on repousse du pied un reptile immonde qui souille tout ce qu'il touche !

Maintenant, je crois devoir conseiller charitablement le lecteur revêche ou peu sympathique de ne pas perdre son temps à lire ce qui suit, si ce qui précède l'ennuie, lui déplaît ou le blesse, car ce qu'il a à voir ou ce qu'il peut voir n'est que l'image en raccourci, mais fidèle ; l'enfant nouveau-né est petit, mais ressemblant, de ce qu'il a vu. Et j'ai bien des raisons pour croire que l'image et l'enfant lui déplaisent : l'image, par l'expression ou le coloris ; l'enfant, par les traits, par la physionomie, par le babil ou l'esprit.

Mais qu'il sache bien que cette croyance n'est pour rien dans ce conseil, et que ce n'est ni parce que je crains sa colère, ni parce que je redoute ses acerbes critiques que je le lui donne. Car je n'ai pas écrit cette lettre avec l'espoir de ramener à la raison, à l'équité, au dévoûment et au patriotisme les charlatans politiques, les médiocrités jalouses, les égoïstes envieux et les calomniateurs impudents ou hypocrites que j'ai voulu caractériser, et dont j'aurais voulu être assez fort pour les démasquer pleinement et les montrer nus aux yeux myopes des niais, des idiots et des affamés qu'ils égarent, et dont ils font hypocritement leurs dupes et leur marche-pied.

Je ne l'ai pas écrite non plus avec l'espoir d'obtenir l'assentiment des délicats dont les yeux, les oreilles et le goût sont plus facilement blessés par une phrase mal arrondie, par un mot répété, mal sonnant ou mal placé, par un accent, une lettre, un point ou une virgule absents ou superflus que leur esprit et leur intelligence ne sont blessés par des idées incohérentes fausses ou sans valeur, et par l'absence de pensées saines, de logique et de raison. Je l'ai écrite, en un mot, pour le soulagement de mon cœur et pour la satisfaction de ma conscience, et non pour obtenir des approbations et des éloges qui me trouveraient aussi insensible et froid que les dédains et les censures qu'on pourra me prodiguer me trouveront indifférent.

M. GAMBETTA

LETTRE D'UN CORSE HABITANT LYON A UN CORSE HABITANT AJACCIO

Mon Cher Monsieur Olimagli,

J'ai reçu votre lettre, et si j'étais accessible à la vanité sénile qui affecte toujours, plus ou moins, les vieillards, pour ce qui touche à la véracité, à la solidité et à l'excellence de leurs idées, de leurs croyances et de leurs affections, je pourrais la trouver flatteuse pour moi, au point de vue des principes et des opinions, des sympathies et des antipathies que vous m'y attribuez, pour les doctrines, pour les événements et pour certains hommes politiques de notre temps ; non sans exagérer beaucoup le degré de mes préférences et de mon estime pour les uns, de mon aversion et de mon mépris pour les autres. Mais, les éloges exagérés que vous y prodiguez à la loyauté, à la sincérité et au désintéressement de mes opinions politiques et à mon dévoûment à la République, à la liberté et à la patrie, sont des fleurs qui cachent des épines, sinon le serpent. Car votre lettre est le libellé d'une sorte d'acte d'accusation qui me place sur la sellette de votre tribunal, où vous m'y faites subir une sévère interrogation, à huis clos, comme un juge d'instruction qui interroge un criminel.

Vous me dites, en substance, si je vous ai bien compris : « D'où vous vient la grande admiration, la haute estime et l'inaltérable amitié que vous avez pour M. Gambetta ? Et d'où vous vient la confiance immuable que vous avez dans sa politique ? Comment avez-vous pu accepter, sans émotion et sans crainte, sa dictature audacieuse aux jours de la défense nationale, et comment avez-vous pu en approuver les procédés, comment avez-vous osé en glorifier les actes ? L'âge aurait-il modifié ou changé vos idées et vos sentiments politiques si persistants et si tenaces pourtant ?

« Nous reviendrez-vous contrit et repentant d'avoir abjuré la foi politique de votre père, qui fut celle de votre enfance, et d'avoir déserté le grand et glorieux parti de l'empire où vous étiez né et dont vous étiez fier aux jours où votre âme jeune, impressionnable et bouillante, frissonnait d'admiration et tressaillait d'enthousiasme aux récits héroïques des hauts faits du vainqueur fulgurant d'Arcole ? Les crimes de la Commune, les folies permanentes, les tendances dangereuses et les utopies idiotes et subversives des intransigeants échevélés et de certains radicaux, plus ambitieux et égoïstes que libéraux sincères et patriotes dévoués, auraient-ils calmé et refroidi votre ardeur républicaine, vieille d'un demi siècle ?

« Oui ! l'indignation et le dégoût que peuvent vous avoir causé et que vous inspirent sans doute encore ces forcenés que vous êtes forcé d'accepter comme vos coreligionnaires politiques par cela seul qu'ils se disent républicains, quelque compromettants et antipathiques qu'ils vous soient, vous auraient-ils désillusionné sur l'excellence des institutions démocratiques ? Commenceriez-vous à voir et à comprendre que l'exercice de tous les droits et d'une trop grande liberté pour les masses populaires, tant qu'elles sont ignorantes, sont un couteau et une torche entre les mains d'un enfant qui pourra s'en blesser, en tuer ses camarades et en incendier la maison, si on ne prend pas les précautions nécessaires ?

« Et faudrait-il croire que cette désillusion, qui aurait à la fois attristé et éclairé votre âme honnête, aurait changé vos sentiments affectifs, en changeant vos idées politiques, et que l'enthousiasme de votre adolescence, pour le vainqueur des rois, et celui de votre jeunesse, de votre âge viril et de votre âge mûr pour les hommes, pour les principes et pour le triomphe de la République et de la liberté, vous l'éprouveriez maintenant, dans la vieillesse, pour M. Gambetta, qui remplacerait ainsi, dans votre cœur, toutes vos vieilles affections politiques ? Et faudrait-il croire que votre enthousiasme pour lui, vous ne l'éprouveriez plus seulement parce qu'il aurait été l'émule et le continuateur des républicains et des patriotes que vous avez aimés, mais parce qu'il aspirerait à restaurer d'une manière quelconque, le pouvoir personnel et l'autorité gouvernementale, tant compromise par les prétentions insensées des énergumènes et des ambitieux sans scrupule de votre parti ?

« Faut-il croire, en un mot, qu'après avoir abandonné l'empire dont vous aviez combattu, puis anathématisé la restauration, au profit de la République et de la liberté, vous abandonneriez les principes essentiels de celles-ci, pour devenir conservateur et autoritaire, au profit de M. Gambetta ? Vous le vieux républicain de 1830, vous le disciple plein de foi, le coreligionnaire fervent, le partisan zélé des Dupont de l'Eure, des Godefroy Cavaignac, des Ledru-Rollin, des Arago et des Garnier-Pagès ? Vous le propagateur des idées et des doctrines républicaines, de la réforme électorale et de la revendication du suffrage universel ; vous l'ennemi juré de toute domination, de toute autorité personnelle, de toute supériorité de caste, de race ou de famille ; vous qui professiez tant de scepticisme et de défiance pour les hommes politiques en général et tant de mépris pour les ambitieux avides de pouvoir et affamés de domination, de popularité et d'honneurs ; vous qui ne croyiez pas aux hommes nécessaires et providentiels et ne vous passionniez que pour les principes, pour la liberté la plus large soumise à l'ordre sous l'égide des lois édictées par la souveraineté nationale et qui, issues ainsi du suffrage universel, doivent être souveraines, selon vous, pour les grands aussi bien que pour les petits ?

« Et si, malgré votre âge et malgré les craintes et le dégoût que peuvent vous inspirer les convoitises malsaines et les sottises perturbatrices des utopistes et des insensés de votre parti, vous êtes resté fidèle à ces idées et à ces principes démocratiques, républicains et libéraux de votre jeunesse, comme j'en suis convaincu avec tous ceux qui vous connaissent, comment pouvez-vous avoir tant de confiance dans la politique autoritaire de M. Gambetta et tant de sympathies pour sa personne? Avec quel prestige cet homme volontaire et dominateur a-t-il pu vous inspirer tant d'optimisme et tant de longanimité pour lui ? Comment peut-il vous avoir fasciné et aveuglé assez pour que vous restiez impassible et froid devant son allure altière et son esprit dictatorial dont l'audace décèle une ambition dévorante qui peut le pousser aux illégalités et aux coups d'État ?

« Vous qui, au 2 Décembre, pleuriez, dit-on, avec une vive et déchirante affliction patriotique, la défaite de vos amis et la chute de la République, en voyant des soldats français dresser des tentes devant votre porte, sur la place d'Albon, comme dans une ville conquise, et qui qualifiez de crime infâme, monstrueux et abominable ce coup d'État forcé et ses mesures énergiques et salutaires ! Vous qui, au seize mai, étiez exaspéré d'indignation et frémissiez de colère contre les menées autoritaires et les tentatives de coup d'État de M. de Mac-Mahon, que vous traitiez de médiocrité surfaite, d'ambitieux vulgaire, de comparse politique et qui qualifiez d'impudente et grotesque folie sa courageuse déclaration par laquelle il menaçait la France égarée de la ramener à la raison malgré elle !

« Comment se fait-il qu'avec de tels sentiments, avec de tels principes et de telles convictions, qui sont d'une sincérité et d'un désintéressement absolu et n'ont pour mobiles que l'amour du bien, la passion du juste et la grandeur de la patrie, on le sait, comment se fait-il, qu'ainsi fait, vous restiez encore l'ami dévoué de M. Gambetta et le chaud partisan de sa politique autoritaire et despotique ? Comment pouvez-vous enfin, comment pouvez-vous concilier vos convictions sincèrement républicaines et libérales avec l'assentiment tacite que vous donnez à la domination occulte et irresponsable, exercée par cet homme dangereux sur l'opinion publique, sur les Chambres et sur tous les ministères, sans vous émouvoir de ses tendances peu déguisées à la dictature, sans craindre ses aspirations évidentes au gouvernement personnel, sans redouter ses menées secrètes à s'imposer à la France ?

« Et vous êtes ainsi, à l'heure où tous les républicains, depuis les plus modérés jusqu'aux plus fougueux des intransigeants, l'ont traité de dictateur et de Cromwell et l'ont renversé du pouvoir comme redoutable pour la République, pour la liberté et pour la France, que vous aimez tant ! Et que pensez-vous de cet homme audacieux, maintenant que vos amis ont aidé les nôtres à le terrasser et à le tuer moralement en tuant sa politique ? »

Permettez-moi, mon cher Monsieur Olimagli, de vous demander à mon tour comment il se fait que vous restiez encore inféodé au parti bonapartiste, vous homme d'esprit élevé et éminemment libéral, à cette heure où tous nos insulaires éclairés ont écarté de leurs yeux le voile éblouissant et fascinateur de la légende napoléonienne qui les aveuglait, comme elle vous aveugle, sous la forme d'un sentiment patriotique mal entendu, et, s'arrachant au charme de ce nom prestigieux, comme je l'avais fait bien jeune encore, ils embrassent les idées et les principes salutaires de liberté, de dignité et d'indépendance qui caractérisaient nos fiers aïeux ? Oui ! comment se fait-il que vous, homme d'intelligence et de cœur, vous, artiste de mérite dont le caractère loyal, fier et antipathique à toute prédominance personnelle, reproduit le type noblement sévère de nos rudes ancêtres, comment pouvez-vous vous être fait et comment pouvez-vous rester l'esclave bénévole d'un nom, quelque glorieux qu'il soit ?

Comment ne sentez-vous pas que vous vous diminuez, que vous abaissez votre dignité, et la dignité humaine avec vous, en désirant aliéner volontairement vos droits d'homme et de

citoyen et les droits de vos enfants à une famille qui, quelle que
soit son illustration, ne méritait pas l'immense et ardente affection que les Corses lui ont vouée et encore moins a-t-elle mérité
qu'ils lui fassent le sacrifice de leur liberté et de leur dignité ?
A elle qui a tout fait pour satisfaire sa dévorante ambition et
n'a jamais rien fait pour la Corse ! Comment conciliez-vous la
fierté de votre caractère avec la pensée qu'un homme, qui pourra
n'avoir ni votre valeur, ni votre grandeur d'âme, qui pourrait
être un Denys à l'oreille de pierre pour épier la pensée de ses
victimes, qui pourra disposer de vous, de vos enfants et de
votre fortune sans votre consentement et qui pourra vous écraser sous les roues de son char que vous aurez concouru à payer,
ou vous faire égorger par ses séides dont votre fils pourrait
faire partie, sans qu'il ait à redouter un châtiment quelconque
ni le moindre blâme ? Et cela, désiré et voulu par vous, sans
souci de votre dignité et sans souci pour la dignité humaine
que vous lui sacrifiez ainsi bénévolement et de gaîté de cœur !

Oh ! je vous connais aussi bien que vous me connaissez et je
sais que si vous n'étiez pas aveuglé, comme la plupart de nos
insulaires, par le prestige fallacieux d'un sentiment patriotique
mal compris qui alimente le dévoûment de votre nature généreuse, vous rougiriez de honte et de dépit à la pensée poignante
qu'un homme quel qu'il soit, et il pourrait être un tyran san-
guinaire, serait ainsi au-dessus des lois et au-dessus de vous ;
et votre noble et fière nature se révolterait contre vous-même,
contre votre lâcheté de vous être ainsi abaissé, de vous être
avili en vous faisant volontairement, et par avance, l'esclave
d'un maître qui pourrait être un Pierre Bonaparte ou un Néron !

Et si certains pseudo-républicains, et ils ne sont que trop
nombreux, peuvent nous écœurer, comme vous le dites, mon
cher Monsieur Olimagli, et ils nous écœurent certainement par
leur conduite ignoble, anti-libérale et anti-patriotique, qui com-
promet les vrais républicains et la République qu'ils déshonorent, la tenue, le langage et la conduite politique de beaucoup de vos coreligionnaires, à la Chambre et ailleurs, sont-ils
plus dignes et plus édifiants pour les hommes sincères et dévoués du parti bonapartiste, pour les hommes de bonne foi, intègres et austères comme vous ? Et sont-ils moins compromettants pour l'orthodoxie, pour le prestige et pour l'honneur des
doctrines napoléoniennes ? Ne rabaissent-ils pas et ne ter-
nissent-ils pas la légende et la gloire du vainqueur des sections,
au perron de Saint-Roch, et du vainqueur des rois de l'Europe ?

Ils préconisent le gouvernement absolu de l'empire qu'ils voudraient faire revivre et qu'ils s'efforcent de ressusciter, parce qu'il peut seul, prétendent-ils, garantir la tranquillité et l'ordre publics par sa puissante et redoutable organisation, et parce qu'il peut seul assurer la prospérité et la grandeur de la France par l'efficacité féconde de ses doctrines autoritaires, d'après lesquelles la force doit primer le droit dans l'intérêt de l'État et dans l'intérêt de la nation ; puis ils se sont associés honteusement avec les amis de l'hallucinée Louise Michel, avec les amis ou les complices des incendiaires de Paris et des assassins des otages, tous ennemis de toute autorité, de tout gouvernement, de toute loi et de toute justice, qui font appel à toutes les passions perverses et subversives, à tous les appétits malsains et prêchent l'anarchie et la guerre civile.

Et vos amis ne craignent pas de pousser ces féroces énergumènes à ces crimes fratricides et abominables de lèse-humanité et de lèse-patrie, comme ils auraient fait, dit-on, pour les affaires de Juin 48 et pour la Commune, espérant profiter, comme ils en ont l'habitude, espérant profiter du désordre et des déchirements les plus horribles du pays, qu'ils auraient ainsi provoqués, pour rétablir l'empire, fût-ce sur les ruines fumantes de la France en cendres !

A l'exemple traditionnel de leurs maîtres, ils se disent, ces coryphées du parti bonapartiste, avec l'outrecuidance, l'hypocrisie et le mensonge éhonté, inhérents à leurs théories gouvernementales et qui les caractérisent, ils se disent les continuateurs des idées et des principes de la Révolution française, les défenseurs zélés de son esprit démocratique, libéral et civilisateur, sous l'autorité souveraine, bien entendu, de la famille Bonaparte sanctionnée par l'appel au peuple ; puis ils se sont alliés sans pudeur avec les enfants de Georges Cadoudal et avec les descendants des assassins du maréchal Brune, les Verdets et les chouans, tous ennemis mortels de la Révolution et des Bonapartes dont ils avaient voulu assassiner le premier. Ils sont pour la plupart incrédules et sans foi ; puis ils font sans cesse cause commune avec les cléricaux de toutes couleurs qui furent toujours les ennemis avoués ou clandestins de Napoléon, qu'ils ne cessèrent jamais de poursuivre de leur haine implacable, malgré toutes les concessions et toutes les largesses qu'il avait faites aux prêtres, malgré tous les privilèges et toutes les prérogatives qu'il avait largement accordés à l'Église, parce qu'ils ne pouvaient lui pardonner d'avoir usurpé le trône des Bourbons et surtout d'avoir emprisonné le pape et de l'avoir dépouillé du pouvoir temporel au profit de son empire et de son fils, dont il glorifia la naissance en le nommant roi de Rome et en lui donnant pour maillot le manteau de César et d'Auguste !

Mais laissons ces questions oiseuses, rabâchées depuis trop longtemps, et venons à votre acte d'accusation, mon cher Monsieur Olimagli, venons à votre trop sévère interrogatoire. Je ne relèverai pas ce qu'il y a d'injurieux pour moi dans votre supposition gratuite que, par suite de l'attitude, des prétentions et des agissements de prétendus républicains, qu'on est forcé d'accepter pour tels, j'ai pu modifier ou changer mes idées, mes sentiments et mes principes républicains, libéraux et démocratiques, pour devenir rétrograde, conservateur et autoritaire.

Je vous dirai seulement, pour votre édification, je vous dirai que : mes idées et mes principes politiques sont de ceux qui ne peuvent ni se modifier, ni changer de nature.

Ces idées et ces principes conçus ou acceptés par moi avec le plus vif et le plus profond sentiment des droits et de la dignité de l'homme, sans aucun calcul d'intérêt personnel, égoïste et n'ayant pour but que la revendication de la justice distributive pour tous les citoyens, la part de droit et de liberté pour chacun et pour tous, ils sont enracinés dans les profondeurs de ma conscience, où les uns sont nés et les autres s'y sont greffés, et rien ne pourrait les en arracher ni les changer.

Je peux modifier ma manière de voir au point de vue du temps, des moyens et des hommes propices pour leur mise en pratique, sur l'opportunité et la possibilité de leur réalisation partielle et progressive, ou dans toute l'étendue de mon idéal démocratique, républicain et libéral. Mais les modifier, mais les changer, mais les trahir pour devenir conservateur, rétrograde ou autoritaire, jamais, tant que mes facultés mentales conserveront le sentiment moral du bien, du beau et du juste, des droits, de la dignité et de la grandeur de l'homme !

Et ce ne sont pas les folies de quelques convulsionnaires affamés qui se disent républicains, qui pourront changer mes convictions, quels que soient l'indignation et le dégoût qu'ils peuvent m'inspirer.

Les principes démocratiques, républicains et libéraux ne sont pas responsables des sottises d'ambitieux égoïstes qui les dénaturent sous prétexte de les élargir ; un homme sincèrement religieux n'abjure pas sa religion parce que des hypocrites l'ont compromise en commettant des méfaits immoraux et sacrilèges. Et pour moi le pain sera toujours l'aliment le plus excellent pour l'homme, et je ne m'en priverai pas parce que quelque fois je lui aurai trouvé l'odeur ou le goût du seigle ergoté qui m'aurait soulevé le cœur, et le soleil sera toujours pour moi l'astre divin et radieux qui éclaire et illumine éternellement le monde et je ne cesserai pas d'aimer sa chaleur bienfaisante et sa vivifiante lumière, parce que des nuages, sortis de je ne sais où, l'ont obscurci par moment à mes yeux attristés! Cela dit une fois pour toutes, venons à l'objet essentiel de votre lettre, à votre interrogatoire sur la nature de mes sentiments pour M. Gambetta et pour sa politique.

Certainement cet interrogatoire est plus indiscret que gracieux pour moi, mais il ne m'en coûte pas d'y répondre, charmé que je suis de vous dire hautement, à vous, aux vôtres et à tous ceux qui liront cette lettre, ce que je pense de cet homme, illustre à tant de titres, et de ses lâches détracteurs, à l'heure où tous ces hurleurs enragés, de droite et de gauche, ceux qui le craignent et ceux qui le jalousent, ne cessent de le calomnier et de le dénigrer pour amoindrir le patriote dévoué, pour déconsidérer le grand démocrate et l'homme d'État éminent, au profit de leurs rancunes, de leur haine, de leur égoïste et sotte ambition. C'est ainsi que, quelle que soit votre pensée, en me demandant d'où me vient la grande admiration que j'ai pour M. Gambetta, je ne trouve pas le mot trop fort, et non-seulement je l'accepte de grand cœur, mais je suis tenté de vous remercier d'avoir qualifié ainsi, dans une juste mesure, la vivacité de l'un de mes sentiments pour lui.

Oui! j'admire M. Gambetta comme l'un des plus grands orateurs de notre temps! Sa parole chaude, passionnée et vibrante, est à la fois sobre et claire, concise et saisissante, majestueuse sans redondance et sans emphase, sans équivoque et sans nuage! Elle est tour à tour pathétique, émue et frémissante, puis fière, sonore et retentissante, prenant tous les tons, toutes les inflexions, tous les rhythmes, tous les accents de la voix humaine la plus harmonieuse! Il formule ainsi ses pensées dans le plus magnifique langage qu'on puisse entendre, exprimées alternativement sous toutes les formes et dans tous les styles, avec la plus séduisante noblesse! Les brillantes et diaphanes méthaphores, les justes et opportunes comparaisons, les fines et piquantes allusions, les vives et saisissantes images dont il orne et colore son argumentation serrée, logique

et irréfutable, jaillissent des idées justes et vraies qu'il veut
faire triompher, comme l'éclair jaillit du nuage qui allume la
foudre; comme le rayon lumineux s'échappe du soleil, et elles
illuminent le but qu'il indique vouloir atteindre, les moyens
opportuns, pratiques et possibles qu'il faut employer et le chemin le plus praticable, sinon le plus court et le plus direct,
qu'il faut déblayer et prendre pour y arriver.

Il expose son sujet avec une méthode magistrale admirable :
montrant successivement l'ensemble de ses traits essentiels et
les détails qui le caractérisent; le ciselant et l'illuminant ainsi
avec un art sublime et inimitable et avec une clarté éblouissante,
pour le bien faire voir sous toutes ses faces, comme l'immortel
Phidias éclairait son Jupiter olympien ou sa Minerve pour
montrer avec quel art magique il avait reproduit la beauté cé-
leste et fait revivre les traits, la physionomie et l'expression
de l'âme et de l'esprit des dieux de l'Olympe!

Voilà, mon cher Olimagli, voilà d'où vient mon admiration
pour ce talent incomparable de M. Gambetta, qui n'est qu'une
des branches nombreuses de l'arbre touffu et luxuriant de sa
riche nature, et qui fait pourtant de lui, à cette heure, ce merveilleux talent, le plus beau, le plus grand et le plus magnifique
orateur de l'Europe! Mais si j'admire avec ravissement ou en
frissonnant l'éloquence tour à tour suave, sympathique et harmonieuse ou sonore, fière et vibrante de ce puissant orateur,
toujours prestigieux et séduisant autant que clair, loyal, sincère
et vrai, ce n'est pas seulement pour cela que je l'aime! Car on
pourrait être un grand orateur, plus grand que Mirabeau, que
Cicéron et que Démosthène sans mériter l'estime et l'amitié
des honnêtes gens.

Oui, j'admire la puissante et sublime éloquence de M. Gambetta ; sa parole émue, pathétique, grave ou éclatante, me saisit
et me charme, elle me fait tressaillir de plaisir ou frissonner de
douleur, selon qu'elle me fait espérer ou craindre pour la liberté et pour la patrie. Le grand artiste électrise mon âme et
y fait vibrer toutes les cordes sensibles de mes facultés esthé-
tiques, il y réveille à l'égal d'un chef-d'œuvre de Raphaël ou de
Michel-Ange que j'admire, il y réveille tous les sentiments,
tout l'amour du beau qui y sommeillent à l'état latent, en même
temps qu'il exalte tous mes sentiments affectifs ! Mais cet art
magique qui me ravit et m'enchante ne me suffit pas, je le
répète ; ce n'est pas ce qui satisfait ma raison et mon cœur de
démocrate et de patriote ; ce n'est pas ce qui a fait naître et ce

qui a fait grandir ma confiance en lui ; ce n'est pas ce qui me le fait estimer si haut et ce qui me le fait aimer si chaudement !

Non, ce qui me le fait estimer, ce qui me le fait aimer, c'est ce qui fait de lui le patriote dévoué, le grand démocrate, le politique avisé, l'homme d'État transcendant ! ce sont ses vastes facultés intellectuelles et morales, ses éminentes et nombreuses qualités de tous genres ! Ce qui a captivé, satisfait et charmé ma raison et mon cœur, c'est l'élévation de sa pensée, l'étendue et la justesse de ses conceptions, la largeur et la profondeur de ses idées, la pénétration et la rectitude, la perspicacité et la clairvoyance de son esprit théorique et pratique ! Ce qui m'a séduit, c'est son aptitude à connaître l'état des choses, à prévoir la marche et la suite des événements, qu'il cherche à faire naître ou à dominer ; c'est sa juste appréciation de la valeur des théories, des doctrines, des faits et des hommes ; c'est son jugement droit, exact et profond, son suprême bon sens à voir, à discerner et à saisir dans la masse chaotique des idées, des aspirations, des sentiments, des besoins et des passions politiques et sociales, les idées saines et réalisables, pour les séparer des idées vaines, absurdes, folles ou impraticables. C'est sa haute raison à distinguer les réformes nécessaires, opportunes et pratiques, des utopies insensées et stériles ; c'est la justesse de son grand sens politique à discerner le vrai du faux, le réel de l'illusoire, l'essentiel, le positif, le nécessaire et l'utile, qui peuvent profiter au présent ou à l'avenir, de ce qui n'est qu'éphémère et ne peut que flatter un instant la vanité nationale et lui procurer, à lui, une vaine popularité qu'il dédaigne.

Oui, ce qui a pleinement et complètement satisfait ma conscience et ma raison, c'est son discernement, son habileté et son tact merveilleux à séparer franchement, sans réserve et sans équivoque, des doctrines métaphysiques et spéculatives, des théories politiques et sociales aussi vaines que périlleuses et condamnées par les faits et par l'expérience de l'évolution humaine, les doctrines démocratiques et républicaines les plus libérales et les plus progressives, qu'il considère justes et acceptables par le pays, et dont il poursuit la réalisation avec une énergie et un dévoûment infatigables. Esprit lumineux, sagace, positif et essentiellement pratique, il goûte peu, il dédaigne ou il repousse énergiquement les doctrines absolues, les théories abstraites et purement subjectives et à *priori*, qui, lorsquelles ne sont pas des conceptions , des calculs d'intérêts égoïstes ou des conceptions d'hallucinés, sont toujours plus imaginaires et chimériques que claires, rationnelles et réalisables, et qui, quelque justes qu'elles soient, ou qu'elles puissent paraître, aux yeux de leurs propagateurs, plus ou moins désintéressés et plus ou moins de bonne foi, et fussent-elles justes en soi, elles sont toujours intempestives, impraticables, dangereuses et subversives si elles sont incomprises, méconnues ou réprouvées par la majorité des citoyens qui les trouveraient injustes et tyranniques et les repousseraient avec horreur !... Car, en politique et en économie sociale, l'opinion publique est le souverain juge du juste et de l'injuste, et il n'est juste et praticable pour elle que ce qu'elle accepte pour tel. Voilà, mon cher Monsieur Olimagli, ce qui fait pour moi de M. Gambetta, à cette heure, un homme d'État d'une grande valeur, et voilà ce qui m'inspire pour lui des sentiments de la plus haute estime.

Est-ce tout ? Non certes. La mine est trop riche et trop profonde pour que mes faibles forces puissent en mettre au jour tous les trésors.

La floraison de l'arbre est trop luxuriante et trop compacte pour que je puisse en distinguer toutes les couleurs et en signaler l'éclat de toutes les nuances. Son caractère noble et fier, indomptable et toujours le même, sa franchise et sa loyauté qui ne se démentent jamais, sa générosité et son dévoûment pour la République et pour la liberté, son amour passionné pour la prospérité, pour le triomphe et la grandeur de la patrie, poussés jusqu'à l'abnégation, jusqu'au sacrifice, voilà ce qui fait encore, voilà ce qui fait surtout de lui le grand citoyen, le grand patriote infatigable taillé à l'antique ! Et voilà pourquoi je l'aime comme le type moral du patriotisme et de la démocratie républicaine de ce temps, comme l'une des plus grandes figures politiques de nos sociétés modernes.

J'aime sa politique parce qu'elle est, à cette heure, la seule politique rationnelle et positive, réalisable et pratique, pour l'affermissement et le développement de la République, pour le triomphe définitif de la démocratie, pour la conquête de la liberté la plus large et du progrès le plus grand. Je l'aime parce qu'elle est la grande politique nationale, qui, pour réaliser le sublime idéal de la démocratie républicaine et de la grandeur du pays, veut subordonner l'intérêt particulier à l'intérêt général, la fraction régionale à l'unité de la patrie, les influences locales à l'influence de l'opinion publique la plus étendue, afin d'affranchir le gouvernement et l'État des préoccupations particularistes et personnelles. J'aime sa politique parce qu'il veut, lui, il veut que le citoyen, quel qu'il soit, puisse se mouvoir librement dans la cité et dans l'État, qui doit lui garantir ses droits et sa liberté, tant qu'il respectera les droits et la liberté des autres, tant qu'il respectera les droits et l'autorité de l'État.

J'aime sa politique, parce que, esprit positif et pratique, exempt des utopies et des chimères, il ne veut ni demande des réformes inopportunes, impossibles, irréalisables, lui, comme font bien d'autres, qui, pour gagner une vaine popularité, flattent les passions et excitent les appétits des masses ignorantes, à seule fin de s'en faire un marche-pied pour leur ambition démesurée.

Non ! il ne flatte pas les passions des masses populaires pour gagner une popularité malsaine, lui. Non ! il leur dit la vérité, quelquefois rudement ; mais il les sert, mais il veut et demande toutes les réformes opportunes, pressantes, essentielles, nécessaires et possibles, capables d'améliorer le sort de ces masses qu'on égare en leur promettant la lune qu'on ne peut leur donner, et capables d'assurer l'avenir de la République en réalisant progressivement toutes les améliorations matérielles et morales qu'elle comporte pour faire la prospérité et la grandeur de notre chère France !

Oh ! je l'aime surtout avec la plus vive et la plus inaltérable reconnaissance, je l'aime de toute la puissance de mon esprit et de mon cœur, ainsi qu'il est aimé de tous les bons patriotes reconnaissants, parce que, aux heures néfastes où la France gémissait sous la griffe impitoyable de l'ours du Nord, qui l'avait surprise endormie dans la servitude et l'avilissement où l'avait plongée le gouvernement inepte qui la lui livra en pâture, lui, le grand patriote, traversant les airs comme l'aigle du destin, vola relever le drapeau sacré de la patrie, que l'impéritie, la couardise et les calculs égoïstes de votre empereur avaient laissé tomber dans la boue et le sang de Sedan, avec son nom d'emprunt et sa couronne usurpée par le crime, l'un trop lourd à tenir debout et les autres trop lourds à porter !

Oui ! je l'aime l'héroïque citoyen, je l'aime avec une gratitude patriotique que rien ne peut diminuer, et que je léguerai à mes enfants pour qu'ils conservent au cœur toujours chaud et vivace l'amour de la patrie ! Je l'aime ainsi de toutes les forces de mon âme, parce que, aux heures sombres et douloureuses où la France agonisait souillée et expirante sous le talon boueux et sanglant du féroce envahisseur, et tandis que d'autres, vieillards sans force et pleurant leur impuissance à la défendre, ne pouvaient donner que leur obole et leurs larmes pour la secourir, la noble et chère blessée, lui, le puissant et dévoué patriote, lui, l'énergique et indomptable athlète, traversant ainsi les airs, comme un météore lumineux, à travers les nuages sombres exhalés par la poudre et les feux des bivouacs, accompagné par le bruit du canon et le sifflement des balles que l'ennemi envoyait à son adresse et qu'il dédaignait, il alla secouer la France engourdie, et qui, soulevée par sa main puissante et réchauffée de sa brûlante haleine patriotique, se ranima, et reprenant ses forces, son énergie et son courage, en se souvenant les vieilles heures de son héroïsme · et de ses triomphes, elle souleva et repoussa le pied fangeux, sacrilège et meurtrier de l'assassin qui lui pressait la gorge !

Et voilà ce que vos amis et leurs associés, rouges, blancs et noirs, appellent une autorité usurpée ! eux, les prôneurs des coups de force princiers, démagogiques ou royaux, parce que cet homme d'intelligence et de cœur, qui n'avait d'autre puissance que son immense amour de la patrie, a eu le sublime courage, coupable à leurs yeux, de saisir les rênes du char de l'Etat que votre gouvernement de sybarites avait abandonné à l'aventure ! Voilà ce qu'ils appellent une dictature de fer ! Parce que ce vaillant citoyen avait eu la noble et héroïque audace de ramasser les tronçons du glaive glorieux et jadis invincible de la France, que ce gouvernement de jouisseurs sans foi avait criminellement brisé ! Ils ont l'impudence de qualifier de despotisme violent l'indomptable énergie de l'ardent et magnanime patriote, eux les suppôts du despotisme, parce que, faisant appel à tout ce qui restait en vie des enfants du pays, décimés par l'impéritie et les entreprises ambitieuses et insensées de votre inepte gouvernement, ce valeureux enfant de la France eut l'immense mérite, à force d'énergie et de dévoûment patriotique, à force d'abnégation et de travail incessant et sans repos, il eut la gloire incomparable de disputer pied à pied le sol sacré de la patrie au formidable et cruel envahisseur !

Et il fit cela, il fit ces prodiges avec des légions fièvreusement formées de ces enfants de la France, qui répondirent tous à son cri d'alarme patriotique, à sa voix émue et retentissante ! Oui ! il eut l'insigne honneur de disputer la victoire au colosse allemand avec des forces improvisées trois fois moins fortes que celles de ce nouvel Attila, dont il aurait été peut-être le nouvel Aétius s'il avait été un peu plus fort et mieux secondé. Et la

France reconnaissante s'en souviendra, elle qui l'écouta comme un oracle à ces heures terribles de suprême danger ! Elle qui, pleine de foi dans son patriotisme et dans son énergie dont il lui communiquait les ardeurs, lui obéit sans contrainte et avec un dévoûment sans limites, comme si elle obéissait à l'ange sauveur, tant elle avait confiance dans les ressources de son génie improvisé mais fécond !

Voilà comment ce moderne Léonidas s'efforça de défendre nos Thermopyles et tint en échec l'armée innombrable du Darius allemand, qu'il fit reculer plus d'une fois, avec des forces faibles et inexpérimentées, mais enflammées de l'ardent patriotisme et de l'indomptable courage dont il lui donnait l'exemple ! Voilà comment cet héroïque Coclès de notre temps sauva l'honneur et la dignité de notre chère France, en se dressant comme un colosse devant les épaisses et redoutables phalanges de ce nouveau Porsenna ! et il aurait sauvé peut-être l'intégrité du sol de la patrie, sans la hideuse et exécrable trahison de l'infâme Bazaine, sans le mauvais vouloir et les menées secrètes et antipatriotiques de tous les réactionnaires, de tous les monarchistes, dont les vôtres tenaient la tête, de tous les cléricaux, les jésuites, les évêques et les prêtres, dont certains d'entre eux fêtaient lâchement l'ennemi sans retenue, sans réserve et sans pudeur ! Et il y en eut même, ah ! je frémis d'indignation, je rougis de honte pour mon pays, et je voudrais pouvoir le nier, tant c'est monstrueux, il y en eut qui avaient l'impudeur et l'infamie de se réjouir des triomphes de l'envahisseur et de la défaite de nos pauvres soldats, en haine de la République ! sans que leur conscience de Français leur reprochât leur ignominie de se faire ainsi les ennemis de leur pays et les complices des assassins de leurs concitoyens !

Et si, comme patriote et comme citoyen français, j'aime M. Gambetta avec la plus vive et la plus inextinguible reconnaissance patriotique pour ces hauts faits, pour ce généreux dévoûment à la patrie, pour les services immenses et sans prix rendus par lui à la France, qui ne les oubliera pas, tant qu'elle sera maîtresse d'elle-même et qu'elle sera digne d'avoir de tels enfants pour défendre aussi valeureusement sa dignité, sa liberté, son honneur et son indépendance, je ne l'aime pas moins, et je ne lui conserve pas moins de gratitude en ma qualité de démocrate et de républicain ; car c'est à lui principalement que nous devons la fondation, le maintien et l'affermissement de la République, dont il a été le plus grand facteur, et dont il sera l'un des plus infagables ouvriers pour son développement libéral et démocratique.

Tout jeune encore, il s'en fit l'apôtre fervent et dévoué, comme saint Paul se fit l'apôtre du christianisme naissant. Je dis qu'il se fit l'apôtre des idées et des principes républicains et démocratiques, comme il se fit le champion intrépide, ardent et indomptable du patriotisme, pour ne pas le confondre avec les orateurs de club, avec les tribuns de carrefour qui, ambitieux et égoïstes, sans convictions et sans foi pour la plupart, prêchent l'antagonisme, la division et la haine entre les citoyens et égarent sans cesse les masses ignorantes et crédules, en surexcitant leurs convoitises injustes, en encourageant leurs espérances insensées, par des formules creuses et des mots sonores, énigmatiques et fallacieux, dont ils ne comprennent pas eux-mêmes bien souvent la signification, et en leur promettant des biens et des satisfactions que le travail, l'ordre et l'économie peuvent seuls leur donner. Ils espèrent s'élever ainsi à la position qu'ils convoitent, par ces pauvres d'esprit qu'ils trompent et qu'ils leurrent indignement de la sorte ; ils espèrent s'élever aux grandeurs, qu'ils rêvent follement, sur les vagues de cette mer houleuse qu'ils agitent et soulèvent pour que la boue du fond monte à la surface pour les tenir à flot !

Tandis que lui, animé par la plus noble des ambitions, par la plus sainte des passions, celle de faire triompher la République et la liberté au profit de la prospérité et de la grandeur de la patrie, il s'est fait le centre d'attraction de tous les éléments républicains et patriotiques, et attirant à lui toutes les molécules plus ou moins hétérogènes qui se repoussaient naguère, il les a fait se rapprocher et s'unir, en changeant la direction de leurs pôles à force de les électriser par les effluves de son ardent patriotisme, de sa haute raison et de son magique langage.

Avec sa puissance d'intuition, avec la perspicacité de son esprit droit et de son grand sens politique, il sut apprécier de bonne heure la valeur des hommes, leurs passions, leurs tendances, leurs aspirations et leurs préférences, leurs sympathies et leurs antipathies réciproques, leurs compétitions plus ou moins conciliables et leurs haines inextinguibles.

Il sut discerner dans le pêle-mêle des faits, dans le tourbillon des évènements successifs, ce qui était opportun, nécessaire, utile et possible de faire, pour les faire concourir au triomphe de la démocratie et de la République, et, à force d'adresse, de tact et de raison, il réconcilia les frères ennemis; il réconcilia les opinions divergentes, les doctrines et les théories contraires, en rassurant les hommes timides, craintifs et peureux et en modérant les exaltés, les fanatiques et les violents. Il attira ainsi à la République tous les hommes sincèrement libéraux qui ne lui étaient hostiles que parce qu'ils avaient peur qu'elle dégénère en démagogie, et il devint ainsi le pondérateur, le régulateur et le lien de toutes les opinions républicaines, démocratiques et libérales plus ou moins divergentes. C'est ainsi qu'il réconcilia les hommes du peuple avec ceux de la bourgeoisie, les hommes des nouvelles couches sociales, comme il les a appelées pour les grandir, avec ceux des anciennes couches, avec les classes dirigeantes, comme ils s'appellent modestement eux-mêmes, en conseillant aux premiers de rassurer les seconds qu'on n'en voulait ni à leur fortune ni à leur personne, ce qu'il sut persuader aux derniers.

Et il fit cela franchement et loyalement, en faisant appel à la raison et au patriotisme des petits et des grands, des riches et des pauvres, en leur disant clairement et sincèrement la vérité à tous, sans les flatter ni les uns ni les autres par de vaines promesses et par de fallacieuses espérances, pour en acquérir une vaine popularité qu'il dédaigne : trop fier et trop loyal qu'il est pour s'abaisser à ce rôle indigne et dégradant que jouent certains histrions politiques. Il empêcha ainsi les uns d'aller à la réaction et à la monarchie par peur des autres, et ceux-ci d'aller au bouleversement, au désordre et à l'anarchie par esprit d'aventure, par exagération de sentiments et de principes ou par égoïsme et par manque de convictions; et il les empêcha peut-être de s'entr'égorger les uns les autres et de faire la ruine de la République et de la patrie.

Voilà, mon cher Monsieur Olimagli, quelques-uns des titres de M. Gambetta à mon estime, à ma reconnaissance et à mon amitié, et j'aime croire que vous les trouverez plus que suffisants pour rassurer la conscience, pour satisfaire la raison et pour captiver le cœur d'un démocrate et d'un patriote sincère et désintéressé.

Venons aux reproches, aux calomnies et aux injures dont on accable M. Gambetta. On lui fait le reproche d'avoir manqué d'égards pour la Chambre. Il n'aurait pas eu assez de déférence et de respect pour la vénérable matrone qui s'appelle à cette heure la majorité homogène de la noble Assemblée et dont les austères vertus : sa dignité superbe, son désintéressement sévère et son entière abnégation, son patriotisme ardent et son libéralisme sans limites, la sagesse, la clarté, l'harmonie, la sincérité et la constance de ses idées, sa loyauté, sa tolérance et sa magnanimité inaltérables, son dévoûment et sa générosité exemplaires lui font oublier, à elle et aux membres qui forment sa personnalité multiple et la masse de ces vertus, leur font oublier leurs intérêts et leurs rancunes individuels et collectifs, qu'elle sacrifie héroïquement au salut de la République et de la patrie, comme la matrone romaine Véturie sacrifia son fils Coriolan au salut de Rome !

Mais qu'ont-elles à faire ces nobles vertus, cette fierté superbe, cette dignité vénérable et cette susceptibilité blessée dans la cohue de cette majorité hybride, incohérente, sans principes, sans foi et sans pudeur de l'heure présente ?

Comment ! parce que chargé du fardeau et de la responsabilité du pouvoir souverain, M. Gambetta vient exposer franchement et loyalement, à la Chambre, les réformes qu'il croit urgentes, utiles et éminemment fécondes, à l'exclusion de celles qu'il estime inopportunes et irréalisables à cette heure, et lui demande, avec la même franchise et la même sincérité, les moyens nécessaires et suffisants pour les réaliser, il manquerait de respect à la souveraineté nationale et aspirerait au pouvoir personnel, à la dictature et au despotisme ?

Quoi ! les ministres sont responsables de leur administration, de leurs moindres actes devant la Constitution, devant les Chambres et devant le pays, le plus ignare des députés a le droit de leur demander compte de leurs agissements, de leur gestion, les Chambres ont le droit de les mettre en accusation, comme prévaricateurs et traîtres à la patrie, s'ils dirigent mal les affaires du pays, et les ministres ne pourraient demander à la Chambre certaines lois et certaines réformes qu'ils jugent indispensables pour bien gouverner, pour faire la prospérité et la grandeur du pays, sans être mis en suspicion, sans être accusés de manquer de déférence envers la Chambre et de viser au pouvoir personnel, compris dans le sens de la dictature ?

Car, pris dans son vrai sens, le pouvoir personnel est, non-seulement l'attribut essentiel d'un grand ministre, mais il est, en quelque sorte, inhérent à ses hautes et difficiles fonctions ; c'est surtout et essentiellement la raison d'être, le substratum de l'homme d'État supérieur qui, sans ce pouvoir effrayant, sans l'autorité morale et matérielle nécessaire à son génie, serait réduit au rôle stérile et dégradant d'une médiocrité subalterne.

Il serait, quelque sublimes et fécondes que soient ses idées, quelque profondes et affectives que soient ses pensées et quelle que soit la hauteur de ses vues et de sa raison, il serait forcé de se traîner terre à terre, comme un oiseau blessé, comme un aigle dont on aurait attaché les ailes, comme un aveugle qu'on conduirait par la main, ainsi que l'héroïque et indomptable Bélisaire, qui, tout en sentant bouillonner en lui le génie, la force et le courage de guider des armées innombrables et de gagner des batailles, était forcé de se laisser guider par la main débile d'un enfant !

Mais, si les ministres ne doivent avoir ni pouvoir propre, ni volonté initiale et formelle au point de vue des réformes politiques et administratives qu'ils considéreraient comme nécessaires à l'affermissement de la République et aux intérêts généraux et supérieurs du pays, s'ils ne doivent avoir aucune autorité personnelle dans la haute direction morale et politique en ce qui touche les lois constitutionnelles et organiques, et s'il faut, au préalable, qu'ils connaissent l'opinion de la Chambre pour prendre l'initiative d'une proposition de réforme de ces lois, à quoi bon alors qu'on leur ait donné le droit et imposé le devoir d'élaborer des projets de lois et de les présenter aux Chambres pour les leur faire adopter ? A quoi bon que le chef du ministère, le président du Conseil, soit un homme supérieur, ce qu'on appelle un grand politique, un grand homme d'État, s'il ne peut pas, s'il ne doit pas avoir une politique à lui, s'il ne peut exposer franchement ses vues devant la Chambre, sans craindre de blesser sa susceptibilité et de lui faire concevoir des défiances injurieuses sur la loyauté de sa politique, sur sa sincérité et son désintéressement personnel, touchant le but qu'il poursuit et qu'il veut atteindre, dans l'intérêt de la République et de la patrie?

Faudra-t-il donc, ou faut-il que, dès cette heure et déjà, la France républicaine s'inspire du génie transcendant des apôtres de l'intransigeance et de la démocratie ultra-radicale ? Faut-il qu'elle ait assez d'esprit et de bon sens pour avoir foi aux savantes et austères doctrines morales et politiques, parlementaires et gouvernementales, élaborées par la haute intelligence des Maret, des Gatineau, des Tony-Révillon, des Bonnet-Duverdier, des Rochefort, et défendues par toute la phalange sacrée dont les fiers champions combattent héroïquement pour la liberté sans entraves et sans limites, contre l'autorité absorbante et tyrannique de l'État ?

Faudra-t-il qu'elle soit assez sage pour ne plus reconnaître d'autre autorité, désormais, que celle de ces vrais représentants, de ces vrais amis, de ces vrais défenseurs du peuple ?

Oui, il faut les croire ces grands philosophes, ces grands politiques, ces grands moralistes législateurs, il faut les croire, comme ils le disent avec leur désintéressement et leur sincérité ordinaires, que si la France démocratique, si la France laborieuse, intelligente, positive et pratique est assez éclairée et assez perspicace pour apprécier tout ce qu'elles portent dans leurs larges flancs de bonheur pour le peuple, de prospérité et de grandeur pour le pays, leurs doctrines merveilleuses, qui devraient nous combler de joie et d'espérance pour l'avenir, elle n'hésiterait pas à proscrire les hommes politiques qui voudraient subordonner les droits et la liberté des citoyens aux droits et à la liberté de l'État, à l'autorité tyrannique du gouvernement. Oui, si la France démocratique était assez intelligente pour comprendre les doctrines transcendantes, mais peu claires, de ces grands et sibyllins penseurs, si elle était assez bien inspirée pour comprendre comme eux la vraie liberté et les véritables intérêts du pays, elle chasserait des assemblées et des pouvoirs publics tous les hommes qui ont la prétention de faire prévaloir leurs idées politiques sur celles des vrais amis du peuple et qui préconisent un gouvernement fort investi d'une direction prédominante.

Et elle ferait preuve d'une haute sagesse et d'une grande prévoyance en agissant ainsi, comme l'a fait l'honnête et patriotique coalition des députés les plus libéraux, les plus patriotes, les plus désintéressés et les plus unis d'idées, d'intentions et d'espérance, de la présente Chambre, qui a mis vaillamment ces doctrines en pratique contre la politique autoritaire et trop personnelle de M. Gambetta.

On n'a plus besoin des Richelieu ni des Mazarin ! Ces fins et avisés politiques, ces habiles hommes d'État étaient peut-être utiles sous le despotisme monarchique, disent ces grands prophètes, mais sous le régime de la souveraineté nationale, avec la liberté pleine et entière des citoyens, ces grands politiques, ces grands diplomates, qui sont souvent des traîtres et des vendeurs des peuples qu'ils dépècent sans pitié, ils ne sont pas seulement inutiles, ils sont très-dangereux, parce qu'ils cherchent toujours à usurper les droits et la part de souveraineté de chaque citoyen au profit de l'autorité de l'État, et par suite à leur profit, ainsi que M. Gambetta aurait voulu le faire, nous disent ces perspicaces gardiens des droits du peuple.

Et, en effet, il ne sera plus nécessaire que les ministres aient
des talents supérieurs, hors ligne, toujours dangereux pour les
droits et la liberté des citoyens, selon ces grands penseurs, il ne
sera pas même nécessaire qu'ils aient l'intelligence et les aptitudes spéciales des affaires qu'ils seront appelés à gérer, les
connaissances et les capacités d'un chef de bureau leur suffi-
ront, puisque, d'après les nouvelles doctrines, ils n'auront plus
qu'à exécuter fidèlement les ordres des Chambres, sans chercher
à faire valoir leurs idées lorsqu'ils les sauront ou les croiront
tant soit peu en contradiction avec les idées et les aspirations
plus ou moins contraires et plus ou moins libérales des députés
de la majorité. De telle sorte que désormais, si ces doctrines
prévalaient, comme l'espèrent sans doute leurs propagateurs,
désormais, quelle que soit la valeur du premier ministre français
et de ses collaborateurs, s'ils ont bonne envie de rester au pouvoir, il faudra de toute nécessité, pour vivre, qu'ils abandonnent
et qu'ils oublient leurs idées, leurs principes et leurs vues politiques, ou qu'ils les mettent à l'unisson des idées, des aspirations, des intérêts et des vues profondes de ces sages et désintéressés Solons du jour.

Eh bien ! ces doctrines, il faut le reconnaître, mon cher
Monsieur Olimagli, sont excellentes pour tout le monde, vu
qu'elles facilitent à chacun l'accès du pouvoir : puisque les ministres n'auraient plus besoin d'une grande intelligence ni de
capacités spéciales, et que le premier intransigeant venu pourra
faire un excellent ministre avec l'aide des bureaux qui feraient
le travail dicté par la Chambre. Oui, par ce temps de grandes
lumières et d'immenses progrès parlementaires, ce n'est plus le
ministère issu de la majorité de la Chambre qui doit inspirer et
guider cette majorité dont il est en principe et doit être, en fait,
le chef dirigeant, au point de vue politique et administratif,
mais bien la majorité qui doit inspirer et guider le gouvernement, dont les attributs et les fonctions seraient réduits ainsi à
s'inspirer des tendances et de la volonté de cette majorité et à
exécuter fidèlement ses ordres, comme le subordonné exécute
les ordres de son supérieur.

C'est à ce résultat du moins que conduirait infailliblement,
qu'on le veuille ou non, la mise en pratique, si elle était possible,
de ces doctrines quintessenciées de la souveraineté omnipotente
de la Chambre, formulées par les puritains de la démocratie
transcendante. C'est cette féconde doctrine que les enragés de
jalousie de rancune et de haine contre M. Gambetta, préconisent
pour le rabaisser et pour grandir d'autant leur médiocrité.

C'est cette doctrine salutaire qu'a mis en pratique, pour renverser du pouvoir ce grand homme d'État, la très-homogène, très-morale et très-patriotique association du très-conservateur Bonnet-Duverdier, du très-modéré Maret, du grand politique Clémenceau, du très-désintéressé Bernard-Lavergne, du très-tolérant Freppel, du très-libéral Baudry d'Asson et du très-doux Cassagnac, ce mameluck de l'empire, comme il se qualifiait lui-même au début de sa brillante carrière politique, avec un désintéressement exemplaire.

Ainsi donc, je le redis encore, pour que la France, le suffrage universel et les aspirants au pouvoir le sachent bien, d'après ces grands politiques de la sympathique et cordiale association, d'après ces grands libéraux de tous crins et de toutes couleurs, depuis le bonnet rouge du citoyen Maret, le bonnet à poils du citoyen Cassagnac, le manteau violet du citoyen Freppel, jusqu'à la cravate blanche du citoyen d'Asson, tous unis dans le même but, la ruine du pouvoir, avec des doctrines, des aspirations et des espérances contraires, d'après ces grands patriotes et éminents politiques, désormais les ministres qui voudront savourer quelque temps les douceurs du pouvoir devront avoir, devant la Chambre et devant ces vénérables et sages législateurs, un air et une attitude reflétant la modestie et la condescendance.

Ils devront toujours, devant l'humeur tour à tour chagrine et superbe d'une majorité jalouse, irascible et toute-puissante qui tient sans cesse son vote meurtrier suspendu au-dessus de leur tête, comme l'épée de Damoclès, ils devront lui exposer leurs idées et leur faire leurs observations, s'ils en ont à faire, dans un langage plein de mansuétude, de déférence et de respect, ainsi qu'un serviteur doit le faire devant son seigneur et maître. Et s'ils ont des réformes urgentes et nécessaires à lui demander, ils devront taire toutes celles qui pourraient porter ombrage à la vanité ou porter atteinte aux intérêts de quelques-uns de ses membres ; et ils devront supprimer les uns, raccourcir ou allonger les autres à la mesure de l'intelligence et des passions de cette majorité, si elle est formée des mêmes éléments ou si elle est la même que celle qui a renversé le ministère de M. Gambetta, parce qu'elle ne le trouvait pas assez respectueux trop autoritaire et trop dominateur pour elle.

Et il en sera ainsi toutes les fois que la majorité parlementaire sera composée d'éléments aussi purs, aussi homogènes et aussi cohérents que ceux de la très-honorable et très-dévouée coalition, dont les membres illustres animés du patriotisme le plus pur et le plus ardent ont sacrifié, paraît-il, sur l'autel de la patrie, le 26 janvier, en imitant la sublime abnégation des hommes généreux du 4 août, ils auraient sacrifié leurs intérêts les plus chers aux intérêts supérieurs de la patrie, et c'est ainsi que la coalition multicolore a amoindri l'autorité et la puissance du gouvernement personnel en renversant le terrible dictateur.

Et c'est ainsi que l'intransigeance voudrait réduire toute autorité et toute puissance gouvernementale à la plus simple expression mathématique ! ce qui équivaudrait à la solution du problème démocratique, républicain, libéral et économique par l'absurde, ou mieux par l'anarchie et le bouleversement. Et c'est justement et essentiellement ce qu'ils ont voulu et ce qu'ils cherchent, les vertueux associés de l'hybride coalition anti-gambettiste ; les cléricaux et les monarchistes pour montrer l'incapacité des républicains à gouverner et l'impossibilité de la République, afin de pouvoir chasser les premiers comme des intrus, et balayer la seconde comme on balayerait une immondice qu'un accident aurait jeté sur le parvis du temple national, ou comme on balayerait une toile d'araignée tissée sur un lambris doré, selon l'expression gracieuse et délicatement appropriée de M. de Cassagnac, qui a au moins la franchise de dire que c'est pour cela et dans ce seul but qu'il vote et qu'il votera avec les intransigeants rouges qui tueront la République et contre les républicains de valeur qui peuvent seuls la sauver et la faire vivre.

Ce rôle humiliant de courtisan obséquieux, ce rôle d'esclave docile et sans volonté propre, ce rôle de comparse sans voix et sans action ne pouvait convenir à un homme du caractère et de la valeur de M. Gambetta, et il pouvait convenir encore moins à son dévoûment à la République et à son ardent patriotisme.

Il est trop fier et trop loyal pour s'abaisser au rôle de commis subalterne indigne de lui, indigne de la République et indigne de la France, et il a dit noblement, sans hauteur et sans faiblesse, aux représentants du pays, quelles étaient les réformes constitutionnelles et administratives qu'il estimait opportunes, urgentes et nécessaires pour donner au gouvernement de la République la force morale et matérielle suffisante, pour qu'il pût gouverner fructueusement et pour la plus grande prospérité de la République et de la patrie.

Il leur signala les réformes qu'il considérait, lui, comme im-

praticables ou dangereuses et il leur dit franchement, loyalement et avec dignité, sans ambages et sans équivoque, que si la
Chambre n'était pas de son avis, si elle voulait ce qu'il jugeait,
lui, inopportun et si elle lui refusait ce qu'il estimait nécessaire pour bien gouverner, alors il se retirerait du pouvoir, se
considérant impuissant à faire le bien du pays qu'il voulait et
qu'il croyait pouvoir faire si on lui accordait ces réformes.

Est-ce là le langage d'un factieux, d'un homme qui vise au
pouvoir personnel ? si l'on entend par pouvoir personnel la dictature, comme on paraît le faire ? car, je le répète, un ministre
de valeur ne peut ni doit gouverner sans une grande autorité personnelle, morale et effective, sans faire prévaloir ses
idées, ses vues, sa politique : et plus il sera désintéressé, plus
il sera libéral, intègre et dévoué au bien public, plus il désirera,
plus il vaudra, plus il aura besoin de puissance effective
pour faire tout le bien qe'il veut faire, qu'il croit pouvoir faire
et qu'il ne peut laisser à faire sans trahir sa conscience ! Or,
est-ce vouloir usurper la souveraineté de la nation parce qu'on
demande l'autorité légale nécessaire pour faire ce qu'on croit
dans l'intérêt de la nation ? Est-ce ainsi que parlent les ambitieux qui aspirent à la dictature ? est-ce ainsi qu'agissent les
fauteurs de coup d'État ? est-ce avec cette franchise et cette
loyauté, avec ces moyens purement moraux, conformes aux
vrais principes démocratiques et correctement constitutionnels
que vos liberticides empereurs accomplirent leurs crimes abominables du 18 brumaire et du 2 décembre ? est-ce avec ces
seules forces de la raison, de la logique et de la persuasion que
M. Gambetta a employées auprès de la représentation nationale,
conformément aux vraies doctrines républicaines, libérales et
parlementaires, que ces grands criminels de lèse-nation ont pu
disperser et emprisonner les représentants du peuple, terrasser,
bâillonner et asservir la France qui les avait faits trop grands,
ces ambitieux féroces qui, sans scrupules et sans conscience,
firent d'elle leur esclave, leur courtisane et leur prostituée, par
gratitude ?

Leur franchise et leur loyauté à eux, mon cher Monsieur
Olimagli, je vais vous les dire, moi, si vous ne les connaissez
pas, et cela sans intention de vous contrister en ternissant un
peu l'auréole de vos idoles : ils employèrent la ruse, les jongleries, la dissimulation, l'hypocrisie et la mise en scène de la légende mensongère qu'ils avaient su se faire avec un art merveilleux. Ils flattèrent tous les partis, toutes les opinions, toutes

les passions et tous les appétits. Ils firent toutes les promesses, tous les serments, qu'ils violaient sans scrupule et sans honte ; puis, pour toute raison, pour toute logique et pour toute persuasion, ils employèrent la violence, la force brutale de leurs sicaires qui se ruèrent sur la France, la garrottèrent et la livrèrent en pâture aux convoitises de leur ambition dévorante.

Les procédés de M. Gambetta ont-ils rien de semblable ? ont-ils quelque chose d'analogue à ces agissements, à ces menées, à ces forfaits, de près ni de loin ? Et n'est-ce pas lui faire l'injure la plus sanglante, la plus calomnieuse et la plus inique de vouloir comparer ou assimiler ses procédés loyaux et honnêtes, qui portent toujours l'empreinte ineffaçable de son dévoûment passionné et inépuisable pour la République, pour la liberté et pour la patrie, avec ceux de ces liberticides, de ces oppresseurs de la généreuse et imprudente nation qui les avait faits si grands ? Et si la franchise avec laquelle M. Gambetta montre le but où il veut et désire aller et les moyens qu'il juge opportuns et nécessaires d'employer pour l'atteindre, dans l'intérêt bien entendu du pays, si cette loyauté qui ne se dément jamais ne peut calmer la jalousie et les rancunes des uns, ni dissiper les craintes idiotes que ces ambitieux sans scrupule ont inculquées aux poltrons, aux ignorants et aux imbéciles affamés qu'on nourrit de chimères, de promesses spécieuses et de vaines espérances, c'est qu'il y a parti pris de dénigrement contre sa personne, quels que soient sa politique et ses actes.

Oui, cette persistance haineuse à le calomnier et à l'injurier, malgré l'inanité des motifs et des raisons impudemment allégués, malgré l'évidente mauvaise foi des accusations, est pour moi, pour tous les républicains sincères et dévoués, pour l'immense majorité saine et intelligente de la France républicaine, elle est la raison la plus probante, la démonstration la plus claire et la plus inéluctable, que c'est par jalousie et par rancune qu'on s'efforce de rabaisser et de diminuer le grand patriote, le dévoué républicain, l'éminent homme d'État. Mais, il est superflu et j'enfonce une porte ouverte en constatant ces infamies ; car tous les hommes de bon sens et de bonne foi savent bien que c'est en haine de sa personne et de sa supériorité, de ses talents et de sa popularité justement acquise, que les médiocrités jalouses et rancuneuses l'accablent des calomnies et des injures les plus amères, les plus offensantes et les plus douloureuses pour lui, en faisant semblant de croire et en s'efforçant de faire croire aux autres, avec un diabolique raffinement d'insinuations hypocrites ou des dénigrements impudents, qu'il aspire au pouvoir personnel et à la dictature !

Je dis calomnies, injures et dénigrements douloureux pour lui, parce qu'il est en effet cruellement blessant pour un homme d'intelligence et de cœur de se voir dénigrer et noircir ainsi avec tant d'injustice et d'infamie, comme si il était un imbécile ou un halluciné ! Parce que c'est l'injure la plus outrageante et la plus douloureuse qu'on puisse faire à un homme d'esprit et de bon sens, de chercher à faire croire à l'opinion publique, dont il est tant aimé, qu'il est affecté de la maladie mentale, de la folie ambitieuse du pouvoir souverain sans avoir aucune raison pour y prétendre, ni aucun moyen pour y arriver ! Oui, l'injure est d'autant plus grande et le calcul, le dessein et le but des calomniateurs d'autant plus infâmes, qu'il n'a que son ardent patriotisme et son infatigable dévoûment à la République à faire valoir et qu'il faudrait infailliblement qu'il soit atteint de la plus triste des hallucinations morbides, s'il nourrissait la pensée folle, ridicule et criminelle d'usurper le pouvoir suprême avec ces moyens entièrement négatifs.

Quoi ! cet homme à l'esprit droit, clairvoyant et sagace, qui juge sainement et bien les évènements, les faits, les hommes et le temps où il se meut, ne se connaîtrait pas lui-même et se jugerait si mal, qu'il ne craindrait pas de se déshonorer et de devenir la risée du monde en voulant marcher follement et criminellement sur les traces des Cromwell et des Bonaparte sans en avoir ni le prestige ni les moyens ? Et quel est le Français, comme il l'a dit lui-même si éloquemment et avec tant d'émotion et de douleur poignante, quel est le Français naïf, le simple d'esprit, le timide ou le poltron auquel les ambitieux jaloux et rancuneux, auquel les charlatans politiques feront croire, en dehors de quelques pauvres déclassés, de quelques affamés et de quelques envieux comme eux, qu'ils ont pu passionner, fanatiser, abêtir, idiotiser, quel est l'homme sincère et désintéressé, doué du plus vulgaire bon sens, auquel on fera croire que M. Gambetta, l'homme intelligent et sagace, le républicain dévoué, le patriote ardent, serait devenu assez sot, assez égoïste et assez criminel pour vouloir asservir la France, en confisquant la République et la liberté au profit d'une ambition malsaine et démesurée qui l'aurait perverti et dont il serait dominé ?

Et à qui espèrent-ils faire croire, ces vils calomniateurs aveu-

glés par la vanité, l'égoïsme, la jalousie et la haine, à qui espèrent-ils faire croire qu'il a pu concevoir cette pensée liberticide, lui l'homme du devoir, lui le défenseur infatigable du droit
et de la liberté ? à qui espèrent-ils faire croire qu'il pourrait
commettre ce crime abominable de lèse-nation, ce crime horrible de parricide, lui l'homme de la loi et de la justice, lui le
champion indomptable de la patrie ? à qui espèrent-ils faire
croire qu'il pourrait vouloir tenter ces actes de démence et d'infamie, sans reculer d'horreur devant l'énormité de son forfait,
lui, l'homme austère et droit ? à qui feraient-ils croire qu'il ferait
ou qu'il pourrait faire cela, lui l'homme avisé et clairvoyant.
sans voir qu'il n'aurait d'autre chance de succès à espérer que
celle d'une chute mortelle et irréparable, la chance certaine et
inéluctable de son avilissement et de sa ruine morale et politique ?

Et par quelle perturbation de sa vaste et lumineuse intelligence, par quelle atrophie de sa grande âme et de son grand
cœur, par quelle perversion de ses idées généreuses et de ses
sentiments magnanimes, serait-il devenu assez aveugle et assez
dénué de conscience et d'esprit, lui l'homme intègre, sensé et
perspicace, pour ne pas sentir, pour ne pas comprendre et pour
ne pas voir que s'il cessait d'être fidèle et dévoué à la liberté et
à la patrie qui l'ont fait si grand en grandissant eux-mêmes par
les services sans nombre qu'il leur a rendus, il ne pourrait que
tomber, comme l'ange rebelle, des splendeurs étincelantes de la
renommée, de la gloire et de l'honneur, dont il brille d'un si pur
et d'un si grand éclat, dans l'abîme du ridicule, de la honte et
de l'infamie ? Et en tombant si bas de ce ciel étoilé et radieux
où l'ont élevé la reconnaissance et l'estime sympathique du
pays, il comblerait de joie ses ennemis jaloux, qui le redoutent
et le haïssent assez pour le pousser dans ce gouffre ténébreux
de l'opprobre, de l'ignominie, de la dégradation et de la mort
morale ! Et en tombant ainsi du ciel lumineux de la patrie
dans le Tartare des réprouvés, il contristerait douloureuse-
ment tous les républicains et tous les patriotes sincères et
dévoués qui l'aiment et qui prisent si haut son patriotisme
ardent et infatigable, sa politique libérale et progressive,
sa sagesse, sa loyauté et son grand sens positif, rationnel et
pratique.

Oui, il ne pourrait gagner, en trahissant ainsi la patrie qui
l'aime tendrement comme le meilleur de ses enfants, en retour
de son ardent amour et de son dévoûment inépuisable pour elle,

il ne pourrait gagner que le mépris dédaigneux de ses ennemis qui le conspueraient en le qualifiant d'infâme, et il n'aurait plus à espérer d'autre soulagement à ses peines et à ses misères méritées, que la commisération de ses amis qui le plaindraient sans doute avec une affliction profonde et une indulgence douloureuse en le qualifiant tristement de fou, par euphémisme et pour atténuer l'énormité de son égarement et l'horreur de son forfait ! Et ces qualifications, les unes gonflées d'injures et de haine, les autres pleines d'indulgence et de miséricorde et qui inspireraient la réprobation ou la pitié, annonceraient au monde étonné la dégradation, l'éclipse, l'anéantissement de la plus grande et de la plus radieuse des âmes humaines, au lieu de lui annoncer la glorification de cette âme généreuse et magnanime, comme on le fit naguère, sans le vouloir peut-être, en donnant à ce valeureux et flamboyant esprit, à cet illustre et dévoué citoyen, le titre glorieux et impérissable de fou furieux de patriotisme ! pour caractériser son énergie indomptable et sa tenacité héroïque et infatigable à lutter contre notre terrible envahisseur, et à vouloir lutter à outrance jusqu'au bout, tant qu'il pourrait réveiller et pousser sur lui l'énergie patriotique, toutes les forces vives de la France ! Et cela sans faiblir, sans perdre jamais l'espoir de le vaincre, et toujours avec la certitude réconfortante, de sauver l'honneur national, qu'il sauva malgré le mauvais destin, malgré la faiblesse de nos moyens épuisés, malgré la trahison et les défaillances.

Non, aucun homme un peu sain d'esprit et de cœur ne croira ces ignobles imputations, aussi calomnieuses et aussi infâmes qu'elles sont absurdes, contraires à la réalité des faits, contraires à la nature des choses et contraires à la noble nature de l'homme droit, intègre, généreux et dévoué auquel on les attribue avec une satanique hypocrisie calculée ! Et ces lâches calomniateurs en seront réduits à mâcher le vide et à dévorer sans cesse leur jalousie et leurs rancunes. Oui, ils ne pourront que dévorer leur dépit et leur haine, tous tant qu'ils sont, depuis les plus bas et les plus bruyants, jusqu'aux plus élevés et aux plus silencieux qui pourraient bien cacher les ruses du renard sous l'air modeste du faux bonhomme et n'être ni moins jaloux, ni moins cupides, ni moins rancuneux que les petits avec lesquels ils ne craindraient peut-être pas de s'allier, pour en faire leurs troupes volantes contre M. Gambetta; tout en sachant bien qu'ils n'en sont pas plus aimés que lui.

Non, personne ne pourra croire que le chêne majestueux qui

nous abrita contre la tempête, et qui nous abrite encore contre les orages qui nous menacent, pourrait devenir le mancenillier qui pourrait nous empoisonner ; que l'aigle superbe que nous admirons planer dans les airs, où il brille des rayons du soleil dont il se couronne sans en être ébloui et élève ainsi notre pensée et notre courage, pourra devenir le chat-huant qui se plaît dans l'ombre de la nuit, où il nous effraie par ses cris sinistres ; que le fier lion de la démocratie qui a défendu notre liberté contre les affamés de la réaction, comme le lion légendaire défendit le compatissant et généreux Romain qui lui avait tiré l'épine du pied, pourra devenir l'hyène immonde qui déterrerait le cadavre puant du despotisme pour s'en nourrir et pour nous en infecter ; que le phare brillant qui guide au port la France et ses destinées pourra devenir la fausse et trompeuse lumière du pirate qui l'allumerait pour attirer traîtreusement à lui cette enfant généreuse et confiante de la vieille Gaule pour la dé- pouiller et la faire l'esclave de sa vanité, de son orgueil, de son ambition démesurée et criminelle !

Non, non, personne ne croira que ce puissant et fécond génie, qui recèle dans son vaste cerveau et dans son grand cœur, tou- tes les grandes facultés intellectuelles et morales de la France : son génie, son esprit et ses vertus qu'il communique à nos en- fants pour leur inspirer l'amour des grandes choses, l'amour de la liberté et de la patrie, pourra devenir le génie du mal qui leur inspirerait l'oubli de leurs droits, de leur dignité et de leurs devoirs pour les dominer ! non ! mille fois non ! personne ne croira que ce soleil étincelant qui a dissipé les orages qui nous menaçaient, qui dissipe les nuées dont notre ciel est en- core assombri, et qui brille d'un si vif éclat dans le monde qu'il éclaire, pourra se voiler lui-même en se plongeant ainsi dans les ténèbres de la trahison et du despotisme où il plon- geait la France qu'il illumine et vivifie !

Ah ! ils seraient au comble de leurs vœux ces enragés de jalousie, de rancune et de haine contre l'éminent homme d'État, si cet esprit fulgurant se suicidait ainsi en descendant des sphères éblouissantes de la renommée et de la gloire dont il est rayonnant, pour vouloir, comme un insensé ou comme un misérable malfaiteur, pour vouloir ramasser dans la fange ignominieuse de l'apostasie et du crime l'ombre d'un pouvoir usurpé et éphémère qui ne pourrait que le diminuer s'il pouvait réussir, ce qui est impossible ! Ils seraient dans le ravissement et dans l'extase d'un bonheur ineffable ces détracteurs du grand citoyen, si ce fécond génie, si cette vaste et resplendissante intelligence pouvait s'éteindre dans les sombres et morbides brouillards de la démence ambitieuse. Oh ! combien ils seraient heureux tous ces lâches calomniateurs du grand patriote, s'ils pouvaient le pousser à une aussi grande et aussi criminelle folie, qui le perdrait infailliblement , comme ils l'ont poussé au pouvoir avec l'espoir de l'user d'abord, puis pour se donner la vile satisfaction, la jouissance idiote de le renverser. !

Et ils le forcèrent à abandonner ce pouvoir attrayant pour eux, que lui ne cherchait pas, où ils l'avaient poussé pour l'en faire descendre amoindri, et dont ils l'en dégoûtèrent à force de calomnies infâmes et de cynisme ! ils le forcèrent à l'abandonner en s'associant contre lui avec tous les ennemis les plus dangereux de la République et de la liberté, eux qui se disent toujours impudemment les plus purs des républicains et les plus libéraux des démocrates. Et qui sait ? peut-être que le bonheur et la joie de ces vils histrions politiques seraient plus grands encore, si après l'avoir fait insulter, injurier et dénigrer par leurs séides, et après s'être fatigués vainement eux-mêmes pour le diminuer dans l'opinion publique, ils pouvaient profiter d'une telle folie, à laquelle ils auraient pu le pousser perfidement, pour le livrer à la haine stupide, sauvage et féroce des acolytes de la prêtresse Louise Michel, qui prêche la guerre civile et l'assassinat politique.

Mais si ces lâches et vils calomniateurs, si ces détracteurs impudents du grand démocrate républicain, voulaient donner un aliment à cette folle espérance de leur jalousie, de leurs rancunes et de leur haine féroces, de croire qu'ils pourraient le pousser à se suicider ainsi follement, comme un insensé ou comme un idiot, par un crime abominable, lui l'homme d'esprit et de bon sens, respectueux de la justice et fidèle à la loi, ils auraient dû au moins lui fabriquer une légende princière que, dans le délire de leur démence, ils pussent la croire capable de troubler son vaste cerveau et de le pousser dans l'abîme ! Ils auraient dû chercher à lui faire croire qu'il descend des rois Longobards ou des doges de Gênes, comme les conspirateurs du 16 mai avaient fait croire, dit-on, à M. de Mac-Mahon qu'il descendait des rois d'Irlande. Il est vrai qu'il serait peut-être un peu plus difficile de faire croire ces sottises à M. Gambetta que de faire croire aux imbéciles qu'il aspire à la dictature.

Pauvres fous ! Je suis convaincu qu'ils sont affectés de la monomanie ambitieuse du pouvoir, plus que M. Gambetta, au quel ils l'attribuent hypocritement, à seule'fin de le discréditer à leur profit, et que si les Petites-Maisons reçoivent de nouveaux hôtes, atteints d'une pareille folie, ce ne sera pas M. Gambetta, mais bien ceux qui, pour y arriver ou pour s'y maintenir, au pouvoir, donnent la main gauche aux complices des incendiaires de Paris et des assassins des otages sans frissonner d'horreur, et la main droite aux monarchistes et aux cléricaux, les plus implacables ennemis de la République et de liberté, sans rougir de honte. Ils ne craignent pas pour satisfaire leurs âpres convoitises, ils ne craignent pas de pousser au désordre, à la violence et à l'anarchie, et peut-être même pousseraient-ils à la guerre civile sans en être épouvantés et sans songer, dans leur insanité, qu'ils seraient infailliblement dévorés eux-mêmes par l'incendie dévastateur qu'ils auraient allumé !

Mais en admettant que M. Gambetta eût conçu la pensée malheureuse autant qu'insensée d'usurper le pouvoir souverain, de quelle manière et avec quels moyens tenterait-il l'exécution de sa pensée criminelle ? Et je ne fais cette question qu'avec répugnance, avec peine et en frissonnant, tant m'attriste l'idée seule d'une pareille supposition dont la réalisation, heureusement impossible, serait un immense malheur et un deuil pour la patrie, qui déplorerait amèrement sa folie pour lui et pour elle, qui, en ce cas douloureux, serait forcée de le châtier cruellement et de se priver de son expérience, de ses lumières et de ses éminents services.

Oui, en admettant que, par suite de son mauvais destin, l'égoïsme féroce de l'ambition dévorante, que lui attribue la haine implacable de ses ennemis, rongerait et désorganiserait son vaste cerveau, pervertirait sa haute intelligence et son grand cœur, chasserait de son âme loyale, généreuse et dévouée, le sentiment du vrai, du bon, du bien, du juste et du devoir et lui ferait préférer la gloire fallacieuse, maculée de forfaits et dégouttant le sang, des Cromwell et des Bonaparte, à la gloire pure, lumineuse et impérissable des Washington qu'il est en voie d'acquérir, qu'il peut acquérir, qu'il mérite et que je lui désire de grand cœur, pour lui, pour la République, pour la liberté et pour la France, quels seraient les moyens, je le répète, quels seraient les moyens qu'il emploierait pour accomplir son crime de parricide et pour se couvrir d'opprobre et d'infamie aux yeux de tous les honnêtes gens qui aiment la République, la liberté et la patrie ?

Et s'il est sans moyens efficaces pour accomplir ce crime

abominable de lèse-nation, comment pourrait-il sans être complètement fou, comment pourrait-il méconnaître son impuissance et le tenter pour se déshonorer sans profit aux yeux du
monde et de la postérité, dont la renommée des bienfaiteurs de
l'humanité le regarde avec sollicitude, et peut-être avec anxiété
pour sa gloire ? Oui, je le répète encore à dessein, parce qu'il
faut redire souvent les mêmes choses pour l'édification des
simples qu'on égare, oui ! si frappé de démence ambitieuse,
M. Gambetta ne se contentait plus de l'insigne honneur d'être
et de rester l'âme et le cerveau de la France républicaine,
l'inspirateur, le régulateur et le pondérateur de l'opinion de
tous les démocrates, de tous les libéraux sincères et le puissant soutien de la République, pour se faire le contempteur
de la liberté, le perturbateur de l'ordre et de l'esprit public,
le dominateur et l'oppresseur de la patrie, ou prendrait-il la
force nécessaire pour détruire l'œuvre colossale de la République et de la liberté qu'il a édifiée lui-même avec tant de dévoûment ?

Oui, si, pris du vertige de la sotte vanité, du fol orgueil du
moi qui dominent toujours plus ou moins la volonté et les actions humaines, même celles des meilleurs esprits, s'il voulait
sacrifier ses sentiments de liberté, de justice, de patriotisme,
de dignité et d'honneur dont il a donné tant de preuves, s'il
voulait sacrifier tout ce qui fait et peut faire la grandeur morale de l'homme supérieur, tout ce qui est digne et mérite
seul d'être ambitionné par l'homme d'État qui a l'intelligence,
l'âme et le cœur élevés au-dessus des petites passions égoïstes,
des appétits malsains des vaines grandeurs, s'il voulait sacrifier le noble désir, la volonté magnanime, la sainte espérance
de faire le bien, tout le bien qu'il pourrait faire pour la grandeur de la République, de la liberté et de la patrie, s'il voulait sacrifier, en un mot, tout ce qui l'a fait grand et peut le
grandir encore, à la passion vile et anti-humaine, à la hideuse
et criminelle ambition de dominer ses semblables, en détruisant
la République et en asservissant la France, avec quelle force,
avec quelle puissance le levier pourrait-il déraciner le chêne
noueux et superbe de la République et de la liberté qu'il a
planté lui-même avec tant d'efforts dans le sol drainé et fécond
du pays, et qu'il a fait croître jusqu'au soleil en le chauffant de
sa brûlante haleine et en l'arrosant de sa chaude sueur, avec
un dévoûment infatigable ?

A-t-il le sabre victorieux des côtes de fer de Cromwell, celui

4

des grenadiers de Leclerc, ou les épées des Saint-Arnaud, des Lespinasse et des Cornemuse, sicaires du second Bonaparte, pour tenter et consommer le crime exécrable d'asservir son pays dont il a si puissamment concouru à relever la grandeur un moment abaissée par l'incurie et l'incapacité de votre empereur ?

A-t-il au moins le prestige religieux de Cromwell fanatisant sa nation par l'exemple de son enthousiasme d'apôtre, et triomphant par les armes comme le prophète arabe? A-t-il le prestige de la gloire éblouissante du premier Bonaparte ou son nom fascinateur qui fit la fortune de son peu digne héritier et le malheur de la France, qui paya bien cher son fétichisme pour ce nom liberticide dont le retentissement fallacieux traîna toujours après lui la désolation, la ruine et le deuil de la patrie.

Quoi! il n'a pour toute arme et pour toute force que son bulletin de vote et sa parole de député, que le président de la Chambre peut lui interdire, il n'a d'autre puissance que ses grandes facultés intellectuelles et morales, d'autre légende à invoquer, d'autre prestige à faire valoir que les services qu'il a rendus à la République et au pays, en faisant fièrement et courageusement son devoir, en faisant tout ce qu'il pouvait faire, tout ce qu'il pût faire, comme il l'a dit lui-même avec tant de noblesse, de dignité et de grandeur! et le sachant bien on a l'ignoble et lâche hypocrisie de faire semblant de croire qu'il a la volonté et la force de détruire la République, qu'il a fondée et faite puissante, et qu'il veut et peut asservir la France qu'il a défendue avec tant de dévoûment, et dont il a sauvé l'honneur à force d'énergie et de courage ?

Oh! les basiles! ils seront toujours les mêmes et de tous les temps! Calomniez, calomniez encore, calomniez toujours, quelque respectable qu'en soit l'objet, quelque invraisemblable, quelque absurde et incroyable que soit l'accusation, il en restera toujours quelque chose de blessant et de préjudiciable pour le calomnié qu'on jalouse et qu'on veut abaisser. On fait croire ou on cherche à faire croire que le chien du voisin est enragé quand il gêne et qu'on désire en être débarrassé.

Il faut qu'ils sachent ou qu'ils croient ceux qui les écoutent bien naïfs, bien crédules ou bien stupides pour leur débiter, au temps où nous sommes, des calomnies aussi infâmes, des craintes aussi ridicules, aussi absurdes, aussi dénuées de motifs, de vraisemblance et de raison, avec l'espérance de les faire croire comme des réalités menaçantes et terribles !

Ce n'est pas la dictature qu'ils craignent, ce n'est pas pour la
République et pour la liberté qu'ils ont peur, car ils savent bien
que M. Gambetta aime la République et la liberté, qu'il a fondées et affermies, comme une mère aime les enfants qu'elle a
mis au monde après bien des souffrances et des douleurs et
qu'elle a nourris du plus pur de son sang, en leur prodiguant
sans relâche tous ses soins et toutes ses tendresses. Ils le savent bien tous ces calomniateurs impudents! ils savent bien
qu'il les aime, lui, la République, la liberté et la patrie, infiniment plus qu'elles ne seront jamais aimées par des égoïstes
ambitieux et sans convictions comme eux, qui, pour la plupart,
n'ont eu d'autre peine que celle d'en tirer le plus de profit possible, pour la satisfaction plus ou moins grande de leurs convoitises.

Et maintenant, les ingrats éhontés, ils cherchent à paralyser
le bras puissant qui a planté l'arbre dont ils cueillent les fruits,
comme l'ingrat et cruel Phryxus qui égorgea sans pitié le divin
et bienfaisant Bélier auquel il devait d'avoir échappé à la fureur d'Ino, à travers les flots bondissants de l'Hellespont jusqu'en Colchide, où il arriva mollement assis sur le dos moelleux
du noble animal dont il offrit aux dieux la riche toison d'or
pour se les rendre propices. Ils savent bien que le magnanime
patriote sera toujours prêt à défendre la République, la liberté
et la patrie de toutes les forces de son esprit et de son âme
contre tous leurs ennemis, avec lesquels il ne fera jamais cause
commune, lui, comme eux le font sans pudeur et sans remords!

Ce qu'ils craignent, ce qu'ils détestent en lui, c'est son talent,
c'est sa supériorité qui les écrase et les jette dans l'ombre;
c'est son influence bien grande et bien méritée sur la partie
saine et éclairée de la démocratie, qui anéantit la leur. Ce qu'ils
abhorrent, c'est la prépondérance de sa politique, sage et progressivement réformatrice, sur tous les hommes d'intelligence
et de cœur, sincèrement dévoués à la République, qui ruine
leur politique tapageuse et brouillonne de charlatans intéressés. Ce qui les déconcerte et les enrage, c'est l'exposition
claire et saisissante qu'il fait de ses doctrines, du but qu'il
poursuit, et duquel il ne se détourne jamais que pour mieux le
voir et pour mieux l'atteindre, ce qui met en saillie l'inanité de
leurs vues chimériques, de leurs utopies insensées plus ou
moins sincères et toujours annoncées par des formules creuses,
énigmatiques et inintelligibles.

Ce qu'ils haïssent surtout avec le plus d'amertume, c'est l'intégrité et l'inflexibilité de son caractère, de ses opinions, de ses principes qui excluent toute ingérence particulière de député ou de toute autre personne dans les fonctions administratives de l'État ; ce qui exclut toute pression, toute influence et, par suite, toute faveur au bénéfice de leur clientèle électorale. Car, d'après sa doctrine, qui n'est pas la leur, mais qui est la vraie doctrine démocratique et parlementaire, d'après sa doctrine, un gouvernement républicain, qui a le sentiment de sa dignité et celui de la dignité du pays qu'il est appelé à gouverner, doit obéir en dernière analyse à la volonté nationale exprimée par la majorité des mandataires du suffrage universel, librement choisis et nommés, dans le mode électoral le plus large possible ; mais cette obéissance du gouvernement à la majorité des repré-sentants de la nation, doit être exempte de toute ingérence, de toute pression particulière et personnelle des membres de cette majorité, comme elle ne doit pas être une obéissance passive et aveugle.

Et, en effet, si le gouvernement a le devoir rigoureux de respecter les décisions de l'Assemblée, sauf à se retirer si ces décisions sont contraires à ses vues et à ses principes de gou-vernement, il a aussi le devoir strict et, partant, le droit de défendre, devant les représentant du pays, ses idées, ses prin-cipes et sa politique, les droits et les intérêts de l'État dont il a accepté la garde, comme il a le devoir et le droit de choisir, d'organiser et de défendre tous les éléments des administrations dont il a la responsabilité. Il a le droit et le devoir impérieux de défendre les intérêts généraux du pays contre les passions et les intérêts particuliers, et il ne doit transiger qu'avec les événements dominateurs, avec les difficultés insurmontables qu'il doit chercher à tourner, avec les impossibilités qu'il doit chercher à vaincre et jamais avec les passions égoïstes, avec les exigences intéressées des hommes, quels qu'ils soient, à moins de nécessité absolue et pour les plus grands intérêts de l'État.

Ce que les ennemis de M. Gambetta, ou ses adversaires, pour adoucir le mot, réprouvent et haïssent aussi de sa politique gouvernementale, c'est qu'il professe et affirme, avec justes raisons : que le chef du cabinet ou du ministère responsable, dans le gouvernement représentatif et parlementaire d'une démocratie normalement bien organisée, doit être aussi le chef de la majorité de la représentation nationale dont il est le produit et le représentant effectif, ainsi que la Chambre est le

représentant du suffrage universel et de la souveraineté nationale, et que, comme chef de la majorité, il doit éclairer, conseiller, discipliner et diriger cette majorité tant qu'elle lui reste
fidèle et accorde sa confiance à ses idées et à sa gestion, et il
doit quitter le pouvoir aussitôt que cette confiance commence à
lui faire défaut et qu'il ne peut plus faire prévaloir ses vues,
ses principes, sa politique.

Car c'est le gouvernement, en définitive, qui gouverne et qui
doit gouverner, et non l'Assemblée qui est et serait incapable
et impuissante à le faire. Et le tenter, ce serait vouloir la fin du
gouvernement constitutionnel, la fin de la République et de la
liberté, la ruine de la patrie qu'on plongerait dans l'abîme des
discordes civiles, livrée à la voracité de toutes les passions
malsaines !

Ce serait vouloir le gouvernement sans gouvernement du paradoxal Proudhon, le gouvernement démagogique des intransigeants.

Et c'est justement cette défense de l'autorité responsable d'un
gouvernement national effectif et fort contre les prétentions
haineuses d'une majorité hybride et antilibérale qui a surtout
blessé et blesse les susceptibilités rancuneuses des amis de la
liberté absolue et d'un gouvernement réduit à la plus simple
expression et exercé par une commission de la Chambre, en attendant, sans doute, qu'il soit exercé directement par tout le
monde, par ce qu'on appelle emphatiquement, par flatterie et
par calcul intéressé : le peuple. Ce qui enfanterait infailliblement la lutte de toutes les mauvaises passions, le choc de toutes
les vanités, de toutes les compétitions, de toutes les convoitises, de tous les intérêts particuliers, la hideuse anarchie, en un
mot, avec le cortège de tous les désordres, de tous les méfaits et
de tous les crimes qui conduisent à la guerre civile et à la ruine
d'une nation !

Et pourquoi cela, pourquoi cette guerre implacable, sourde
ou bruyante, qu'on fait à l'autorité du gouvernement, et partant
à l'autorité de l'Etat, au nom de la liberté qu'on déshonore en
en faisant le palladium de toutes les utopies, de toutes les chimères que les passions peuvent imaginer, le passavant de toutes les sottises, de toutes les insanités rêvées et prêchées par
des cerveaux malades de vanité, de jalousie et de convoitise ?
Parce que, dans notre pays, la vanité, l'orgueil, la suffisance,
l'ambition, la jalousie et l'intérêt personnel chez les médiocrités
dominent et prévalent toujours sur les droits et les intérêts supérieurs de l'Etat, sur les intérêts généraux du pays.

Dans tous les pays de l'Europe qui possèdent un gouvernement représentatif moralement et politiquement bien organisé, en Angleterre, par exemple, depuis la fondation de la monarchie constitutionnelle, il y a toujours eu deux grands partis politiques de gouvernement : le parti whig et le parti tory, les libéraux et les conservateurs, ceux qui veulent faire avancer la société en la poussant activement au progrès par des réformes successives et incessantes, quelquefois radicales, et ceux qui veulent la maintenir plus ou moins dans la quiétude et dans l'immobilité du *statu quo*; ceux qui regardent en avant et aspirent à un avenir meilleur, et ceux qui regardent en arrière et regrettent le passé, comme dans notre France. Chacun de ces partis, de la sage et pratique Angleterre, a un chef, un leader dont l'autorité purement morale sur tous les hommes de son parti n'est due qu'à ses talents, à son caractère et aux services qu'il a rendus ou qu'il peut rendre à la cause qu'ils servent tous, et pour le triomphe de laquelle ils acceptent tous spontanément et avec une entière abnégation politique, ils acceptent tous d'être dirigés, conseillés, disciplinés et guidés par lui au combat électoral, puis aux luttes parlementaires.

Et lorsque l'un de ces partis triomphe aux élections du Parlement, le chef du parti vainqueur, qui est porté infailliblement au pouvoir par la majorité parlementaire, continue à diriger cette majorité, à la discipliner, à lui faire adopter les réformes qu'il croit utiles et nécessaires, et à lui faire sanctionner ses vues politiques, jusqu'au moment fatal où, par suite d'un revirement de l'opinion de la majorité qui n'a plus confiance dans ses idées ni dans ses actes, il est forcé de céder le pouvoir au chef de l'autre parti qui agit de la même manière.

Dans notre pays, où l'éducation politique et les mœurs républicaines commencent à peine, c'est autre chose. Ici, chez nous, un souffle délétère d'individualisme, joint au peu de ténacité des convictions politiques, sème toujours la division et la discorde au sein de nos assemblées délibérantes, et y fait naître autant de nuances d'opinion, autant de petites chapelles, qu'il s'y agite de petites passions et d'intérêts divers et particuliers. Tant nos élus, qui oublient si facilement tout ce qu'ils ont promis à leurs électeurs, oublient peu leur petite personnalité dont l'égoïsme les fait passer souvent par toutes les nuances de l'arc-en-ciel politique : du rouge au blanc et du blanc au rouge, et leur fait sacrifier bien souvent la chose publique, qu'ils avaient reçu mission de défendre, à leur vanité, à leur ambition et à leurs rancunes.

.C'est ainsi que, sans parler du parti clérical, ni des divers partis monarchiques, le parti républicain se trouve divisé en plusieurs partis nuancés chacun de teintes diverses qui changent de couleur et d'éclat, selon que les rayons du soleil levant sont plus ou moins chauds, plus ou moins lumineux pour leur vanité ou pour leurs intérêts personnels. Le plus nombreux de ces partis, celui qui compte le plus de républicains éclairés et sincères, qui est peut-être le plus intelligent et le plus capable, et qui, pour sûr, est le parti le plus sage, le plus pratique et le plus apte à gouverner conformément aux véritables traditions démocratiques de liberté, d'égalité, de fraternité, de justice et de progrès, celui-là prêche l'union dont il a pris le nom, il prêche la concorde entre tous les Français et veut le triomphe d'une Républipue démocratique sage, libérale, progressive et réformatrice, fondée sur la souveraineté nationale, et partant fondée sur la loi et la justice et garantie par l'ordre sans lequel il ne peut subsister ni République ni liberté, sans lequel il ne pourrait y avoir que bouleversement et ruine de la patrie!

Les autres partis, les partis extrêmes de la République, comptent chacun un grand nombre de légitimistes, d'orléanistes et de bonapartistes plus ou moins bien convertis à la République ; des hommes qui, pour la plupart, ont plus d'appétit et de convoitises pour le pouvoir et pour ses faveurs qu'ils n'ont de convictions républicaines. Aussi, les uns regardent de temps en temps en arrière, et sont toujours prêts à faire reculer le char du progrès, tandis que les autres, les champions de la démocratie transcendante, les apôtres du tout ou rien, les purs des principes absolus et de la liberté sans limites, les prophètes inspirés qui promettent un avenir paradisiaque ruisselant de nectar et d'ambroisie, ceux-là, parmi lesquels il y a quelques républicains de valeur, sincères et dévoués, mais sectaires et en démence de sentimentalité morbide, ceux-là sont sans cesse aveuglés par les mirages de riantes oasis que leur imagination malade crée ou voit au milieu du fouillis de leurs conceptions malsaines et stériles, dans le pêle-mêle de leurs idées incohérentes et chimériques, ceux-là qui, pour la plupart, n'aiment la République que pour les avantages qu'ils en espèrent, ceux-là sont toujours prêts à submerger le vaisseau de la démocratie et de la vraie liberté dans la mer bourbeuse de l'utopie où ils voudraient le conduire, où ils le conduiraient et où ils le noieraient infailliblement, à force de violences et de folies, si la France leur en confiait le gouvernail.

Aussi, ces pseudo-républicains ne se sont unis aux patriotes ardents et infatigables, aux hommes sages et dévoués du grand parti démocratique, et ils n'ont reconnu, accepté ou subi la direction et la discipline de leur chef habile et prudent, que pendant les instants où la République était blessée et mourante entre les mains de ses ennemis, qui la tenaient au-dessus de l'abîme où elle était prête à tomber et à y engloutir avec elle toutes leurs espérances ambitieuses et égoïstes. Puis, le danger passé, ils paient d'ingratitude, de calomnies et d'injures le patriote perspicace et énergique qui les a sauvés de la peur et leur a donné la possibilité d'être quelque chose en sauvant la République. La reconnaissance leur pèse à ces médiocrités vaniteuses, sans talent et sans patriotisme, et elle se change en haine, parce qu'elle les amoindrit, en constatant la supériorité de celui auquel ils doivent la République qui les a tirés de l'obscurité où ils étaient et leur a fait la position profitable qu'ils y cherchaient pour la plupart.

Hélas ! cette conduite peu digne, peu délicate, peu honorable et peu libérale, de certains hommes politiques qui se disent républicains et pensent faire croire qu'ils sont les plus capables et les meilleurs, parce que les uns ont toujours à la bouche et crient bien fort les mots sonores de peuple, de liberté et de justice, et les autres les mots emmiellés de sagesse, de modération et de prudence ; sans oublier le mot de liberté qui est devenu le passe-partout des idées plus ou moins saugrenues, folles ou dangereuses de tout le monde, aussi bien de monseigneur Freppel, de M. le duc de Bisaccia, de M. de Cassagnac, que des citoyens Maret et Bonnet-Duverdier.

Cette conduite honteuse, antipatriotique et antilibérale, pleine d'ingratitude, d'égoïsme, de bassesse et d'infamie, tient à ce que, dans notre pays, tout le monde s'exagère ses capacités et ses aptitudes, et tout homme qui touche à la politique active ou militante veut être quelque chose et se croit capable d'être plus que ce qu'il est, plus que ce qu'il peut être, plus que ce qu'il est capable d'être. Chacun, depuis le clubiste, l'orateur de réunions publiques, le président de comité électoral, le conseiller municipal et le maire du moindre village, le conseiller d'arrondissement et du conseil général, jusqu'au député et au sénateur, se croit autant d'esprit, de talent et d'aptitude que le plus capable de ses collègues de la réunion, du comité, du conseil ou de l'Assemblée, s'il ne se croit pas supérieur au plus illustre des citoyens.

Et lorsque l'ignorant ou l'homme médiocre dont la suffisance et les prétentions sont, pour le plus grand nombre, en sens inverse de leur savoir, lorsque ces hommes, inférieurs à d'autres, sont forcés de reconnaître à quelqu'un une supériorité incontestable, ce qui leur arrive souvent, ils conçoivent pour lui une haine égale à leur vanité froissée, aussi grande que leurs prétentions déçues. Cette suffisance de l'individu, cette bonne opinion que chacun a de sa valeur personnelle, cette infatuation présomptueuse du moi qui est inhérente à la nature humaine, qui découle de l'amour de soi et qui caractérise essentiellement notre nation, est certainement l'un des plus puissants facteurs des progrès de l'industrie, des sciences, des lettres et des arts. Car, si vouloir, c'est pouvoir, il faut savoir pour faire, et lorsqu'on se croit capable de faire tout ce qu'un autre fait, et qu'on veut faire ce qu'on ne connaît pas ou ce qu'on ne connaît pas assez, on sent qu'on ne vaut que par ce qu'on sait, et on cherche à acquérir ce qu'on ne sait pas, si l'on est intelligent et si l'on ne pèche que par insuffisance de savoir et par manque d'expérience.

Mais si, dans l'industrie, dans les sciences et les arts, si, dans toutes les affaires privées et particulières, cette prétention de l'individu, cette confiance en soi, dans ses aptitudes et dans sa force, est un puissant élément de succès pour celui qui y puise l'initiative, l'émulation nécessaire, l'amour du travail et la passion de savoir et de faire toujours mieux, ce qui fait l'habile ouvrier, le grand industriel, le grand savant, le grand artiste, le grand administrateur et le grand homme d'État qui sont les facteurs de la civilisation et du plus grand progrès social, cette prétention sans raison, cette suffisance individuelle est toujours un danger, et elle peut être désastreuse dans les affaires publiques, en politique et en économie sociale; surtout si les présomptueux manquent d'intelligence et croient savoir ce qu'ils ne savent pas, ainsi qu'il arrive souvent pour le plus grand nombre.

Or, si les prétentions exagérées, chimériques et souvent grotesques de tous les hommes incapables, qui connaissent tout, excepté leur ignorance, qui parlent de tout, même de ce dont ils ignorent les premiers éléments, et qui se croient aptes et capables de remplir des fonctions élevées dans les administrations gouvernementales, sans avoir, bien souvent, les notions nécessaires de ce qu'il faut savoir et connaître pour les exercer, si les prétentions plus ou moins insensées de ces

vaniteux monomanes pouvaient être satisfaites, et si leurs utopies pouvaient être mises en pratique, le savoir serait remplacé par l'ignorance, l'ordre par l'anarchie, la régularité
féconde par le désordre destructeur, et la prospérité de la
République et du pays par la ruine de l'une et de l'autre.

Car, combien de bruyants tribuns de réunions publiques,
combien de fougueux orateurs de clubs et combien de follicu-
laires qui n'ont jamais su gérer convenablement leurs propres
affaires et qui se croient ou se disent capables d'administrer
les affaires de leur commune, de leur arrondissement, de leur
département ou celles d'une administration quelconque, qui
intriguent pour se faire nommer maire, conseiller d'arrondissement, conseiller général ou à d'autres fonctions publiques, et
qui, pour y arriver, critiquent et calomnient souvent les admi-
nistrateurs capables qui occupent la place? Combien de membres de comités électoraux, combien d'électeurs et combien de
journalistes qui fatiguent le député qu'ils ont élu, ou qu'ils ont
fait élire, qui le fatiguent pour qu'il les fasse nommer conseillers
de préfecture, sous-préfet, préfet, chef de division, chef de bureau ou chef d'une administration quelconque, ayant à peine les
capacités suffisantes pour faire un employé de troisième ordre?
Et le député fatigue le ministre pour plaire à ses clients en vue
de sa réélection prochaine, et le ministre nomme souvent des
incapables pour ne pas déplaire au député qui pourrait devenir
un ennemi de son pouvoir.

Et combien de députés, combien de sénateurs qui, ayant à
peine les capacités nécessaires pour tenir une modeste place
dans une commission législative d'intérêt local ou de tout autre
intérêt secondaire, se croient aptes à faire des ambassadeurs,
des secrétaires d'État et même des ministres, et qui, dans
l'espoir d'y arriver, font une opposition systématique à tous
les ministères qui ne veulent pas utiliser les talents dont ils
se croient doués, ou qui ne veulent pas adopter les utopies chimériques qu'ils ont imaginée ou dont ils se font les défenseurs,
pour plaire à une certaine catégorie de leurs clients électoraux
des masses populaires et cherchent à les renverser en les
calomniant et les dénigrant auprès de ces masses dont ils
flattent les passions pour s'en faire un appui, et en se coalisant
avec tous les ennemis des institutions qu'ils ont reçu mission
de défendre. C'est ainsi que, parmi tous ces ambitieux dont la
suffisance efface souvent le peu de mérite qu'ils peuvent avoir,
aucun n'est jamais satisfait de la position qu'il occupe dans la

sphère d'action où il se meut, et tous veulent en sortir pour
être quelque chose de plus élevé que ce qu'ils sont et plus que
ce qu'ils peuvent jamais devenir ; nul d'entre eux ne veut être
ou ne veut rester inférieur ou subordonné à un autre ; de telle
sorte que tous voudraient commander et personne ne voudrait
obéir.

Dans ce déplorable état des hommes et des choses qui enfante
la lutte des prétentions exagérées, des convoitises excessives
et des jalousies haineuses, entre les personnes plus ou moins
ignorantes et ineptes, nos administrations grandes et petites,
déjà mal servies par beaucoup de fonctionnaires hostiles à la
République, sont plus ou moins désorganisées, ou sont exposées à l'être, par l'intrusion d'hommes incapables qui en dis-
tendent les ressorts quand ils ne les brisent pas.

De là l'anarchie qui trouble et déconsidère souvent nos
Assemblées délibérantes dont la mobilité d'humeur, de sentiments et d'idées leur fait brûler le lendemain ce qu'elles
avaient encensé la veille et approuver une heure après ce
qu'elles avaient repoussé une heure avant. De là ces coalitions
monstrueuses d'hommes qui se détestent, dont les idées, les
opinions et les principes hétérogènes se repoussent et qui ne
sont ralliés que par les mauvais sentiments qui leur sont communs : la jalousie, les rancunes, la haine, l'ambition, l'égoïsme
et la vanité qui les poussent à faire et à défaire les ministères ;
chacun avec l'espoir de s'y faire une place ou de devenir ambassadeur. Car le plus ignorant d'entre eux se croit taillé en
grand homme d'État.

Cette maladie mentale de l'esprit égoïste du moi, qui fait
l'anarchie et la faiblesse de nos Assemblées, fait aussi et surtout la faiblesse chronique des ministères qui surgissent et
disparaissent successivement des flots mobiles de ces Assemblées dont l'agitation de mille passions diverses menace de
les submerger à chaque instant. De telle sorte que les ministres
qui gouvernent, et qui devraient inspirer ou qui devraient guider au moins la politique générale de l'Assemblée, ne peuvent
se tenir à flot, sur cette mer houleuse des passions contraires,
qu'en louvoyant, en ménageant sans cesse les susceptibilités
vaniteuses et en satisfaisant les exigences intéressées de certains députés qui, plus égoïstes que patriotes, les forcent à
vivre, ainsi, d'une vie subordonnée, chancelante, précaire et
sans lendemain ; au détriment des plus grands intérêts de la
République, de la liberté et de la patrie.

Ce rôle de gouvernement malade, valétudinaire, languissant et sans force qui lui soit propre, ce rôle de ministre effacé, sans idée, sans initiative, sans volonté, sans activité et sans œuvres personnelles, ce *far niente*, ou ne faire bénévolement et complaisamment que la volonté des autres, contrairement à sa conscience et à ce qu'on croit son devoir de faire, ne peut convenir à un homme de valeur qui a des idées, des principes, des vues politiques et administratives à lui. Oui, une situation aussi précaire, sans l'autorité effective suffisante pour agir, pour produire, pour réaliser ce qui est en puissance dans son âme, ce que sa pensée élabore de bien, ne peut convenir à un homme dont le cerveau est plein et bouillonnant de projets de réformes en tous genres, qu'il croit nécessaires et essentielles, pour donner à la République un gouvernement constitué avec tous les éléments de vitalité, d'indépendance, d'initiative et de force suffisantes pour assurer la liberté la plus large, l'ordre le plus inviolable, le progrès le plus grand et la plus grande prospérité du pays. Et lorsque les événements, lorsque la force des choses et les hommes, plus ou moins bien intentionnés, ont poussé cet homme au pouvoir en faisant appel à ses lumières, à son habileté politique et à son patriotisme, il est et doit être logiquement de son droit et de son devoir, il doit se sentir obligé, il doit se sentir contraint par sa conscience de faire prévaloir et d'appliquer ses vues et ses principes de gouvernement.

Et si cet homme d'intelligence et de cœur ne peut dominer les passions diverses qui lui sont hostiles dans la majorité de la Chambre, s'il ne peut désarmer les jalousies, les rancunes et les haines qu'ont soulevées contre lui ses talents, son immense popularité et même sa franchise et sa loyauté, s'il ne peut vaincre les oppositions et les résistances malveillantes et haineuses, s'il est impuissant à dégager de la vieille ornière, creusée par le temps, le char gouvernemental dont il a pris les rênes, s'il ne peut tirer le vaisseau de l'État des eaux troubles et agitées des compétitions égoïstes, des luttes ignobles de l'intérêt personnel, des coalitions hideuses et antipatriotiques d'un certain nombre de députés, pour le faire naviguer à pleines voiles dans les eaux limpides et pures de la liberté et du progrès national, s'il ne peut concilier, en un mot, ses doctrines politiques, ses vues administratives, ses théories de gouvernement avec les vues et les exigences d'une majorité parlementaire, plus ou moins libérale et plus ou moins désintéressée, plus ou moins homogène et plus ou moins unie de principes, de vues, d'aspirations et d'espérances, alors son droit et son devoir stricts et rigoureux sont de se retirer du pouvoir et de céder la place à d'autres plus accommodants.

C'est ce qu'a fait M. Gambetta dans une attitude digne, noble et fière qui a eu l'approbation et lui a valu un redoublement d'estime, de sympathie et de confiance, de tous les hommes de sens et de cœur de la France républicaine ; malgré les regrets que tout le monde éprouvait de lui voir quitter sitôt le pouvoir où on espérait, non-sans raison, qu'il y ferait beaucoup de bien. Car, tous les républicains désintéressés et pleins de cet espoir patriotique lui avaient vu prendre avec joie la direction des affaires du pays, où il y avait tant à réparer, tant de bien à faire ; tous les bons patriotes qui l'aiment étaient heureux de le voir au timon de l'État, excepté peut-être quelques amis qui voyaient un piège dans l'insistance de certains hommes politiques, plus ou moins haut placés, à lui en faire une obligation. Mais lui n'écouta que son dévoûment patriotique, et il eut peut-être tort, aussi bien pour lui que pour les intérêts supérieurs du pays : il eut tort de ne pas tenir assez compte du temps peu propice et surtout des hommes qui poussaient, il eut tort d'écouter leurs excitations hypocrites et perfides ou de dédaigner leurs menées ambitieuses et malveillantes, les sachant pleins de jalousie, de rancune et de haine contre lui. Il était trop confiant et peut-être un peu trop fier et trop lui-même pour ces gens-là ; il était trop intègre et trop loyal pour déjouer les mauvais desseins, pour calmer, pour désarmer ou pour dominer les passions égoïstes des médiocrités jalouses qui ne cessent de ronger sa haute réputation, dont l'influence les empêche, croient-ils, de s'élever plus haut ou de rester en place, comme la bête fauve ronge les barreaux de la cage qui l'empêche de bondir dans la forêt pour y dévorer sa proie en toute liberté. Oui ! pour ma part, par une sorte d'instinct de conservation de tout ce que j'aime, j'avais vu avec crainte, avec peine que M. Gambetta acceptât le pouvoir, sinon des mains de ses adversaires, au moins poussé par eux, d'une manière plus ou moins ostensible. *Timeo danaos et dona ferentes !*

Ce n'est pas une dictature criminelle, absurde et impossible qu'on craint chez M. Gambetta ; ce n'est pas une domination inconstitutionnelle, arbitraire et extralégale qu'on redoute en lui ; il faut le répéter, puis le redire et le répéter encore pour faire voir de loin aux myopes, pour éclairer les aveugles et pour faire entendre les sourds !

Le chimérique pouvoir personnel, dont on lui attribue gratuitement la pensée ambitieuse, n'est qu'un prétexte idiot, grotesque et ridicule, autant qu'il est hypocrite et de la plus insigne mauvaise foi contre un tel homme, dans le milieu, dans le temps et dans les circonstances où nous sommes !

C'est un fantôme exhumé pour les besoins de causes inavouables, et qu'on fait voltiger aux yeux des ignorants, des envieux affamés et des médiocrités ambitieuses, pour les effrayer et les ameuter contre lui, en leur faisant peur ainsi : aux uns pour la position meilleure qu'ils convoitent avec plus ou moins de mérite, de droit et de justice ; aux autres, pour leur situation politique plus ou moins bien acquise, les faisant trembler tous, en agitant devant eux cet épouvantail de la dictature, comme le toréador agite la loque rouge devant le taureau pour le mettre en fureur !

C'est le patriote ardent, aimé par la nation reconnaissante ; c'est l'homme politique aux idées larges et profondes et à la vue perçante qui fouille les replis de l'âme du présent pour l'éclairer et la vivifier de sa féconde pensée, et qui sonde les mystères de l'avenir pour y discerner les éventualités dangereuses et les prévenir ; c'est le républicain intègre, dévoué et infatigable dont la renommée justement acquise les amoindrit, les efface et les guette dans l'ombre, d'où il les a fait sortir lui-même, qu'ils poursuivent de leur haine et de leurs ignobles calomnies !

Oui ! c'est l'homme politique qui leur porte ombrage, qui les gêne, qui réprouve leurs doctrines et leurs utopies insensées, et ruine leurs espérances égoïstes et ambitieuses, qu'on veut déconsidérer, amoindrir, ruiner ou tuer dans l'opinion publique, où il tient la première place ! Et cela, espérant se grandir en l'abaissant ainsi, et espérant faire prévaloir leurs idées chimériques et réaliser leurs folles théories en l'empêchant de donner à la République qu'il a fondée le développement le plus libéral, le plus fécond et le plus grandiose qu'elle comporte : en l'empêchant de faire une République sagement progressive jusqu'à la réalisation de l'idéal démocratique le plus élevé, en même temps que le plus juste, le plus raisonnable et le plus pratique, dont il est, lui, le principal appui et l'ouvrier le plus laborieux et le plus infatigable.

Les jésuites et tous les cléricaux qu'il a signalés lui-même comme les pires ennemis de la démocratie, de la République et de la liberté, lui font cette guerre sainte de calomnie et de dénigrement, comme ils savent la faire, eux qui en ont perfectionné

la tactique et savent en tirer le meilleur parti pour la plus
grande gloire de Dieu et pour leur plus grand profit, ils le dé-
crient et le diffament pour le rabaisser, parce qu'ils savent bien,
ces protégés de Dieu qui les inspire, ils savent bien que lui seul
est de taille et de force à maintenir en vie et à faire progresser
la République qui menace leurs privilèges et les plus chers intérêts du ciel qui leur assurent les biens de ce monde, et que lui
seul serait capable peut-être de les réduire à l'impuissance en
faisant triompher les droits de l'État et de la société civile contre leurs empiètements, par des réformes aussi sages que justes.
Il est trop perspicace pour vouloir la séparation de l'Église et
de l'État, ce qui ferait de la puissante organisation cléricale une
société particulière formidable dans la société française, une
puissance redoutable dans l'État dont elle serait la trop dangereuse rivale. Il est trop clairvoyant pour vouloir la suppression du budget des cultes, qui donnerait aux prêtres trop d'influence morale sur les personnes crédules et sans défense, et
les moyens de capter avec plus de facilité la fortune des familles dévotes, et par suite la fortune publique. Mais il veut,
sans doute, avec tous les bons esprits pratiques, il veut qu'on
soumette le prêtre à la loi commune de tous les fonctionnaires
publics.

Il n'est pas plus douteux qu'il veut la suppression de toutes
les sociétés religieuses, qui diminuent la population et la vie
nationale par le célibat, et bien souvent dépravent et démora-
lisent les enfants de la France par d'ignobles et hideuses pratiques de passions perverties et contre nature ; qui diminuent la
puissance productive de la richesse nationale par leur inaction
et leur fainéantise ; qui diminuent, sans compensation suffisante,
le produit du travail auquel elles ne participent pas ; qui créent
la main-morte et absorbent la fortune publique en soutirant celle
des âmes timorées et crédules pour le prix du paradis qu'elles
leur vendent, et en accumulant toujours sans partage, puisqu'elles ne meurent jamais, comme le phénix légendaire. Il a
voulu aussi, avec tous les républicains et tous les bons patriotes éclairés, il a voulu qu'on ôte aux prêtres et à tous leurs
semblables, quel que soit le masque dont ils se couvrent, il a
voulu et il veut, sans nul doute, qu'on leur ôte entièrement
l'enseignement de la jeunesse au profit de l'enseignement national laïque, gratuit et obligatoire, pour que ces apôtres de
l'obscurantisme, pour que ces professeurs d'ignorance, de superstitions et de préjugés, pour que ces pervertisseurs des âmes

qu'ils veulent former pour les joies ineffables mais inconnues
du ciel, au détriment des douces et réelles affections de la terre,
pour la jouissance de l'âme des morts, au préjudice du bonheur
essentiel à la vie et à l'âme des vivants ; pour que ces détracteurs de la noble nature humaine qu'ils violent, qu'ils souillent,
qu'ils dégradent et qu'ils torturent, ne peuplent plus la magistrature, l'armée, toutes les administrations de l'État et toutes
les professions libérales de jeunes gens plus savants et plus
épris des superstitions et des préjugés du passé et des choses de
l'autre monde, qu'ils ne peuvent comprendre, que des besoins et
des aspirations de la société moderne qu'ils ont à servir ; pour
que ces faiseurs de moines ne peuplent plus notre France d'hommes plus dévoués aux idées et aux doctrines du despotisme religieux et monarchique d'un autre temps qu'aux idées de progrès
et aux doctrines démocratiques, républicaines et libérales de
nos jours ; pour qu'ils ne créent plus parmi la population de
notre société démocratique une population distincte, ayant les
sentiments et bien souvent les mœurs du moyen-âge, et obéissant plus fidèlement au *Syllabus* du Pape qu'aux lois de son
pays ; pour que bien des enfants de la France, dont on pervertit
ainsi l'esprit et le cœur, ne forment plus une population de gens
instruits crétinisés par des idées fausses, étroites et rétrogrades, au milieu d'une nation des plus éclairées, aux idées larges,
généreuses et progressives !

Il est temps que ces prêcheurs d'égoïsme posthume cessent
de faire de nos enfants intelligents et bien doués des idiots ou
des hommes d'un autre temps, au point de vue moral et politique. Il faut que ces revenants d'un monde enseveli, il faut que
ces déterreurs d'une société fossile qu'ils cherchent à galvani-
ser, à ressusciter et à faire revivre, ne puissent plus évoquer
ce vieux fantôme, ce cadavre blanchi des vieilles idées, des
vieilles choses et des vieux régimes ! Il faut qu'ils ne puissent
plus faire d'une partie de nos concitoyens, des mieux favorisés
du sort, des mauvais patriotes et des ennemis de leurs frères,
sans le vouloir peut-être ; il faut qu'ils ne puissent plus faire
dans la société de ce noble pays, dont les enfants naissent homogènes d'instinct, d'esprit, d'aptitude, de tempérament et de
caractère, une société particulière, anormale, hétérogène et ré-
fractaire aux idées et aux aspirations de notre saine démocratie et plus sympathique et plus soumise à l'étranger, aux
jésuites et au pape qu'elle n'est respectueuse et obéissante aux
lois de son pays, et, par suite, ennemie implacable de nos ins-

titutions républicaines et dangereuses pour la liberté et pour la paix publique.

Voilà, mon cher monsieur Olimagli, voilà pourquoi les cléricaux de toutes couleurs, en manteau, en froc, en soutane et en habit calomnient et dénigrent M. Gambetta avec une haine féroce. Et aussi parce que, avec tous les républicains sincères et amis de la liberté de conscience, il veut qu'on confine toutes les religions, dans l'église et dans le temple, dans la synagogue et dans la mosquée, avec le respect qu'on doit à toutes les croyances sentimentales de bonne foi. Ils le haïssent aussi parce qu'il veut qu'on soumette le prêtre à la loi commune, à toutes les charges de l'État, sans en excepter l'impôt du sang, et qu'on le force à respecter la liberté de conscience et à cesser d'être intolérant pour les croyances des autres qui ont droit à autant de respect que les siennes.

Les légitimistes, les orléanistes et vos bonapartistes, qui font tous cause commune avec les jésuites et les cléricaux de toutes nuances, prêts à s'entr'égorger le lendemain du triomphe, s'ils pouvaient triompher da la République, font à M. Gambetta la même guerre infâme de dénigrement et de mensonge, parce qu'ils espèrent que, en ruinant sa grande popularité qui fait, croient-ils non sans raison, la principale force du parti démocratique, ils ruineront la République dont ils croient pouvoir, alors, en délivrer la France d'un seul coup de balai, selon l'expression pittoresque de votre ami de Cassagnac, pour faire place au comte de Chambord, au comte de Paris ou à un Bonaparte quelconque, peu importe lequel, pourvu qu'il ouvre la marge du budget ou de la liste civile pour certains des vôtres.

Quant aux républicains plus ou moins convaincus, plus ou moins sincères et désintéressés, plus ou moins timides ou fougueux, modérés ou violents, qui n'ont pas craint de se faire les auxiliaires des pires ennemis de la République, avec une impudence et un cynisme hideux et écœurants, et qui se sont faits et se font, sans scrupules et sans honte, les détracteurs haineux du patriote dévoué qui a tant fait pour la patrie, pour la République et pour la liberté, et qui, par suite, les a tirés, pour la plupart, de l'obscurité où ils croupissaient et a concouru puissamment à faire quelque chose de leur mince personne, jusque-là inconnue. Ceux-là l'abreuvent du fiel de leur jalousie ou de leurs rancunes, ils le dénigrent et le diffament sans pudeur pour le faire descendre du pavois de l'opinion publique où l'ont placés ses talents, son bon sens pratique et son inépuisable dé-

5

voûment à la République et à la patrie. Les uns, parce qu'il demande à bref délai des réformes urgentes et nécessaires qui blessent leur vanité ou nuisent à leur ambition et à leurs intérêts ; les autres, parce qu'il est trop haut placé dans l'opinion des républicains et, jaloux de sa popularité qui les plonge dans une pénombre, voudraient diminuer l'estime que la France a pour lui, avec la folle espérance de grandir d'autant la leur, que beaucoup d'entr'eux lui doivent à bien des titres.

D'autres médiocrités suffisantes et rancunières le dénigrent parce qu'il n'a pas assez fait attention à leur petite personne, parce qu'il ne les a pas assez appuyés de son influence dans certaines circonstances, parce qu'il ne leur a pas offert un portefeuille ou une ambassade, parce qu'il n'a pas su assez apprécier les immenses talents qu'ils croient avoir, même supérieurs aux siens. Car, dans notre pays, il faut le répéter, il n'y a pas de folliculaire, de petit avocat sans cause, de fruit sec mis de côté, de bachelier sans savoir, qui, nommé député, ne se croie un homme de talent, égal ou supérieur au plus éminent, et apte à faire un grand homme d'État. D'autres, les ambitieux vulgaires, les jaloux, les envieux affamés, ceux qui, se trouvant toujours déclassés ou déplacés et toujours mal assis, convoitent sans cesse un bon siège, sinon le meilleur, et, voulant gagner à tout prix une popularité malsaine qui les y porte ou qui les y maintienne, s'ils ont pu s'y asseoir, ceux-là invectivent et s'efforcent de rabaisser, de déconsidérer et d'amoindrir M. Gambetta, parce qu'ils redoutent ses talents et sa politique qui, sagement progressive, claire, rationnelle, libérale et éminemment patriotique, attire et captive les gens éclairés, tous les républicains de bon sens et de bonne foi et les empêche de se laisser séduire par les fallacieuses promesses de leurs théories aventureuses de l'inconnu, par les attraits décevants de leurs utopies absurdes et irréalisables.

D'autres, les intransigeants à outrance et quand même, les autonomistes, les collectivistes, les anarchistes et autres variétés de la même espèce, dont les noms dénoncent plus de viles passions, plus d'appétit et de folie que de sincérité et de bon sens, chez les pauvres affamés qui se baptisent eux-mêmes de ces noms d'insensés. Ceux-là, je ne sais s'ils sont républicains ou monarchistes, libéraux ou réactionnaires, libres-penseurs ou cléricaux, ceux-là, tout ce qu'on peut croire, d'après leurs prédications idiotes et leurs actes de démence, c'est qu'ils sont essentiellement des jaloux et des envieux de tout ce qu'ils n'ont pas, et qu'ils ne veulent d'aucune autorité qui gènerait la liberté plénière, les justes aspirations, les grandes espérances des citoyens. Ceux-là, sous le nom pompeux et sonore de gouvernement du peuple, veulent le gouvernement de l'anarchie, la liberté absolue, la domination exclusive des masses populaires dont eux, les apôtres, seraient les chefs dirigeants, ou ils espèrent de l'être. Le rêve chimérique de ces pauvres fous, plus ou moins de bonne foi, serait l'établissement de l'autonomie communale sur le modèle libéral, fraternel et édifiant de la défunte Commune de Paris, d'horrible mémoire ! Le sublime idéal d'organisation politique, économique et sociale de ces monomanes convulsionnés par le délire de l'orgueil, de l'égoïsme, de la convoitise et de la jalousie qui les agitent sans cesse comme des possédés, le magnifique système de gouvernement, aussi grandiose que patriotique, de ces énergumènes démoniaques, s'ils se comprennent ou si on les comprend bien, serait le démembrement, l'émiettement de ce vaste et splendide corps, qu'on appelle la grande et puissante nation française, en autant de républiques qu'elle compte de villes et de villages.

Et, d'après ces grands prophètes, inspirés par l'amour de la liberté et par leur ardente passion du bien, d'après eux ces milliers de républiques infiniment petites, formées des membres disjoints et des débris de la grande nation qu'ils auraient ainsi dépecée et mise en lambeaux, seraient toutes souveraines et indépendantes, mais unies par un puissant lien fédéral de leurs intérêts communs. Et elles seraient ainsi, disent-ils, le croyant peut-être, elles seraient, ces républiques en miniature, plus homogènes et plus unies de pensée et de volonté et, pourtant, essentiellement plus fortes que cette fiction qu'on appelle la patrie commune, représentée par une seule république que ces nouvelles remplaceraient et doivent remplacer ainsi heureusement et avec le plus grand avantage, après l'avoir morcelée et anéantie pour qu'elle ne puisse plus renaître. Et elle doit être dépecée et anéantie ainsi, disent-ils encore, cette puissance unique et oppressive, parce qu'elle abuse de sa force et attire à elle toute la vitalité nationale au bénéfice d'une oligarchie d'hommes adroits et audacieux, ou au profit d'un dictateur tel que M. Gambetta ou tout autre ambitieux ! Oui ! d'après ces nouveaux apôtres qui prêchent la bonne nouvelle, d'après ces oracles de vérité, de raison et de bon sens pratique, la merveilleuse panacée, plus efficace et plus miraculeuse que l'eau de Lourdes et de la Salette, le remède infaillible à tous les maux dont souffre l'humanité dans les personnes exclues du pouvoir ou déshéritées de la fortune, serait de faire de la France et de son gouvernement unique un millier de républiques libres, heureuses et prospères, en dépeçant et leur partageant ainsi la riche dépouille de cette puissance et de cette autorité tyranniques qui s'appelle l'Etat et qui opprime la cité, le village, le citoyen et partant le peuple, en concentrant dans ses mains toutes les forces et toute la vie de la France.

Voilà, mon cher monsieur Olimagli, si je ne me trompe, quelles sont les théories transcendantes de ces nouveaux Girondins, certainement plus forts que les anciens, non pas en talent, ce serait faire une sanglante injure à l'illustre et éloquent Vergniaud et à ses infortunés amis, mais ils sont infiniment plus forts en divagations folles, en projets extravagants et en théories absurdes, qui auraient fait rire de pitié ces vieux patriotes conventionnels, s'ils avaient vécu de notre temps. Et pourtant, ceux qui prêchent, à cette heure, ces théories d'un fédéralisme aussi quintessencié, sont les enfants, les élèves et les continuateurs des mauvaises doctrines des vieux montagnards qui guillotinaient les Girondins au nom de la République une et indivisible.

Et combien de ces peu dignes et peu vrais héritiers de la glorieuse Révolution française dont ils négligent les vrais trésors pour ne recueillir que les non-valeurs, les fausses créances et les mauvais legs ? Combien de ces pauvres pygmées qui prétendent continuer l'œuvre des géants et qui ignorent ou qui répudient ce qu'il y avait de grand, de fécond, de patriotique et de libéral dans leurs doctrines, pour ne revendiquer que leurs idées les plus malsaines, les théories dangereuses et les principes cruels de leurs égarements passionnés ? Ils oublient, ces agités de passions morbides et violentes, ils oublient facilement les heures mémorables où ces colosses de pensée, d'action et de faits furent sublimes de dévoûment, d'héroïsme, de conception et d'enfantement grandioses, pour ne se souvenir avec admiration et ne vouloir pratiquer que leurs conceptions de colère, leurs fureurs et leur haine, comme ils admirent et comme ils pratiquent les actes sauvages, terribles et fratricides de leur orgueil, de leur ambition égoïste et de leurs rancunes personnelles, dans leurs luttes ignobles et hideuses d'antagonisme et de prédominance ! Conceptions et méfaits horribles qui furent les nuages tristes et sombres dont le soleil radieux de la Révolution fut trop souvent voilé et dont il portera éternellement les taches noires qui l'ont maculé !

Combien de ces rejetons de la mauvaise queue du jacobinisme, combien de ces champions faux apôtres de la Révolution
qui prêchent le morcellement de la France et que l'impitoyable
Fouquier-Tinville aurait envoyés à l'échafaud avec les Girondins comme traîtres à la patrie, combien qui ne reconnaissent et
n'adorent d'autres saints que Robespierre, Danton et Marat
dont ils glorifient les procédés sanguinaires et homicides !
Comme beaucoup de cléricaux et de monarchistes adorent Tor-
quemada, Simon de Montfort, le duc d'Albe et Jean de Vergos,
et glorifient les effroyables bûchers de l'inquisition, et les massacres épouvantables des Albigeois, des hussites, des patriotes
flamands et des calvinistes de la Saint-Barthélemy et des dragonnades ? Et tous ces sectaires fanatiques de la terreur rouge,
blanche ou noire pratiqueraient peut-être encore, sans scrupule
et sans remords, ces mêmes procédés de douce mansuétude et
de fraternelle et humaine persuasion pour convertir les infidèles
et les rebelles à leurs croyances politiques, religieuses et économiques, si nous vivions dans les conditions fortunées de ces
temps heureux du passé, dont chacun d'eux s'efforce de faire
revivre le sien. Tant il est vrai que les mauvaises passions,
les passions égoïstes et haineuses pervertissent l'esprit et le
cœur jusqu'à l'aberration et à la folie, jusqu'au retour par ata-
visme, aux appétits brutaux de la bête, qui fut notre ascendant
fait homme par sélection darwinienne.

Ces gens-là, les intransigeants, autonomistes, collectivistes,
révolutionnaires, anarchistes et autres extravagants et énergumènes dont la morale est aussi élevée, aussi pure, aussi austère
et aussi édifiante que leur politique et leur économie sociale sont
profondes, rationnelles, humaines, justes et réalisables, ceux-
là prêchent l'oubli, non pas l'oubli des injures ou de ce qu'ils
prétendent être offensant pour eux, pour leur vanité ou leurs
intérêts égoïstes, car eux seuls ont droit à l'oubli des offenses
quels que grands que soient leurs méfaits ou leurs crimes, mais
ils prêchent l'oubli des bienfaits, l'oubli des services qu'on leur
a rendus. Ils revendiquent le droit de tout dire et de tout faire
et ils anathématisent toute loi et toute autorité qui restrein-
gnent ou gênent cette liberté absolue qui est le fatal privilège
de la brute jusqu'à ce qu'elle rencontre le dompteur qui, plus fort
qu'elle, l'arrête et l'enchaîne. Est-ce à cette liberté et à cette
indépendance de la bête que les intransigeants veulent nous
conduire ? Et encore, la liberté de l'animal n'est pas sans limites comme ils la voudraient pour eux, nul être vivant n'est af-

franchi de toute loi, et si la bête n'est pas soumise aux lois
édictées par la raison, qu'on lui dénie, peut-être à tort, elle est
soumise du moins aux lois de l'instinct qui l'empêchent d'agir
contre sa propre nature et de nuire à ses congénères.

Si l'on prenait au sérieux les théories insensées et les revendications de liberté illimitée de ces gens-là, si on ne savait pas
que tout cela n'est qu'une mise en scène, un appât jeté à la
convoitise avide d'une certaine catégorie de gens affamés pour
capter leur confiance et leur appui, et dont ils ne voudraient
plus si on les prenait au mot, on croirait vraiment qu'ils envient le sort et voudraient nous ramener au bonheur ineffable
dont jouissait l'homme antéhistorique, qui sorti de la bête sans
être sorti de l'état de brute, était libre de se vautrer dans la
fange de toutes les passions bestiales, sans contrainte et sans
honte, et pouvait impunément s'il était assez fort, il pouvait
sans crainte violenter, dépouiller, et au besoin tuer et manger
son semblable, à defaut de fourmis et de lézards pour se nourrir, jusqu'à ce qu'il fût dévoré par son affectueux frère, qui,
plus fort que lui, l'égorgeait à son tour. Et qui sait ? peut-être
que, à force d'aberration dans leurs recherches insensées de la
meilleure condition de l'homme, ils arriveront à regretter qu'il
ne marche pas à quatre pattes pour ne pas être ébloui par le
soleil, pour ne pas voir trop loin et pour mieux voir son chemin à ses pieds.

Ah oui ! si on ne savait pas combien ils jalousent, combien ils
envient et convoitent la fortune, le bien-être et les plaisirs qu'ils
n'ont pas, on serait tenté de croire que, en renchérissant sur le
paradoxe éloquent de Rousseau, ils voudraient nous ramener à
l'état délicieux et paradisiaque qu'on appelle l'état de nature,
tant ils rabaissent et déprécient tous les bienfaits élaborés par
le progrès des siècles ! tant ils méprisent et ridiculisent tout ce
que la civilisation a édifié de plus grand, de plus noble, de
plus respectable et de plus sacré dans l'âme humaine pendant
la longue durée et les innombrables transformations de l'homme,
des peuples et des sociétés ! et tant ils invoquent et préconisent
souvent, sans scrupule et sans honte, tout ce que la longue
évolution de l'humanité et des institutions sociales a laissé
sur la route du temps et enfoui dans la nuit sombre du passé
comme impur, malsain, dégradant, corrupteur et avilissant
pour l'âme et pour le cœur de l'homme civilisé ou en voie de
l'être ! Jaloux du bonheur des Mormons, ils déshonorent la
tribune française en y demandant la liberté de prêcher et d'éta-

blir en France la polygamie pratiquée par les riverains du lac Salé, comme ils la déshonorent aux yeux des honnêtes gens de tous les pays et de tous les partis, en y demandant au nom de la liberté, non pas seulement le droit d'asile, mais encore la haute protection du Gouvernement pour tous les assassins politiques, russes, allemands et autres, auxquels ils ont offert des revolvers d'honneur, comme ils en offrent un, à cette heure, au malheureux ouvrier de Roanne qui a tiré sur son patron.

Et en glorifiant ainsi des assassins, de la même manière que les bons patriotes glorifient un général habile, en lui offrant une épée d'honneur, pour avoir sauvé son pays, ils encouragent et poussent sans scrupule et sans honte à l'assassinat politique et à l'assassinat industriel et social, comme ils ne cessent de pousser à la guerre civile de mille manières. Sous le prétexte fallacieux de liberté, prétexte péremptoire pour eux et qui doit tout permettre et tout excuser, ils se font les détracteurs des meilleurs citoyens qu'ils jalousent et qu'ils calomnient parce qu'ils leur portent ombrage ou parce qu'ils ne pensent pas comme eux, et ils se font les avocats officieux de tous les malfaiteurs, de tous les scélérats, de tous les filous, de tous les perturbateurs et des assassins parce qu'ils sont leur appui ou leurs clients. Ils prêchent l'ingratitude, l'immoralité et l'injustice, et ils se font les défenseurs zélés du dévergondage et des dévergondées et les admirateurs de faits, de récits et d'images hideux d'impudence et d'immoralité dont ils se font bien souvent les propagateurs éhontés. A l'exemple d'Anacharsis Cloots, ils se disent citoyens du monde, ne veulent pas qu'il y ait des frontières entre les peuples, ni de nationalité dans la démocratie universelle, et beaucoup d'entre eux, sinon tous, les uns ne rougissent pas et les autres leur en coûteraient peu de traiter de fictions chimériques et de préjugés ridicules l'amour de la patrie et les sentiments de la dignité, du prestige et de l'honneur national. Pour eux la patrie est partout où ils se trouvent bien et où ils pourraient jouir de la plus grande liberté, et peut-être aussi d'un peu d'autorité et d'un peu de fortune et de bien-être.

Écœuré par ces théories anti-patriotiques, par ces sentiments de cosmopolitisme, par ce manque d'affection, d'amour et de dévoûment pour la patrie qu'ils déconsidèrent, qu'ils déshonorent et humilient aux yeux du monde, par l'insanité de leurs doctrines subversives et anti-sociales et par leurs prédications et leurs actes insensés et souvent criminels, on est porté à douter, bien des fois, si ces gens-là sont nés Français, et on serait tenté de leur demander leur extrait de naissance, comme le gendarme demande son passeport à un quidam dont l'allure et la mine suspectes lui dénoncent un malfaiteur ; tant ils sont peu de leur pays ; tant ils s'efforcent à tout propos, et à propos de rien, de rabaisser, d'amoindrir, de déprécier tout ce que les bons patriotes disent, proposent ou font pour la prospérité et la grandeur de la patrie ; tant ils s'efforcent de dénigrer et d'avilir tout ce qu'il y a en France d'hommes supérieurs et d'institutions fécondes.

Un homme éminent, un patriote dévoué qui a été un des champions de la patrie aux heures terribles de la lutte et du danger, un vieux démocrate de cœur et de raison, qui a combattu toute sa vie pour le triomphe de la République à la fondation et au maintien de laquelle il a puissamment concouru, est-il nommé ambassadeur auprès d'une grande puissance amie qui, connaissant sa haute valeur intellectuelle et morale elle l'accueille avec sympathie, et, par les témoignages d'estime et les grandes distinctions qu'elle prodigue à son caractère noble et digne et à ses grands talents, elle donne à sa haute mission l'autorité morale essentielle pour affermir l'amitié des deux nations et pour cimenter plus fortement entre elles une alliance utile et profitable à la grandeur de l'une et de l'autre, eux, qui s'appellent les intransigeants, jaloux de la supériorité du vieux républicain démocrate, et dépités sans doute des honneurs qu'on lui fait, s'empressent de le calomnier, de le dénigrer et de le rabaisser aux yeux du monde. Et ils font cela de parti pris, pour satisfaire leur jalousie et leur haine, sans s'inquiéter si leurs infâmes calomnies peuvent refroidir l'amitié de notre puissante alliée et affaiblir les liens qui l'attachent à nous, en diminuant l'estime qu'elle avait pour notre ambassadeur et pour la France, à la grande satisfaction de nos jaloux et de nos rivaux qui voient avec peine cette union intime des deux grandes nations ; se faisant ainsi, de propos délibéré ou inconsciemment, les auxiliaires de nos ennemis les plus redoutables, qui en profitent pour nous discréditer, nous diminuer et nous affaiblir à leur profit.

Un de nos consuls, des plus intelligents et des plus distingués, qui tenait fièrement élevé le drapeau de la France sur une terre étrangère où il luttait courageusement pour y maintenir notre influence justement acquise, contre les influences rivales qui nous y disputaient la prépondérance due à notre situation politique et morale et essentielle à nos plus grands intérêts, se fait-il appuyer par la force des armes, devenue nécessaire pour triompher des menées de nos jaloux compétiteurs et des rébellions qui affaiblissent notre puissance morale et par suite menacent l'existence même de notre empire africain qui a coûté à la France tant et de si grands sacrifices, tant de milliards et tant de sang, eux, les intransigeants, qui, jugeant sans doute d'après leur propre conscience, voient toujours partout et en toute chose un motif égoïste, un calcul d'intérêt, s'empressèrent d'accuser ce représentant zélé de la France de je ne sais quel tripotage ou quel complot financier, au profit duquel il aurait poussé à la guerre, pour faire baisser, puis monter certaines valeurs, afin de s'enrichir lui et ses prétendus complices. Calomniant ainsi gratuitement et lâchement ce patriote intelligent et dévoué à seule fin de le ruiner dans l'opinion publique, lui et les hommes éminents qu'ils voulaient surtout atteindre et qu'ils lui donnaient comme participant à cette honteuse et criminelle spéculation.

Cette imputation idiote et anti-patriotique autant que mensongère et haineuse, que des bons Français auraient cachée si elle était vraie, ne pouvait que réjouir nos rivaux et nos ennemis dont elle servait les intérêts au grand détriment des nôtres et au détriment de notre prestige et de notre autorité morale en Afrique, si nécessaires pour tenir en respect le fanatisme musulman. Mais qu'importe à ces gens-là, qu'importe à ces grands citoyens de l'univers dans lequel ils ne veulent pas d'une patrie distincte, que leur importe à eux notre puissance morale et notre prestige aux Indes, dans le Nouveau-Monde, en Océanie, et même en Algérie, en Tunisie et en Égypte, où nos plus grands intérêts sont confiés à l'influeuce plus ou moins occulte de nos rivaux et de nos plus redoutables ennemis !

Non-seulement ces citoyens du monde se soucient fort peu de nos colonies, de tous nos grands intérêts sur le sol étranger, de nos traditions glorieuses et de notre influence séculaire sur la terre des Pharaons, mais ils ont préconisé, ils ont voté et applaudi le lâche abandon qu'on a fait de notre vieux prestige sur les bords du Nil, qu'on a laissé honteusement à l'action virile de l'Angleterre qui l'a pulvérisé en bombardant la ville des Ptomélées devant les canons muets de notre flotte qui paraissait envoyée là pour orner le triomphe de la Grande-Bretagne, comme les rois vaincus et enchaînés ornaient le

triomphe du vainqueur antique ! Là, dans ce merveilleux berceau des grandeurs du vieux monde, là tout a été sacrifié à
l'égoïsme et à la peur par le ministère indécis, pusillanime,
sans clairvoyance et sans idées arrêtées de M. de Freycinet,
qui a l'honneur insigne d'être appuyé et soutenu par les intransigeants rouges, blancs et noirs : parce que, plus préoccupé
peut-être de se maintenir au pouvoir que des intérêts du pays
qu'il gouverne, il flatte leur vanité et leurs passions égoïstes,
en disant comme eux que le pays veut la paix.

Eh ! sans doute le pays veut la paix ! personne ne veut la
guerre ! mais aussi tout Français qui est heureux et fier de l'être
a le grand souci de conserver le patrimoine national, comme
on l'a si bien dit, et de faire briller dans le monde la puissance
et la gloire de la France, que la trompette de la renommée
n'a jamais cessé de faire retentir à tous les échos de l'univers,
même quand nous étions trahis par le sort et par l'infamie des
hommes ! et aucun ne voudrait d'une paix à tout prix ! Non !
Aucun Français qui se sent le cœur chaud de l'amour sacré de
la patrie ne voudrait d'une paix qui coûterait l'honneur, la
dignité, le prestige et la grandeur du pays ! et qui ne serait et
ne pourrait être qu'une trêve pour la France, trop fière qu'elle
est pour rester longtemps sous le poids insupportable d'une
paix honteuse, qui serait pour elle un carcan d'humiliation !
Si M. de Freycinet avait eu plus de souci des intérêts, de la
dignité et de l'honneur de la France, s'il s'était souvenu des
glorieuses traditions de la grande, de la magnanime et vaillante nation et s'il s'y était conformé à temps, par un acte de
vigueur, seul ou mieux avec l'Angleterre, qui était et devrait
être notre alliée en tout et partout, et à laquelle on a laissé
toute la gloire et tout le bénéfice, il aurait plus fait pour la
paix de l'Europe que par ses tergiversations, sa couardise et
les concessions maladroites, impolitiques, nuisibles et hon-
teuses faites, de propos délibéré ou sans le vouloir, au perspicace et rusé chancelier d'outre-Rhin. Ne sait-il pas que, caché
ou à découvert, jappant ou gardant le silence, ce cerbère vigilant est toujours à l'affût de tout ce qui peut nous faire du mal
dans le présent et dans l'avenir, et qu'il ne manque jamais l'occasion propice pour nous nuire, quand il ne l'a fait pas naître !

Peut-il ignorer, M. de Freycinet, que ce fin et astucieux
diplomate est toujours en éveil pour saisir ou faire naître tous
les motifs qui peuvent détourner de nous nos meilleurs amis
et tout ce qui peut nous rendre plus forts et plus grands, et

qu'il ne manque jamais l'heure où il peut nous susciter des
ennemis et tout ce qui peut nous affaiblir, nous humilier et
nous amoindrir? Croit-il deviner ce sphinx politique et éviter
d'être dévoré par le monstre en cherchant à lui plaire? Espère-
t-il éviter la griffe du lion en se couchant à terre devant lui,
comme fait l'Arabe, dit-on, devant le roi de la forêt pour en
être épargné en gagnant ainsi sa générosité? Ou bien aurait-il
la prétention d'empâter la griffe terrible de ce tigre féroce de
la politique avec quelques lambeaux de nos intérêts et de notre
influence dans le monde, pour l'empêcher de nous déchirer?
Croirait-il amadouer ce redoutable félin et apaiser sa rage de
nous dépecer, s'il le pouvait encore, en lui jetant en pâture
quelque débris de notre dignité et de notre honneur, comme le
berger effrayé jette un de ses agneaux ou un morceau de son
pain à l'ours affamé pour éviter sa patte et sa dent? Et encore!
peut-il avoir la naïveté et la suffisance assez grandes pour
espérer qu'il pourra obtenir des oracles favorables de ce protée
de la diplomatie moderne, en lui faisant ainsi la riche et précieuse offrande de notre prestige de gloire et de grandeur, ou
en cherchant à imiter ses habiles et savantes métamorphoses
politiques par des maladroites tergiversations? Non, M. de
Freycinet n'est pas de la famille des médiocrités présomp-
tueuses, il est trop intelligent pour avoir de telles prétentions,
et il faut plutôt croire que, tremblant de perdre son pouvoir,
il laisse aller à l'aventure la fortune de la France dont il a en
main la destinée et ferme les yeux pour ne pas voir les périls
qui la menacent, comme l'autruche cache sa tête sous l'aile,
pensant se soustraire au danger en cessant de le voir !

La nymphe Egérie qui inspire M. de Freycinet lui recom-
manderait-elle ces condescendances, ces humilités, cet abandon de nos intérêts, ce sacrifice de notre dignité au profit de
son petit égoïsme et peut-être un peu pour la satisfaction de
quelque petite jalousie et de quelque petite rancune, qu'elle
voile sans doute d'une placide modestie de fée perspicace qui
connaît son art magique ?

Lui conseillerait-elle, en pythonisse avisée, de ne pas troubler la tranquillité des honnêtes gens ni la satisfaction des
petits ambitieux dont les passions violentes peuvent servir les
âpres passions des grands ; de ne pas troubler la félicité des
heureux du monde, de ne pas troubler la quiétude ineffable des
dieux de l'Olympe par trop de fierté patriotique, par excès d'orgueil national et par des apparents désirs de revanche et d'a-

ventures de guerre dont les intransigeants, les réactionnaires et tous les ambitieux affamés reprochent à M. Gambetta les allures dangereuses et lui imputent la pensée téméraire, qui effraient les envieux pleins d'espérance et les parvenus satis-faits ? Et ils disent vrai, cette fois, ces féroces égoïstes qui tremblent pour l'objet de leurs rêves ou pour l'objet de leur jouissance et qui, pour la plupart, n'ont de courage que pour calomnier, pour insulter et dénigrer lâchement et avec impu-dence les meilleurs citoyens, pour déprécier et avilir tout ce qu'il y a de plus grand, de plus fécond et de plus sacré dans les institutions de leur pays, et pour déconsidérer le pays lui-même par leurs folies ! Ils disent vrai, en voulant mentir, pour calomnier encore ! Oui ! ils calomnient ignoblement, sans raison et de parti-pris, par jalousie et par rancune ! car le grand patriote qu'ils accusent gratuitement de nourrir la pensée dangereuse de jeter la France dans les aventures guerrières sans nécessité, est incontestablement plus économe qu'eux du sang et de l'or de la généreuse et chère patrie qu'il aime par-dessus tout, lui, et il a pour la paix et la tranquillité du pays, qui en a tant besoin pour se refaire, infiniment plus de sollici-tude, plus de soins incessants qu'eux qui le troublent à chaque instant, par leurs revendications insensées et par leurs menées et leurs actes anarchiques et subversifs !

Mais ils disent vrai sans le vouloir et en calomniant, ces vils détracteurs ! Car il est certainement vrai que si ce valeureux et dévoué citoyen avait eu en main la destinée de la grande et héroïque nation, lui le vaillant défenseur de la liberté et de l'honneur du pays, lui qu'on calomnie ainsi à seule fin de le discréditer, il ne l'aurait pas laissée humilier, lui, comme on le fait, cette noble et chère patrie ! il ne l'aurait pas laissée humi-lier, lui qui jadis a fait tant d'efforts, tant de sacrifices pour relever son courage abattu, son drapeau abaissé et son hon-neur compromis ! Non ! il n'aurait pas laissé diminuer notre prestige il n'aurait pas permis à aucune puissance de la terre, quelque terrible qu'elle fût, de blesser impunément la dignité de la France et de porter atteinte à ses intérêts et à son hon-neur, avant que sa vaillante épée ne se fût brisée dans ses mains ! Il n'aurait pas fait comme M. de Freycinet fait à cette heure, oubliant la part glorieuse qu'il avait prise au relèvement de cette dignité et de cet honneur de la patrie, qu'il néglige ou qu'il sacrifie maintenant, et qu'il défendait avec énergie lors-qu'il était stimulé par l'exemple sublime de l'ardent patriote, lorsqu'il fut le compagnon et le coopérateur de l'héroïque et indomptable champion de la patrie blessée et expirante, pendant la lutte suprême de la Défense nationale qui sauva l'honneur du pays !

Ce grand souvenir de sa coopération vigoureuse, habile et efficace dans cette lutte herculéenne de l'intelligence vaste et féconde de deux hommes tenant en échec une armée innombrable et victorieuse, avec les débris d'un peuple décimé, vaincu et démoralisé que leur courage, leur énergie et leur patriotisme galvanisent, chauffent et poussent à ce combat de géants ! Ce souvenir grandiose, dont il paraît avoir oublié, lui, à cette heure, la grandeur morale de l'objet sacré qu'il défendait alors : l'honneur de la patrie ! Ce souvenir, que je n'ai pas oublié, moi, ce souvenir de l'union de son génie, de sa science, de ses aptitudes, de son dévoûment et de ses efforts patriotiques unis à ceux du grand patriote, aux heures terribles des dangers de la patrie ! ce souvenir réconfortant me le fait aimer d'une vive reconnaissance patriotique, malgré ses fautes, et, ce qui m'est beaucoup plus pénible à dire, malgré son ingratitude envers son ancien ami qu'il n'aurait jamais dû cesser d'aimer pour la gloire de tous deux !

Oh ! je regrette amèrement pour l'un et pour l'autre, et surtout pour la patrie, que l'un d'eux ait brisé et dépecé cette couronne civique, obsidionale et patriotique qu'ils avaient gagnée à deux ! Je regrette que M. de Freycinet, homme d'immense mérite, mais dont la plus grande valeur, sinon toute, est dans son puissant talent administratif et dans sa science d'ingénieur, qu'il n'aurait jamais dû quitter, je regrette qu'ainsi fait, et indigent d'idées politiques, il se soit séparé de l'éminent homme d'État, qu'il aurait dû prendre pour guide en politique, comme il l'avait pris pour la défense du pays. Cette suffisance et ces compétitions sans mesure d'un homme intelligent, qui n'a pas su se tenir à sa place, affligent tous les républicains sincères qui sentent leur confiance ébranlée en pensant que cet homme de mérite, qui s'était placé si haut dans leur estime et dans leur reconnaissance, s'est laissé envahir par le côté mesquin de l'ambition, par un vil égoïsme, par une basse jalousie ou par de lâches rancunes, et que, pour la puérile satisfaction d'une ou de toutes ces petites passions, il se laisse dominer par l'influence plus ou moins intéressée d'hommes peut-être trop surfaits par les circonstances, par l'égoïsme d'ambitieux subalternes, et même par les exigences des intransigeants et des autonomistes. Oh ! je sais bien

que si la malheureuse et délétère ambition du pouvoir a pu assez
user le patriotisme de M. de Freycinet pour le pousser à des
alliances adultères, pour le forcer à la déférence et au ménagement envers les amis des incendiaires de Paris et des assassins
des ôtages, l'ancien défenseur de la patrie et de l'honneur national ne peut avoir aucune affinité d'idées ni de sentiments avec
ces gens-là qui ont toujours fait bon marché de la grandeur morale du pays et qui, pourvu qu'ils puissent se faire en France
la position lucrative et honorifique qu'ils convoitent, peu leur
importe à eux l'extension et la conservation de notre influence
et de notre prestige dans le reste du monde.

Qu'avons-nous besoin, disent-ils, d'étendre nos colonies déjà
trop grandes ? Qu'avons-nous besoin, même, de toutes celles que
nous avons et qui, pour la plupart, nous coûtent plus qu'elles
ne nous rapportent ? N'ont-ils pas dit que nous en avions assez
de la France telle qu'elle est réduite, que certains d'entre eux
proposaient à l'Assemblée nationale de la réduire encore et qu'ils
voudraient dépecer à cette heure ? Pourvu qu'ils en soient les
maîtres, sans doute, ou du moins les chefs du tout ou d'une
partie ; de l'un des lambeaux de ce qu'on appelle la grande nation
qu'ils auraient morcelée et dont ils se seraient partagé ainsi
l'autorité qu'ils abhorrent et qu'ils haïront toujours, tant qu'ils
n'en seront pas détenteurs. Un des leurs, un de leurs amis, leur
défenseur, n'a-t-il pas dit, en plein tribunal, sans nécessité,
sans même la mauvaise excuse du besoin de la cause et comme
de parti-pris et avec conviction, n'a-t-il pas dit, en répondant
aux éloquentes paroles d'un patriote de cœur et d'intelligence
qui lui montrait un nouveau soleil, le soleil radieux et éblouissant d'un nouveau monde, qui se levait pour la prospérité et la
grandeur de la France, n'a-t-il pas répondu que malgré les
milliards et les flots de sang français que nous avons dépensés en
Afrique, nous serons forcés de l'abandonner un jour en fuyant
devant la fureur du fanatisme musulman ?

N'est-ce pas édifiant d'entendre ce jeune et fougueux orateur,
atteint de la fièvre chaude de la démocratie intransigeante, faire
retentir un prétoire de la grande nation, ces mots prophétiques :
« que nous serons forcés d'abandonner l'Afrique aux arabes ! »
mots peu vaillants, il est vrai, pour un français jeune encore,
s'il est Français ! Mais, en tout cas, ces paroles sont dénuées de
tout orgueil, de toute convoitise, de tout égoïsme patriotiques
et tout le contraire du chauvin *delenda Carthago*, de Caton ! Oui !
c'est vraiment édifiant de désintéressement, de générosité, de

justice et de grandeur d'âme, de la part d'un Français, d'un
législateur français, d'un représentant du peuple français, d'en-
courager ainsi les Arabes à nous pourchasser du sol de l'A-
frique que le sang français a arrosé et fertilisé, à tort ou à raison.

C'est noble, digne et fier, n'est-il pas vrai ? C'est magnanime
d'avoir le courage heroïque, étant Français, de dire à la France
en face du monde qu'elle a dompté bien des fois, qu'elle a
éclairé et émerveillé toujours, de lui dire, à l'exemple du prophète antique, ces dures et amères paroles capables de la faire
trembler de peur, rougir de honte et pâlir de regrets !

Eh bien ! ces pronostics humiliants, ces prophéties de malheur, ces avertissements effroyables, ce rabaissement calom-
nieux et outrageant de la grande et valeureuse nation, faits par
ses enfants en délire d'ambition, n'est qu'un courage à rebours
qui caractérise le contraire, le plus vil et le plus hideux, de la
vaillance française ! Ces ignobles déclamations, intempestives
et anti patriotiotiques, n'avaient d'autre but, chez son auteur, que
de faire du bruit, comme ils en ont l'habitude, lui et ses amis,
pour se faire valoir auprès des imbéciles dont on capte toujours
la confiance, par les absurdités les plus ridicules et avec les
plus grandes extravagances ! Ces menaces insensées, faites à
son pays, à l'instar du grand Isaïe, par un faux prophète en
délire, sont des lâchetés et des infamies que l'état de démence
politique et un certificat du docteur Blanche pourraient seuls
atténuer ! C'est triste, c'est honteux, c'est écœurant, mais c'est
ainsi ! c'est leur manière à ces gens-là, c'est leur manière de
défendre et de glorifier la dignité, l'honneur, l'influence, le prestige et la puissance morale et matérielle de la patrie, qui n'a
d'existence, pour eux, que là où elle peut satisfaire leur vanité,
leur égoïsme et leur mesquine ambition !

Or, la mission satanique de ces gens-là étant ou paraissant
être de rabaisser, de déprécier et d'avilir tout ce qu'il y a de
grand en France, hommes et choses, et même de rabaisser la
nation elle-même, pour la faire descendre, sans doute, jusqu'à
eux, en s'efforçant de la réduire à leur taille, M. Gambetta devait être et a été un des premiers qu'ils ont accablé de calomnies, de dénigrements et d'injures de toutes sortes, et ils ne
cessent de le poursuivre de leurs invectives et de leur haine
féroces. Ils lui attribuent tous les malheurs et en font le bouc
émissaire de tout ce qui se fait de mal, le rendant responsable
de tous les méfaits et de toutes les fautes, même quand elles
sont l'œuvre de ses ennemis et de leurs amis, à eux.

Pour ceux-là, pour les intransigeants de toutes couleurs, pour les autonomistes, les collectiviste, les anarchistes et autres variétés de la même espèce, M. Gambetta n'est pas seulement un autoritaire qui arrête et entrave la marche de tout ce qui peut réaliser les justes aspirations des déshérités de la fortune, puisqu'il a dit qu'il n'y avait pas de question sociale, mais il est aussi et surtout un obstacle aux droits, à l'autorité et à la volonté souveraine du peuple, et il ne faut pas seulement l'amoindrir et l'écarter du pouvoir, il faut aussi et surtout l'anéantir par tous les moyens possibles et impossibles, dans l'esprit de la vraie démocratie, dans l'esprit du peuple !

Et cela parce que M. Gambetta ne reconnaît d'autre autorité que celle de la souveraineté nationale, représentée par des mandataires librement choisis et nommés par elle, conformément aux institutions démocratiques et républicaines, fondées par la volonté expresse du pays ; et parce que, en dehors de la représentation nationale, en dehors des lois constitutionnelles et du gouvernement qui en découle, il ne reconnaît d'autre autorité aux citoyens, après l'exercice de leur souveraineté électorale, qu'une autorité morale qui s'appelle l'opinion publique et qui, en définitive, est la vraie loi et la vraie puissance morale effective qui fait la nation grande, libre et prospère ou languissante, esclave et misérable, selon qu'elle est plus ou moins éclairée, sage et pratique, ou qu'elle est ignorante et dominée par des préjugés, par des superstitions ou par des chimères subversives. Cette autorité-là, qui est l'âme, le cœur, la pensée et la volonté d'une nation démocratique et républicaine, comme la nôtre à cette heure, M. Gambetta l'a prise incontestablement très-haut, comme elle mérite de l'être, et il estime que tout le monde doit en tenir fidèlement compte, s'en inspirer et, au besoin, la prendre pour guide dans les circonstances critiques, mais que, dans aucun cas, un gouvernement intelligent et sage ne doit lui reconnaître ni lui accorder une autorité effective, dont l'exercice appartient exclusivement aux pouvoirs publics régulièrement constitués par l'autorité souveraine du suffrage universel.

Ils veulent, à tout prix, écarter M. Gambetta du pouvoir et lui ôter toute influence et toute autorité morale, parce que, trop intelligent, trop sage et trop pratique pour vouloir de la liberté sans limites, du gouvernement sans pondération et sans responsabilité, de la domination anarchique des masses populaires qu'ils veulent, eux, qu'ils revendiquent ou qu'ils rêvent, il veut, lui, il veut un gouvernement fort, investi d'une autorité limitée par la loi mais suffisante, effective, prépondérante et efficace pour maintenir l'ordre en toute chose, pour la sécurité de tous les citoyens, pour assurer le fonctionnement des administrations contre toute ingérence, contre toute faction perturbatrice, qu'elle s'appelle le peuple, la bourgeoisie, la noblesse ou le clergé. Car toute fraction, grande ou petite, de la nation, qui attenterait ou voudrait attenter au fonctionnement des pouvoirs publics, serait une faction insurrectionnelle et devrait être châtiéo avec d'autant plus de rigueur que l'insurrection, légitime sous un gouvernement absolu et tyrannique, serait un crime abominable de lèse-nation sous le régime du suffrage universel et de la souveraineté nationale, au même titre que le coup d'État tenté par l'un des pouvoirs publics, président, ministre ou assemblée.

On veut le supprimer, on veut l'écarter de la lice politique parce qu'il veut la liberté la plus large, mais unie et étroitement liée à l'ordre, sans lequel elle ne pourrait vivre, la liberté et les droits de l'un étant nécessairement limités par la liberté et les droits de l'autre, la liberté et les droits de l'individu étant limités et subordonnés à la liberté et au droit de tous, à la liberté et aux droits de l'État; point de droit sans devoir et point de devoir sans droit! Enfin, ils invectivent M. Gambetta et ils le jettent en pâture à la haine féroce d'une certaine catégorie de travailleurs qu'on leurre de vaines espérances, aussi faciles à réaliser que de prendre les étoiles pour en couronner les chefs de l'intransigeance, parce que, tout en voulant améliorer le sort des masses laborieuses de tout ordre, qu'on appelle les déshérités, par des réformes progressives, justes, pratiques et réalisables, jusqu'à la suppression du paupérisme et de la misère, dans les limites du possible, ou du moins jusqu'à la réalisation d'un bien-être relatif pour les hommes sages, laborieux et économes, il ne les flatte pas et il ne leur promet pas des biens qu'il ne peut pas leur donner, lui, et parce qu'il affirme, avec une incontestable raison, que les sociétés humaines ont mis des milliards de siècles avant l'histoire et six mille ans de traditions historiques pour arriver au degré de civilisation dont nous jouissons, et que ce serait commettre le crime de lèse-humanité, si on les jetait, imprudemment ou de parti-pris, dans les ténèbres de l'inconnu, dans le bourbier méphitique et délétère de leurs utopies chimériques et insensées où elles seraient inévitablement asphyxiées et dissoutes !

Et en effet, il est évident, non-seulement pour la profonde

6

et pénétrante clairvoyance de M. Gambetta, mais pour tout patriote éclairé et sincère, que ce serait vouloir faire retourner à l'état sauvage, ou du moins à la barbarie, la splendide société française qui brille d'un si grand éclat à la tête de la civilisation, si, en écoutant les théories des intransigeants, on la jetait dans le creuset de ces alchimistes ignorants qui voudraient la refondre et la transformer d'un coup et de toute pièce ! Imitant ainsi, non les savants alchimistes qui préludaient à la science de la chimie, en voulant transformer le cuivre en or, mais bien en imitant le voleur qui jette dans le creuset les bijoux les plus magnifiques et les plus précieux, et en fait un lingot boursoufflé, rugueux, informe et relativement de peu de valeur; les dénaturant ainsi pour se préserver de la crainte d'être pris avec ces objets accusateurs de ses larcins. C'est à un résultat semblable ou analogue qu'arriveraient infailliblement les égoïstes affamés qui voudraient transformer la société et la civilisation avec l'espoir d'en tirer un grand profit, qui serait certainement inférieur à celui qu'ils tirent, à cette heure, de la société qu'ils s'efforcent de détruire.

Fort heureusement pour la France, pour la république, pour la liberté, pour la civilisation, pour l'humanité et pour euxmêmes, qu'ils sont peu nombreux et peu à craindre, ces modernes alchimistes qui voudraient changer le cuivre social en or pur et qui aboutiraient à transformer le diamant en cendre ou en charbon, s'ils avaient la puissance calorifique qui leur manque; et il ne faut pas s'épouvanter du bruit qu'ils font en soufflant de toute la force de leurs poumons sur les quelques charbons mal allumés où ils s'efforcent en vain de chauffer leur creuset fêlé. Il ne faut pas avoir peur de leur fracas, car la peur des autres fait seule et a toujours fait leur force en augmentant leur nombre de tous les fainéants, des imbéciles et des besoigneux qui se laissent toujours allécher par leurs promesses séduisantes, que dédaigne et méprise le bon sens de l'ouvrier laborieux et honnête.

Pour ne pas s'effrayer du tapage que font ces chercheurs d'une position meilleure et d'une fortune qu'ils n'ont pas et qu'ils envient et convoitent, même au detriment des naïfs dont ils exploitent les appétits pour les faire agir au profit de leur ambition, il ne faut pas oublier que quand ils sont cent ou seulement dix, chefs et soldats, dans un estaminet ou dans un bouge, ils se disent la France, et, comme le général Foy qui disait avec raison : Nous avons la France derrière nous, ils

crient ou sont toujours prêts à crier : Nous sommes le peuple,
ou : Nous avons le peuple avec nous. Or, pour ces grands patriotes, ce qu'ils appellent emphatiquement le peuple ne comprend que les travailleurs peu fortunés, les gens vivant au
jour le jour du travail de leurs mains, et sans doute aussi les
gens sans aveu, qui vivent d'expédients, et les chefs, les meneurs qui bien souvent vivent aux dépens de leurs dupes, ou
on ne sait de quelle manière ils vivent.

C'est cet amalgame d'éléments si divers, sans affinité et sans
cohésion que, bien à tort, ils appellent le peuple et dont ils
voudraient faire un peuple à part et un peuple ennemi du vrai
peuple français, en y mêlant les ouvriers intelligents et laborieux qui ne s'y mêlent que par erreur ou par accident, c'est
ce peuple hétérogène, interlope et hétéroclite, que M. Thiers
appelait irrévérencieusement et avec un peu trop de sévérité
peut-être la vile multitude, qu'ils appellent la classe ouvrière !
tenant sans doute à honneur de glorifier ainsi le travail et les
travailleurs, en rétablissant les castes que la Révolution française avait tenu à honneur d'abolir pour la dignité des citoyens
en général et essentiellement pour celle de l'ouvrier, qui était
le plus humilié, lui qui sans contredit est l'un des plus grands
facteurs de la prospérité et de la grandeur de la patrie. Ce
nouveau classement des citoyens français fait par les grands
apôtres de l'intransigeance, ce retour en arrière de la Révolution française, en arrière du progrès et de la civilisation, ce
brahmanisme peu patriotique, peu libéral, peu égalitaire et
peu fraternel qu'ils préconisent en prêchant la division, l'antagonisme et la haine entre les citoyens, dans l'intérêt des
ouvriers, disent-ils, et, par le fait, au détriment de la dignité
des hommes de labeur dont ils veulent en faire l'instrument
de leur ambition en en faisant ainsi une puissance séparée
dans la nation. Cette sorte de caste de parias qu'ils revendiquent pour tous les travailleurs dont ils font ainsi une classe
à part, et une classe inférieure dans la démocratie française,
sous le prétexte d'une émancipation qui n'est plus à faire, le
cri retentissant dont ils font sans cesse résonner les échos,
qu'il faut que la classe ouvrière s'affirme, me rendent perplexe,
moi, ancien ouvrier, puis petit négociant et enfin modeste ren-
tier !

Car, ne sachant pas où finit l'ouvrier et où commence le bourgeois ou l'aristocrate, dans ce beau système de classement fraternel et égalitaire, et ne sachant pas à laquelle de ces trois

phases de ma vie j'ai eu ou j'ai plus de valeur ou plus de mérite,
aux yeux de ces grands réformateurs de la société, je ne sais
dans quelle catégorie, plus ou moins brillante et plus ou moins
respectable, ils jugeront que je dois être placé, vu que je me
trouve toujours le même. Ils me placeront sans doute dans une
classe neutre qu'ils formeront, quelque chose d'analogue aux
âmes des païens ou des enfants morts sans baptême que les
chrétiens placent dans les limbes. Ce qui me rassure un peu,
pour la position qui me sera faite dans cette division d'une société nouvelle bien caractèrisée, c'est que les outils du travail
n'ont jamais souillé les doigts du plus grand nombre des grands
prêtres de cette nouvelle église démocratique, qui excommunient
et disent anathème à tout citoyen qui ne travaille pas ou qui a
cessé de travailler pour vivre et qui vit sans l'assistance publique et sans le secours de personne. Oh ! certainement la population ouvrière est digne de la plus grande sympathie et du
plus grand intérêt à tous les points de vue, et le gouvernement
de la République a l'immense devoir de faire tous ses efforts
pour améliorer son sort, dans la mesure du possible, par des
réformes économiques et administratives sérieuses, fécondes,
justes et pratiques autant que profitables. Le gouvernement doit
donner aux ouvriers tous les moyens dont il peut disposer légalement, et il doit demander aux Chambres les lois qu'il croit
nécessaires pour leur assurer une juste part du produit de leur
travail ou de leurs talents.

Mais ce n'est pas en encourageant les grèves, comme font certains exploiteurs des ouvriers, qui en sont toujours les victimes ;
ce n'est pas en décrétant le droit au travail, comme si l'État
pouvait se faire l'entrepreneur général, le pourvoyeur et le dis-
tributeur du travail de la nation et comme s'il pouvait créer et
multiplier ce travail aux souhaits des ayants-droit, ce qui est une
utopie plus qu'absurde, car tout le monde a le droit de travailler
s'il y a du travail à faire, si on le trouve et si on est apte à le
faire, et il serait plus rationnel et plus convenable de dire qu'on
a le devoir au travail ! Ce n'est pas non plus en décrétant l'égalité du salaire et autres utopies non moins absurdes, imaginées
par des hommes généreux et bien intentionnés, sans doute,
mais qui ne connaissaient ni le travail ni les travailleurs, ni
peut-être assez le cœur humain, qu'on peut améliorer le sort
des masses laborieuses. Non ! c'est par des moyens rationnels,
justes et pratiques, c'est en affranchissant le travail de toute entrave, par la plus grande liberté d'association, par la formation

des syndicats ouvriers de travail et d'épargne, c'est en encourageant, en provoquant même la formation des sociétés commerciales, industrielles et économiques entre les travailleurs, en leur facilitant les entreprises des travaux publics et l'exploitation de toutes autres industries, qu'on pourra arriver à allonger les vestes sans raccourcir les habits, selon l'expression pittoresque autant que juste et vraie du grand Arago.

Oh ! ce n'est pas moi qui, par un sot orgueil et une vanité idiote, trop communs chez les parvenus, ce n'est pas moi qui méconnaîtrai jamais mes anciens compagnons de labeur ! ce n'est pas moi, qui suis fier de ne devoir qu'à moi seul le modeste bien-être, l'indépendance et le repos dont je jouis, après un travail incessant de près de cinquante années ! ce n'est pas moi qui tournerai jamais le dos aux travailleurs, qui, dans le rude combat de la vie, sont les valeureux enfants ou les successeurs infatigables, des vaillants pionniers à côté desquels j'ai travaillé et lutté, sans relâche, pour l'existence, et aussi pour la République, pour la liberté, pour le progrès et pour la patrie tant que j'ai pu ! Non ! jamais je n'effacerai mon nom du livre d'acier du travail pour l'inscrire sur le prétendu livre d'or de l'oisiveté et de la paresse. Mais de grâce, que ceux qui, dans l'intérêt de leur ambition, se font les avocats d'office, les protecteurs généreux, les défenseurs zélés des ouvriers, cessent d'en faire une classe à part dans la démocratie française ! cela n'est ni démocratique, ni libéral, ni vrai, ni bien, ni beau, ni juste, ni fraternel, ni patriotique ! qu'ils cessent de réclamer pour eux plus qu'ils ne demandent eux-mêmes, plus que ce qui est juste et raisonnable, plus que ce qui est réalisable, plus que ce qu'on peut leur accorder. Que ces trop zélés coryphées des ouvriers cessent de revendiquer pour leurs clients, qui ne les en chargent pas, des droits inconnus, mal compris ou mal définis, et si vraiment ils désirent être utiles aux travailleurs, s'ils veulent servir efficacement les masses populaires et la patrie, qu'ils formulent un programme politique, économique et social, rationnel, pratique, juste et réalisable, à la place de leurs mots sonores, boursouflés, creux et vides de sens, et tous les républicains sincères le signeront des deux mains, M. Gambetta le premier.

Personne, sous la République, ne peut ni veut refuser aux ouvriers leurs droits, l'appui qu'ils méritent et leur large part au soleil ; car ils sont les égaux de tous leurs concitoyens, devant la loi, devant la justice, devant la vie et devant l'honneur, et même devant la fortune qu'ils peuvent acquérir, si les circonstances, le travail et le sort favorisent leur bonne conduite, leur économie et leurs efforts. Ils ont une part égale à tous les citoyens de la souveraineté nationale, ils ont droit comme le citoyen le plus élevé d'occuper les premiers postes de l'État, et l'on fera bien, le cas échéant, de nommer maires, députés, sénateurs et même président de la République, ceux d'entr'eux qui seront probes et vaillants et qui seront bien connus pour avoir les talents et les capacités essentielles et nécessaires pour remplir avec intelligence, avec aptitude et sagesse la fonction qu'on leur confiera. Mais qu'on ne les nomme pas comme ouvriers, ce serait une injure, qu'on les nomme comme citoyens français, et seulement pour leurs talents, pour leurs aptitudes, pour leurs vertus et leur mérite. Car il est bon, utile et nécessaire, juste, moral et démocratique, qu'on efface les qualifications, les distinctions nominales, comme on a effacé les privilèges et les prérogatives. Il faut qu'on cesse de faire une classe à part de la grande famille ouvrière, d'où nous sortons tous, de près ou de loin, et qui forme l'immense majorité de la France ; car tout le monde travaille, d'une manière ou d'une autre, dans ce pays de constant labeur intellectuel, moral et matériel ! Il faut qu'on cesse de faire, des hommes de labeur, une classe de bohémiens, de déshérités, et, en quelque sorte, une caste de parias, de réprouvés ! car cela n'est ni digne, ni libéral, ni patriotique ! car cela rabaisse leur dignité d'hommes et de citoyens libres et égaux à tous leurs concitoyens, quelle que soit leur situation de fortune et leur position sociale. Et, pour ma part, je me sens moi-même blessé dans ma dignité, en ma qualité d'ancien ouvrier.

Voilà, mon cher monsieur Olimagli, quelle est la valeur politique, intellectuelle et morale des intransigeants, s'ils ne sont pas plus libéraux, plus justes et plus patriotes que ce qu'ils se révèlent à nous, par leurs doctrines et par leurs actes, et s'ils ne sont pas meilleurs que ce qu'ils se montrent, par leur noire ingratitude, par leurs rancunes et leur haine féroces envers M. Gambetta. Haine et rancunes d'autant plus injustes, iniques et hideuses, qu'elles n'ont d'autres motifs que leur basse et vile jalousie contre cet homme dont la superiorité les enrage en les écrasant de son immense supériorité. Et les intransigeants et les réactionnaires ne sont pas les seuls à diffamer M. Gambetta, beaucoup d'autres politiciens, beaucoup de députés, sincèrement républicains peut-être, mais plus égoïstes que dévoués, poursuivent de leurs infâmes calomnies, avec plus ou moins de dissimulation et d'hypocrisie, ce grand et magnanime patriote,

parce que les réformes qu'il demande menacent de leur faire
perdre les indulgences de leur petite église de l'arrondissement
qui les nomme, et la crainte de perdre leur siège les rend injustes, calomniateurs et mauvais patriotes. Car, il faut le dire
aussi, dans notre pays, plus que dans bien d'autres peut-être,
le patriotisme, pour la plupart des hommes politiques, reste
toujours subordonné à leurs intérêts, à leur égoïsme, à leur vanité, à leurs mesquines ambitions, et même à leurs misérables
rancunes et à leur haine.

Combien n'a-t-on pas accumulé de reproches injustes, d'accusations malveillantes, d'insinuations perfides et d'ignobles dénigrements sur la tête de ce vaillant citoyen, pour le faire déchoir
du sommet de l'opinion publique, pour le faire descendre du
piédestal élevé où la gratitude et la confiance du pays l'ont
placé ? Ne lui a-t-on pas fait un crime de sa prétendue dictature de la défense nationale ? comme si le marin qui se jette à
la mer pour sauver le navire en détresse commettait un crime !
comme si le citoyen dévoué qui se jette dans les flammes pour
éteindre le feu qui dévore la maison et ses habitants était criminel ! Les hommes à principes rigoureux et absolus qui,
comme si la politique vivait et pouvait vivre d'abstractions métaphysiques, prêchent la théorie commode et facile, mais peu
profitable, du tout ou rien, accusent M. Gambetta d'avoir nui au
triomphe de la vraie république, en aidant puissamment à l'é-
tablissement d'une république bâtarde, organisée avec des institutions quasi monarchiques, et d'avoir retardé le triomphe
des vrais principes démocratiques en les fractionnant et en les
affaiblissant, par la proposition ou l'acceptation de demi-me-
sures et de demi-libertés. Ces austères penseurs, ces grands
politiques clairvoyants et avisés qui montrent toujours à l'horizon des mirages d'oasis paradisiaques, dont la magnificence et
les splendeurs s'évanouissent quand on les approche, comme
s'évanouit tout mirage trompeur, dû à l'illusion de l'intelligence
ou à l'illusion des sens, ces trop zélés et trop prévoyants
apôtres du puritanisme démocratique, qui prommettent des
édens et des châteaux, sachant bien qu'ils ne peuvent donner
ni un lopin de terre, ni une chaumière aux dupes nombreuses
qu'ils attirent à eux, et qui les écoutent parce que, ignorants et
crédules, elles sont toujours prêtes à lâcher la proie qu'on leur
offre et qu'on peut leur donner, pour l'ombre d'une plus grosse
proie qu'on leur promet, et sont toujours disposées à faire la
courte-échelle et à servir d'escabeau aux flibustiers politiques
qui la leur promettent sans pouvoir la leur donner.

Ces charlatans sans pudeur qui promettent des palais qu'ils sont non-seulement impuissants à donner, mais incapables d'en tracer le plan, font ainsi un crime à M. Gambetta de ce qu'ils appellent son opportunisme. Ce qui est le plus grand éloge qu'on puisse faire de sa grande intelligence, de sa perspicacité, de sa clairvoyance et de son bon sens politique. Car il n'est opportun, c'est-à-dire : il n'est sage à vouloir, à entreprendre, à tenter, à proposer ou à accepter et à exécuter que ce qui est faisable, ce qui peut se faire, tout ce qui peut se faire et rien que ce qui peut se faire, pour atteindre le but qu'on poursuit; en tenant compte du temps où l'on se trouve, de l'espace et du milieu où l'on se meut, des circonstances qui dominent, des hommes et des choses qu'on a à combattre et à vaincre et des moyens dont on dispose. Ce qui est criminel et insensé, c'est de vouloir faire ce qui n'est pas opportun de faire ou de tenter, ce qu'on ne peut faire qu'avec dommage pour le but à atteindre, le temps, les circonstances, les hommes et les moyens étant connus. Un architecte qui veut édifier un palais a besoin de choisir et de faire préparer les matériaux propices et nécessaires, de faire faire les fondations d'abord, puis les murs d'élévation, avec toute la solidité nécessaire, avant de poser le couronnement de l'édifice. Et l'architecte ignorant qui aurait l'imprudence coupable de bâtir un temple avec des mauvais matériaux à peine propices pour bâtir une cabane, qui le fonderait hâtivement sur le sable et le couvrirait avant de s'être assuré de la solidité des murs, s'exposerait à le voir crouler sous le poids du faîte et courrait le risque d'en être écrasé.

Quand on veut aller sûrement à un endroit éloigné, qu'on désire ardemment d'atteindre, et qu'on est forcé pour y arriver de conduire son char à travers une contrée sans chemin tracé et tour à tour marécageuse et abrupte, semée de fondrières, de précipices et d'obstacles de toutes sortes, il faut s'assurer de la solidité du char, de la force des chevaux, de l'habileté des éclaireurs de la route qu'on a à parcourir; puis n'avancer qu'avec précaution, avec prudence, sondant les marécages pour éviter les fondrières et ne marcher que sur le terrain solide ou qu'on aura solidifié, aller doucement au pas pour bien voir les précipices et pouvoir s'en écarter à temps, s'arrêter devant les obstacles insurmontables, prendre le temps nécessaire pour les tourner et ne marcher avec célérité que lorsqu'on a devant soi la voie déblayée et solide. C'est ainsi, c'est avec cette prudence et ce savoir-faire que l'habile conducteur du char peut user et vaincre toutes les difficultés et arriver au but désiré, un peu plus tôt, un peu plus tard. Tandis que le téméraire qui, pour arriver au même but plus rapidement et d'un seul trait, lancerait son char au grand galop à travers la même contrée, sans précautions et sans éclaireurs, serait sûr de se noyer dans les fondrières, que l'autre aurait évité, de s'abîmer dans les précipices, d'où le prudent se serait écarté, ou de voir ses chevaux tomber épuisés devant l'obstacle, que le sage aurait habilement tourné, avant qu'il puisse atteindre le but.

Pour traverser une mer orageuse semée d'écueils, de récifs et de bas-fonds, il ne faut pas seulement avoir un navire solide, bien équipé et muni d'une bonne machine, il faut encore savoir choisir la saison favorable et le temps propice, puis savoir louvoyer pour éviter les écueils et les récifs et naviguer doucement et la sonde à la main pour s'écarter des bas-fonds. Et ce n'est qu'en naviguant ainsi avec prudence, sans perdre de vue sa boussole et l'étoile polaire, que le nautonnier habile peut dominer la tempête et gagner le port désiré, après bien des craintes, des tourments et des fatigues. Tandis que le pilote audacieux et imprudent qui voudrait traverser la même mer sur un mauvais bateau, pendant la mauvaise saison, sans les précautions nautiques esssentielles, bravant l'orage et d'un seul trait, verrait infailliblement son bateau s'échouer sur un banc de sable, sur un bas-fonds, se briser contre un écueil ou s'abîmer dans les flots, en dépit de la fameuse maxime « *Audaces fortuna juvat* ». Eh bien ! auquel des deux conducteurs de char et des deux pilotes la France confierait-elle le char et le vaisseau de ses destinées et le sort de la République et de la liberté ? Évidemment ce ne serait pas au conducteur téméraire qui abîmerait infailliblement le char dans les précipices, ni au nautonnier audacieux et imprudent qui serait impuissant à sauver le navire du naufrage.

L'opportuniste ou temporiseur Fabius aurait fini par vaincre Annibal après l'avoir épuisé. Varron et Paul-Émile qui voulurent le vaincre rapidement d'un seul coup et à tout prix, par ordre du Sénat, lui firent massacrer l'armée romaine, et Annibal, qui alors aurait pu prendre Rome s'il avait écouté les sages conseils de Mahorbal, put envoyer à Carthage deux boisseaux d'anneaux d'or, pris sur les cadavres des chevaliers romains restés sur le champ de bataille. Hercule lui-même dut choisir le moment opportun et abattre l'une après l'autre les cent têtes du dragon pour pouvoir le tuer et cueillir les pommes d'or des Hespérides ;

et pour tuer l'hydre de Lerne il dut commencer par la chasser de son repaire avec des flèches enflammées, puis trancher successivement ses sept têtes en ayant soin d'en brûler chaque plaie, à mesure, avec des tisons d'Iolas, pour les empêcher de renaître. Jason dut traverser l'Hellespont avec ses compagnons les Argonautes, puis il eut besoin de gagner la confiance et le secours de Médée pour conquérir la riche toison d'or, et Thésée dut choisir l'heure propice, puis gagner les bonnes grâces d'Ariane et obtenir d'elle le fil conducteur, pour pouvoir vaincre le Minotaure et sortir du Labyrinthe. Et si Hercule, Jason et Thésée n'avaient pas tenu compte des difficultés et avaient eu la téméraire audace de vouloir tuer d'un seul coup, sans précautions et sans mesure, les monstres qu'ils avaient à combattre et à vaincre, ils auraient été infailliblement dévorés, malgré leur valeur de héros, et ils n'auraient pas accompli la généreuse mission qu'ils s'étaient donnée.

La circonspection, la prudence et les précautions mises en œuvre par ces héros, et leurs soins de vaincre peu à peu les monstres qu'ils avaient à combattre et qu'ils ne pouvaient terrasser d'un seul coup, étaient une sorte d'opportunisme analogue à celui qu'on reproche à M. Gambetta et auquel ils durent de triompher. Mais laissons ces exemples, ces rapprochements et ces comparaisons dont l'analogie est certainement trop forcée, si l'on tient compte de l'énorme différence des temps, des lieux, des hommes, des objets, des idées, des mœurs et des faits, et qu'il nous suffise de dire clairement, et c'est assez ! que sans l'opportunisme de M. Gambetta, puisqu'on tient à nommer ainsi sa clairvoyance, son tact politique, sa prudence, son habileté et son bon sens pratique, sans son opportunisme ou sans sa haute raison et son savoir-faire on aurait la monarchie à cette heure, et on n'aurait pas la République. Les brouillons du tout ou rien, les affamés toujours pressés de cueillir le fruit avant qu'il ne soit mûr, l'auraient étouffée dans l'œuf en voulant la faire naître avant terme, s'ils avaient été les plus forts, ou, la trouvant malvenue et contrefaite, ils l'auraient faite périr d'indigestion ou de pléthore aussitôt qu'elle fût née, en voulant la trop nourrir d'aliments grossiers et malsains, pour la faire grandir prématurément, s'ils en avaient été les nourriciers ; comme ils étouffèrent sa sœur cadette de quarante-huit, en voulant la forcer à être nubile avant l'âge.

Oui, certes, il est évident, pour tout homme clairvoyant et désintéressé, que la République n'existerait pas à cette heure,

et les brouillons et les ambitieux avides seraient encore dans
l'obscurité d'où elle les a fait sortir, sans l'habilité politique et
sans le prestige moral, solidement acquis, de M. Gambetta. Ils
auraient ameuté contre elle, par leurs exigences contre saison,
toutes les préventions, tous les ressentiments et toutes les
haines du passé, qui l'auraient infailliblement tuée sans l'esprit
conciliant du grand patriote, sans son bon sens pratique, sans
sa haute raison, sans sa grande sagesse à se contenter du
moins, ne pouvant avoir le plus : sans sa perspicacité, sans
la prévoyance et la justesse de son jugement qui lui faisait
accepter la partie, quelque petite qu'elle fût, sachant bien
qu'avec la partie on peut arriver petit à petit et progressivement à gagner le tout; tandis qu'on arrive à rien sans rien, et
qu'on n'a rien quand on veut tout avoir, sans avoir les moyens
nécessaires pour prendre le tout qu'on poursuit.

On a fait un crime abominable à M. Gambetta d'avoir appelé
à de hautes fonctions des hommes qui avaient professé jadis
des opinions antirépublicaines, comme si tous les républicains, ou qui se disent tels, étaient des républicains - nés ;
comme s'ils n'étaient pas, au contraire, en immense majorité,
des légitimistes, des orléanistes et des bonapartistes ralliés,
des bonapartistes surtout ; comme si les idées politiques et
religieuses étaient des idées innées ; comme si on naissait
avec telle idée et telle doctrine imprimées dans le cerveau ;
comme si les opinions politiques et les croyances religieuses
n'étaient pas un fait d'éducation, de modifications et d'évolutions mentales ; comme si la plupart des républicains d'aujourd'hui n'étaient pas des monarchistes d'hier ! Et combien
parmi ceux qui restent encore fidèles à l'un des divers pré-
tendants au trône, et combien parmi ceux qui sont pieusement attachés à la foi religieuse de leurs pères, parce qu'ils ont
été élevés dans ces principes par des gens imbus des préjugés
et des superstitions dont ils ont rempli leur cerveau, seraient
des républicains ardents et peut-être des libres-penseurs, s'ils
avaient été élevés par des hommes qui, affranchis de tout pré-
jugé, de toute idée fausse ou chimérique, leur auraient ensei-
gné les saines doctrines morales et politiques, fondées sur des
idées positives, sur la science et la philosophie expérimentales
et rationnelles, à l'exclusion de toute idée abstraite, de toute
spéculation métaphysique, de toute recherche de l'absolu et de
toute superstition religieuse ? Et, par contre, combien de nos
farouches républicains et de nos libres-penseurs qui seraient

des zélés monarchistes et des fervents dévots, s'ils avaient eu le malheur d'avoir été élevés par les jésuites ou par toute autre congrégation religieuse ?

Or, si les idées de liberté, de droit, de justice, de tolérance, de générosité, d'égalité, de fraternité et de solidarité entre les hommes et entre les peuples, qui sont les facteurs moraux du progrès et de la civilisation, ne sont que le produit ou la résultante de l'éducation, de la modification et de la transformation de l'âme humaine, il faut de toute nécessité qu'on arrache l'enseignement, l'éducation et l'instruction des enfants de la France des mains des jésuites et de toutes les congrégations religieuses qui pervertissent la jeunesse en lui remplissant le cerveau d'idées contraires à la raison et au bon sens, d'idées fausses, superstitieuses, égoïstes, intolérantes, antilibérales et antihumaines ; des idées d'un autre âge, et qui sont un anachronisme moral et les facteurs de préjugés absurdes et idiots, réprouvés et repoussés par notre temps. Il faut qu'on organise grandement, largement, solidement sur une vaste échelle l'enseignement national, laïque, gratuit et obligatoire, affranchi de toute influence cléricale et de tout enseignement religieux, qui doit être du domaine exclusif du prêtre ; de manière à faire des enfants de la France, des souverains futurs de la nation, des hommes de cœur et d'intelligence, des pères de familles laborieux et honnêtes, des citoyens instruits, sans préjugés et sans superstitions, dévoués à la République, à la liberté et à la patrie.

Alors on ne verra plus ou on verra peu notre belle France attristée par les frocs noirs et lugubres de moines, hypocrites et paresseux, ni par les voiles plus ou moins sombres qui cachent et étiolent la jeunesse et la beauté de gracieuses et ravissantes jeunes filles sacrifiées à la superstition, victimes de l'ignorance, et qui seraient de bonnes mères de famille si l'on n'avait pas perverti leur cœur et leurs instincts, toutes leurs facultés intellectuelles et affectives. Alors on ne verra plus ou on verra peu de ces êtres neutres dans l'humanité, de ces pères sans famille, stériles de labeur, de produit et de vie ; des citoyens sans patrie, dévoués aux superstitions, aux préjugés et au pape.

Mais, par amour de l'humanité, de l'éternelle justice et de la saine morale universelle, par amour de la République, de la liberté et de la patrie, soyons tolérants ! Soyons tolérants les uns envers les autres ; respectons les opinions et les croyances sincères d'autrui si nous voulons qu'on respecte les nôtres, que nous n'avons pas le droit d'imposer à personne, mais seulement le devoir de les faire partager aux adversaires par la persuasion s'il nous est possible, comme eux ont le droit de nous faire partager les leurs de la même manière, s'ils le peuvent. Guérissons-nous de cette mauvaise maladie morale, de cette vile, basse et hideuse passion qui s'appelle l'intolérance politique et religieuse, dont l'âpreté et la ténacité en font un de nos plus grands défauts! un de nos plus grands vices! un de nos plus grands malheurs! l'élément le plus dissolvant de l'union et de la fraternité patriotique!

Comment! M. Gambetta serait coupable d'avoir appelé à de hautes fonctions des Français d'une haute valeur, qui ont servi honorablement et brillamment leur pays, et qui sont capables de lui rendre les plus grands services qu'il peut attendre de ses plus vaillants enfants? Quoi! des Français éminents entre tous, incontestablement utiles et peut-être nécessaires, sinon indispensables aux plus grands intérêts de la patrie, seraient frappés d'ostracisme, parce qu'ils auraient eu jadis des idées antirépublicaines? Tandis que, parmi les accusateurs les plus violents de M. Gambetta, pour ce fait monstrueux, se trouvent des députés nommés par le souverain, par le suffrage universel, qui, au temps de l'empire, les uns ont sollicité humblement des emplois auprès de l'assassin de la République et de la Liberté, d'autres étaient les courtisans assidus de la famille du parjure liberticide. Et parmi ces vils courtisans de l'empire, se trouvait ce publiciste fameux qui, nouveau converti à la République, mais zélé comme tous les néophytes, se dit scandalisé par la nomination de M. de Miribel et de M. Weiss, lui qui fut naguère le plat adulateur du prince Napoléon, qu'il qualifiait emphatiquement de César déclassé par le sort! Et d'autres de ces sévères censeurs qui ne sont que Français d'hier, et qui, sous un prétexte ou sous un autre, ont toujours refusé de servir la France et de faire leur devoir de citoyen français!

Et lorsque le suffrage universel, le souverain ou le peuple, si l'on aime mieux, nomme députés ou conseillers municipaux ces gens-là, et bien d'autres d'une honorabilité plus ou moins douteuse, ce dont je ne félicite ni le suffrage universel ni la catégorie de monde qui les nomme et qu'on appelle essentiellement le peuple, M. Gambetta, chef responsable du pouvoir, n'aurait pas eu le droit et même le devoir, dans un intérêt majeur du pays, comme il le croyait, il n'aurait pas eu le droit et le devoir de confier des fonctions, très-élevées sans doute mais politiquement inférieures à celles de député et de conseiller municipal de Paris, à des hommes éminents, de la plus grande valeur scientifique, technique, administrative et diplomatique, qui ont des droits acquis, la plus grande honorabilité et qui joignent à leur grande érudition, à un profond savoir en tous genres, une vaste intelligence des affaires dont on les chargeait, et un amour immense de travailler sans relâche pour servir glorieusement la patrie ?

Et n'était-ce pas plutôt un devoir strict pour le grand patriote de gagner, de rallier à la République des hommes d'un aussi haut mérite, dans l'intérêt majeur et bien entendu du pays ? Sommes-nous si riches en hommes supérieurs, pour tenir à l'écart des hommes de cette valeur et de cette importance et pour priver la patrie de leurs services exceptionnels, parce que ces hommes n'ont pas été élevés au biberon de la République, ou parce qu'ils n'ont pas appris de bonne heure le *Credo* républicain ? Est-ce parmi les accusateurs de M. Gambetta qu'on trouverait des hommes possédant les qualités nombreuses et hors ligne de ces hommes d'élite ? Qualités rares qu'on trouverait peut-être difficilement parmi le plus grand nombre de nos législateurs dont tout le mérite est le plus souvent dans le vote plus ou moins éclairé et plus ou moins libre de l'arrondissement qui les nomme et auquel ils restent inféodés pour être réélus. Comment ! M. Gambetta serait coupable d'avoir nommé, sous sa responsabilité et dans l'intérêt du pays, chef de l'état-major général M. de Miribel ? l'éminent stratégiste, le savant et laborieux homme de guerre, le plus savant et le plus laborieux peut-être que la France possède à cette heure ? Il serait coupable d'avoir nommé secrétaire d'État aux affaires étrangères M. Weiss ? l'un des plus grands publicistes de notre temps, l'un des plus érudits en diplomatie internationale et dont les idées et les convictions libérales qu'il a professées toute sa vie ont toujours été et sont sans doute plus vraies, plus sincères et plus désintéressées que celles de beaucoup de bruyants néophytes de la foi républicaine ?

Et pourquoi cette aversion, cette haine, cette persécution contre ces hommes éminents ? parce qu'ils n'ont pas, ou parce qu'ils n'ont pas toujours eu les idées politiques qu'affichent, avec plus ou moins d'ostentation, avec plus ou moins de sincérité et de calculs ambitieux, certains publicistes et certains députés dont beau nombre sont convertis d'hier à la République ? Ou parce que ces hommes éminents se respectent trop pour

crier, à tous les vents et à tous les échos, qu'ils sont les plus
chauds, les plus purs et les plus dévoués des républicains,
comme font leurs jaloux et injustes accusateurs ? Comment !
M. Gambetta serait coupable d'avoir confié des hautes fonctions à des hommes de haut mérite, parce que ces hommes,
qui ont trop de cœur, trop de loyauté, trop d'honneur et de
dignité pour être vils, lâches et hypocrites, ne disent pas qu'ils
adorent la République, qu'ils vénèrent Marat, Robespierre et
Danton et ne crient pas, par portes et fenêtres, anathème aux
monarchistes, aux cléricaux et à tous ceux qui n'ont pas témoigné jusqu'ici beaucoup de sympathie et de tendresse pour la
République ?

Quoi ! quand le souverain, qu'on appelle le peuple, a pu avoir
la mauvaise inspiration, l'égarement ou la sottise de confier,
pour un temps, ses lois, sa fortune, sa liberté, ses droits, sa
dignité, son honneur, sa destinée et la vie de ses enfants aux
citoyens Tony Révillon, Bonnet-Duverdier, Maret, Sigismond
Lacroix et tant d'autres qui le méritent aussi peu, M. Gambetta n'aurait pas eu le devoir strict de faire acte d'intelligence, de bon sens et de sagesse, il n'aurait pas eu le droit
de donner sa confiance à des hommes qu'il savait la mériter et
qui en étaient dignes à tous égards ? Et faudrait-il à des hommes de la valeur de M. de Miribel et de M. Weiss un certificat
de civisme délivré par ces très-grands et très-honorables citoyens du puritanisme démocratique, que nous avons nommés,
ou par leurs amis ou leurs congénères, pour qu'ils puissent continuer à servir leur pays aussi honorablement et aussi brillamment
qu'ils l'ont servi jusqu'ici ; pour qu'ils puissent concourir efficacement à la prospérité et à la grandeur matérielle et morale
de la chère patrie qu'ils aiment certainement plus que ne l'aiment ces apôtres du cosmopolitisme, ces destructeurs des frontières des peuples, ces citoyens du monde, et, par suite, étrangers à toutes les nations et n'ayant d'amour pour aucune, en
voulant les aimer toutes d'une égale tendresse, comme savent
et peuvent aimer les cœurs largement ouverts à tout le
monde ?

Faudra-t-il que, n'ayant pas eu le bonheur de naître républicains ni celui de le devenir à temps, comme beaucoup de
leurs avisés dénonciateurs, ces grands et nobles enfants de
cette France qu'ils aiment, qu'ils ont servi avec éclat et qu'ils
veulent servir avec dévoûment, faudra-t-il qu'ils reçoivent de
ces nouveaux apôtres, inspirés et fervents, le baptême de la

nouvelle loi qu'ils révèlent, pour être admis dans le giron de leur Église, pour être autorisés à servir dignement et fidèlement la République, et pour avoir, plus tard, l'ineffable bonheur de jouir de la félicité suprême des champs élyséens de la démocratie pure et universelle que ces oracles infaillibles promettent à leurs adeptes? Tandis que les païens, les impies, qui n'auront pas été initiés aux mystères révélés par ces grands-prêtres d'une nouvelle Éleusis, seront repoussés du cercle des élus, réprouvés, damnés pour l'éternité et confinés pour toujours dans les limbes, sinon dans le Tartare, pour n'avoir pas connu la vraie foi démocratique! Veulent-ils, ces grands réformateurs des hommes et des choses humaines, veulent-ils faire de la République une société de sectaires, de laquelle seraient exclus tous ceux qui n'auraient pas subi l'épreuve terrifiante de l'initiation aux doctrines ésotériques de la secte? Oui! Veulent-ils faire de la République un couvent de moines fanatiques et intolérants, fermé à tous les Français qui n'auraient pas fait un long noviciat et n'auraient pas montré au prieur la piété, l'humilité et la soumission exigée par l'orthodoxie de la règle?

Quoi! quand des hommes comme M. de Miribel et M. Weiss, quand des Français de cette valeur acceptent un poste d'honneur et s'engagent à servir loyalement la République et la patrie, qu'ils ont déjà servie, M. Gambetta et ses collaborateurs auraient eu besoin de fouiller leur passé et leur conscience pour s'assurer s'ils conservaient encore, dans les replis de leur âme, quelques préférences pour un autre régime politique que celui de la République? Aurait-il fallu que M. Gambetta se fît le grand inquisiteur politique de tous les fonctionnaires et, qu'au besoin, il employa la torture pour leur faire avouer leurs sentiments politiques intimes?

Ah! si l'on pouvait faire une pareille autopsie psychologique de la conscience des députés républicains, ou se disant tels, si l'on pouvait connaître le degré d'intensité de leur foi politique, combien dont on trouverait l'âme vide de convictions et qui ne se sont faits, ne sont et ne se disent républicains, que parce que, mal assis, ils ont cherché là un siège commode, qu'ils ne pouvaient trouver ailleurs, pour s'y asseoir. Combien qui se disaient les plus dévoués à la démocratie, qu'on croyait les meilleurs et qui ont tourné le dos à la République sitôt que le vent contraire leur paraissait prévaloir et être plus favorable à leurs intérêts, trouvant insuffisant pour eux le profit qu'ils pouvaient tirer de la pauvre délaissée qui a eu le bon esprit de s'en consoler facilement ?

Oui ! combien de ces ardents et purs républicains qui, affamés d'honneurs et de profit, se sont parjurés sans pudeur et ont affiché cyniquement leur apostasie en se faisant transfuges comme des valets infidèles ?

Je pourrais vous en citer des milliers, mon cher monsieur Olimagli, de ces pseudo-républicains dont les convictions sont des appétits, comme il y en a du reste dans votre parti et dans tous les partis, de ces ambitieux égoïstes et sans foi, mais je me contenterai de vous en nommer seulement quelques-uns des plus illustres de ces flibustiers politiques, de ces spéculateurs éhontés, qui sont allés de la Répnblique rouge à l'Empire, au cléricalisme, à la légitimité ou à l'orléanisme. C'est ainsi qu'a fait le trop fameux Emile Olivier, l'homme au cœur léger, qui avait l'impudence d'accuser mensongèrement l'honnête Garnier-Pagès d'avoir trahi le peuple, toujours le peuple, pour le déconsidérer auprès d'une certaine catégorie des électeurs de Paris, qui vont toujours, non à celui qui veut sincèrement faire le bien, mais à celui qui crie le plus fort ce mot pompeux de *peuple* et surtout de *peuple trahi*. C'est ainsi qu'a fait Darimon, l'homme à la culotte de cour, l'élève du paradoxal Proudhon, l'ami de ce grand démolisseur, qui ne sut jamais formuler que des doctrines absurdes et des théories impraticables ; c'est ainsi qu'a fait l'ambitieux égoïste et vain, autant que mielleux, Jules Simon, l'homme du devoir et de la politique radicale ; c'est ainsi qu'a fait l'austère philosophe Vacherot, l'homme de la démocratie et du dieu idéal ; c'est ainsi qu'a fait Laurier, l'homme à l'emprunt Morgan ; et c'est ainsi qu'ont fait tant et tant d'autres, que je pourrais nommer pour l'édification des simples et des imbéciles qui ont foi au mot ronflant dont on les enivre.

Combien j'en ai connu de ces farouches républicains qui, sous Louis-Philippe, faisaient partie de la société insurrectionnelle des Droits de l'homme à laquelle j'avais refusé d'être affilié, non sans dégoût et sans dédain, indigné que j'étais de pareille proposition, moi qui ai toujours voulu le respect de la loi quelle qu'elle fût, moi qui n'ai jamais voulu que la propagation des idées, au grand jour et par la persuasion pacifique, moi qui n'ai jamais voulu me mêler à aucune société ni à aucune réunion politique où l'on débite plus d'absurdités et de sottises que de bon sens et de raison, moi, en un mot, qui ai toujours eu en

7

horreur les conciliabules dans l'ombre, la rébellion et la violence, quelque justes qu'elles puissent paraître ! Combien j'en ai connu, dis-je, de ces puritains de la démocratie échevelée, qui se faisaient appeler Brutus, Cassius, Marat, Danton ou Robespierre et qui, en Quarante-Huit, voulaient renverser la statue de Louis XIV, sur la place Bellecour, parce qu'elle était, disaient-ils, l'image de la tyrannie, et dont je ne pus en calmer un, pour ma part, qu'en lui disant, non sans rire, eh lui disant de jeter dans le Rhône toutes les pièces de monnaie qu'il possédait et qui étaient maculées de l'image d'un tyran quelconque ?

Et, après le criminel et infâme attentat de Louis Bonaparte, ces purs républicains, farouches jusqu'au vandalisme, qui est toujours une de leurs manières d'opérer pour réédifier la société, ils se faisaient, les uns les dénonciateurs de leurs anciens coreligionnaires restés fidèles à la République, les autres, qui n'étaient pas encore dans la police sollicitaient pour y entrer ; et ceux dont la position de fortune avait changé, par le commerce, par des héritages ou de toute autre manière, avaient modifié l'ardeur de leurs idées et la rigueur de leurs principes républicains en sens inverse du degré plus ou moins élevé de leur fortune et faisaient l'éloge du parjure et du traître, avec plus ou moins de chaleur et d'enthousiasme, selon que leur situation nouvelle était plus ou moins brillante. Tel se montrait, après le Deux-Décembre, l'un de ces anciens purs de la démocratie militante, l'un de la phalange démagogique qui voulait renverser le cheval de bronze, celui que j'avais calmé avec la douche métallique, en lui disant de jeter sa monnaie au Rhône, le même qui m'avait traité de républicain à l'eau de rose, parce que je n'avais pas voulu entrer dans leur société, et de réactionnaire, parce que j'étais lié d'amitié avec des légitimistes, des bonapartistes et des orléanistes honorables, et qui était devenu, lui, bonapartiste ardent, après le coup d'État et après un petit héritage qu'il avait fait. Celui-là me répondait avec une certaine emphase, quand je lui rappelais, en riant, son ancien nom de Brutus et son ancienne ardeur républicaine, il me répondait qu'il aimait Louis Napoléon parce qu'il avait tenu haut et ferme le drapeau de son pays en faisant l'expédition de Rome, où l'ancien carbonaro, l'ancien insurgé contre le pape, avait fait assassiner la République naissante, enfant de la nôtre qu'il étrangla plus tard.

Ils oublient tout cela, les républicains farouches qui ont été scandalisés, indignés, ahuris par la nomination de MM. Weiss et de Miribel; ils oublient tous les républicains transfuges qui ont renié et trahi la République, plus que ne l'ont trahie les monarchistes ralliés, qui seraient peut-être disposés, eux aussi, à suivre l'exemple de ces renégats si leurs intérêts et leur vanité y trouvaient leur compte. Ils oublient aussi, quand ils reprochent à des hommes d'honneur et de grand mérite leurs anciennes opinions monarchiques, ils oublient qu'ils avaient acclamé naguère, comme président de la République, le regretté M. Thiers qui, jadis, avait fait massacrer impitoyablement les champions de la République, dans la rue Transnonain, et ils oublient qu'ils l'ont accompagné pieusement à sa dernière demeure avec tous les démocrates de Paris et les délégués de toute la France, après qu'il avait fait mitrailler leurs amis de la Commune. Ils oublient, ces démocrates austères, qu'ils avaient accepté sans dire mot, il n'y a pas longtemps, comme ministre de la marine, dans un cabinet composé des mêmes hommes que celui qu'ils patronnent aujourd'hui, un amiral qui avait affiché, au Seize-Mai, des opinions antirépublicaines. Il est vrai qu'un président de la République et un ministre de la marine ne sont pas si dangereux pour la République et pour la liberté qu'un sous-secrétaire d'État et un chef d'état-major général ! Oh ! que les passions égoïstes de l'ambition, de la jalousie, de la vanité et de la rancune rendent les hommes stupides, lâches et sans pudeur !

Quoi ! si tous ceux de nos hommes éminents, si tous ceux de nos sommités scientifiques, littéraires, industrielles, politiques, militaires, administratives, artististiques et judiciaires qui se sont montrés jusqu'ici plus hostiles que sympathiques à la démocratie et aux républicains, offraient leurs services à la République en bons et loyaux patriotes, ils seraient ou devraient être repoussés par les démocrates sages et dévoués qui gouverneraient la République ? parce que ces grands esprits, force et lumière de la patrie, déplaireaient à certains vieux courtisans de l'Empire, aux familiers de la princesse Mathilde et du prince Napoléon ; aux amis et aux complices des incendiaires de Paris et des assassins des otages ; aux médiocrités jalouses et avides ; à tous les imbéciles qui marchent avec ces gens-là à l'assaut de la position lucrative et honorifique qu'ils convoitent et qu'ils poursuivent ? Mais s'ils ne veulent ou ne peuvent être ni désintéressés, ni sincères, ni justes, ni dévoués patriotes, ces proscripteurs de tous ceux dont les grandes qualités portent ombrage à leur mesquine ambition et offusquent leur petite vanité, qu'ils soient au moins conséquents, s'ils peuvent l'être, et qu'ils chassent de leur Église les intrus mécréants qui s'y sont glissés en changeant de livrée ! Disons donc, mon cher Monsieur Olimagli, disons qu'en nommant MM. de Miribel, Weiss et quelques autres hommes distingués et méritants qui ne portaient pas les chevrons des vieux républicains, M. Gambetta a fait de la politique grande et libérale, de la politique d'équité, d'apaisement et de concorde ! Oui ! nul homme de bonne foi ne peut mettre en doute que le grand patriote a fait de la politique éminemment sage, patriotique et nationale, en prenant ces hommes pour ce qu'ils étaient, pour ce qu'ils valaient et pour les services qu'ils pouvaient rendre au pays, sans trop scruter ce qu'ils pensaient de la République et sans donner trop d'importance à ce qu'ils en avaient pu penser jadis ; pourvu qu'il fût assuré qu'ils la serviraient fidèlement et loyalement.

Oui ! cet esprit de tolérance et de conciliation patriotique, qui caractérise M. Gambetta et sa politique, cette grande et noble manière de rompre avec un exclusivisme inintelligent, idiot, inique et anti-national, ce sentiment de justice et de convenance, cette grande pensée de sagesse et de magnanimité qui voulait et veut ouvrir, à deux battants, les portes de la République à tous les hommes de cœur, d'intelligence et de bonne volonté, qui veulent venir à elle, pour la servir loyalement, l'honore lui et sa politique, qui est la politique grandiose et véritablement nationale. Car, que les brouillons le sachent bien, cette politique de justice, d'union, de paix, d'égalité et de fraternité entre les citoyens, est la seule politique qui convient au caractère noble, généreux et chevaleresque de notre magnanime nation, qui ne peut haïr longtemps, qui oublie facilement et vite les injures et le mal qu'on lui a faits, et bien souvent hélas ! elle oublie le dévoûment, les services et les bienfaits des bons citoyens ! Sans doute ce serait une imprudence et une faute impardonnable de laisser ou de mettre les administrations de la République entre les mains de dangereux ennemis ouvertement ou sourdement hostiles, et M. Gambetta a été des premiers à demander qu'on les débarrasse de ces malveillants serviteurs, comme le prouvent surabondamment toutes ses déclarations et tous ses projets de réforme.

Mais les hommes d'élite qui, loin de se montrer hostiles à la République, à cette heure, acceptent de la servir loyalement, c'était et serait une immense conquête pour la République, et c'aurait été et serait une faute grave, une faute coupable de la priver de leurs services d'immense valeur, par un exclusivisme stupide, plus passionné et haineux que libéral et patriotique.

Certes, Napoléon, le premier, le grand, qui a été l'idole de notre jeunesse, à nous tous ses compatriotes insulaires, qui étions superbement fiers, infatués et sottement orgueilleux de sa retentissante renommée et de son éblouissante mais fallacieuse gloire, comme si chacun de nous en recevait l'éclat d'un rayon, Napoléon n'était ni doux ni tendre pour les vieux républicains qui avaient fait une virile et énergique opposition à sa dictature et à son élévation à l'empire, et il fut souvent, trop souvent, injuste et horriblement cruel envers eux, comme l'attestent les nombreuses victimes qu'il sacrifia à sa haine et à son ambition, tels que le brave et énergique Rossignol et ses compagnons d'infortune qui moururent, en le maudissant, à Angouan, où il les avait fait transporter, innocents de l'attentat dont il les accusa injustement, pour s'en débarrasser; comme il fit fusiller le jeune et inoffensif duc d'Enghien, parce qu'il portait ombrage à son ambition dévorante; comme il faisait moisir en prison l'énergique et audacieux Malet qui, son prisonnier, eut l'insigne honneur de mettre, à lui seul, son immense puissance en péril; comme il fit jeter au bagne de Toulon, avec des galériens, notre compatriote Poggi, di Zevaco, parce que, procureur de la République à Ajaccio, il avait eu le courage, lui seul des magistrats de la Corse, de voter non sur les fameux registres !!!

Eh bien! Napoléon, qui connaissait les immuables sentiments républicains du grand Carnot, qui savait qu'il avait voté, lui deuxième, contre le consulat à vie, et, lui seul, contre l'Empire, mais qui connaissait aussi son immense valeur, son ardent patriotisme et son inaltérable loyauté, Napoléon, le grand ambitieux, l'assassin de la République et de la liberté, mais qui était aussi un grand génie, Napoléon, despote orgueilleux et féroce, Napoléon, meurtrier et proscripteur des républicains, s'honora un jour et racheta une partie de ses méfaits en inclinant sa toute-puissance devant le rigide et incorruptible républicain, en abaissant sa superbe devant le grand patriote, devant l'austère et dévoué citoyen, pour lui dire de demander tout ce qu'il voudrait, quand il le voudrait et comme il le voudrait! Carnot, le vertueux Carnot, le fier et inflexible républicain, ne demanda rien et n'accepta rien, tant que Napoléon fut à l'apogée de sa toute-puissance ; mais après avoir pleuré sur les ruines de sa chère France, ravagée et ensanglantée par les hordes barbares de toute l'Europe coalisée, qui purent la vaincre en l'étouffant sous le nombre, et redoutant la terrible humiliation, la honte ineffaçable et les malheurs effrayants et sans nombre d'une seconde invasion pour sa patrie, qu'il aimait encore plus que sa foi politique, plus que le juste sentiment de son amour-propre et de la dignité de son indépendance, il offrit sa vaillante épée au despote liberticide qu'il abhorrait, et qui fut assez grand pour l'accepter ! s'honorant ainsi tous deux, comme deux grands génies qu'ils étaient, dignes l'un de l'autre, si l'ambition n'avait pas amoindri le plus grand !

Et lorsque Napoléon fut vaincu pour la seconde fois, et avec lui la patrie, le grand, le magnanime patriote, le vaillant Carnot qui avait tant de fois décrété la victoire, fait trembler et vaincu l'Europe, avant Bonaparte, Carnot, l'indomptable Carnot pleura de nouveau comme un enfant ! Oh ! il ne pleurait pas la chute de Napoléon, qu'il n'avait jamais aimé, l'intègre et vertueux républicain, et qu'il détestait d'autant plus qu'il avait ameuté, contre sa chère France, toute l'Europe dont il avait fait, pendant quinze ans, son champ de bataille et son charnier, et qui, par suite, était la cause de tous les maux du pays, mais il pleurait la chute et les malheurs irréparables de la patrie, qui alors était incarnée dans le despote dominateur qui l'avait asservie !

Or, si le tout puissant autocrate Napoléon accepta les services du rigide républicain Carnot, pourquoi le républicain libéral Gambetta aurait-il privé la France des services de M. de Miribel, qui serait, croit-on, notre nouveau Carnot, comme homme de guerre ? devait-il et pouvait-il violenter sa conscience de patriote dévoué, et tenir à l'écart un tel homme, parce qu'il n'avait pas eu ou n'avait pas encore les mêmes idées politiques que lui ?

Vous trouverez, sans doute, bien longues et bien fatigantes ces redites sur le même objet, mon cher Monsieur Olimagli ; mais l'injustice, l'ingratitude et l'intolérance qui m'attristent et m'affligent toujours en toute chose, me donnent la fièvre et me font divaguer quand il s'agit d'injustice et d'intolérances politiques et religieuses, qui violent la pensée, la conscience et la raison, la liberté et les droits de l'homme, qui dégradent et rabaissent la dignité de l'âme humaine, qui sèment la défiance, l'antipathie et la haine entre les citoyens, et qui enfantent les guerres impies et fratricides dont les fureurs, le plus souvent implacables et inextinguibles, ruinent toute union, toute harmonie, tout amour et tous sentiments généreux et patriotiques !

En considération de cette sollicitude pour la dignité et la grandeur morale de l'homme et de la patrie, que vous sentez aussi vivement que moi, aucun qui vous connaît ne saurait en douter, j'ose espérer que vous m'accorderez les circonstances atténuantes, et que vous serez assez indulgent pour me pardonner l'ennui que peut vous causer ce verbiage ressassé de vieillard, si toutefois vous avez le courage de le lire ; ce dont je ne vous en fais pas une obligation.

On accuse aussi M. Gambetta de rêver des aventures guerrières, et surtout de vouloir la guerre de revanche avec l'Allemagne. Accusation stupide autant que calomnieuse, malveillante et de mauvaise foi ! Car les Chambres seules, sous la République, ont le droit de faire la guerre ; elles seules peuvent disposer de l'or et des enfants de la France, et nul autre que la représentation nationale ne peut disposer de notre fortune ni du sang et de la vie de nos enfants, sans forfaiture de haute trahison ! Or, comment M. Gambetta pourrait-il nourrir la folle pensée de faire la guerre au colosse allemand, lui qui n'a, en définitive, que sa parole et son vote de député ? Est-ce en usant de l'influence de son immense popularité si justement acquise ? Mais si la France l'a écouté et l'a suivi, si elle a donné sans compter son or et son sang lorsqu'il l'appelait au suprême combat pour se défendre, pour défendre sa dignité, ses foyers, ses dieux lares, la pureté de ses filles, l'honneur de ses femmes, son existence morale et matérielle de grande nation, pendant qu'il luttait, lui, avec un indomptable courage, avec un dévoûment sans limites, avec l'énergie du désespoir patriotique, pour défendre son sol, pour chasser de ce sol sacré de sa chère patrie le barbare et cruel envahisseur qui le souillait de sang et d'immondices, à la place des trésors dont il le dépouillait ! La France ne l'écouterait pas, la France ne le suivrait pas, elle ne lui donnerait ni un homme ni un écu ; elle lui retirerait toute confiance, toute estime et tout crédit, s'il avait la mauvaise pensée de vouloir la pousser ou l'entraîner à une guerre de revanche ou de conquête.

La France a payé trop cher sa faiblesse ou sa folie d'avoir attaché sa destinée à un nom qui n'avait plus et ne pouvait plus avoir qu'une valeur négative et funeste pour elle, s'il lui fut jadis d'une immense valeur effective, malgré le cortége de malheurs qu'il traînait avec lui ; elle a été trop cruellement punie de s'être laissé entraîner follement, par un Napoléon d'emprunt, dans une guerre terrible, sans préparation, sans les moyens nécessaires ou du moins suffisants pour tenir tête à son redoutable ennemi, sinon pour le vaincre ! Et cela pour satisfaire son orgueil insensé, dans l'intérêt de sa dynastie napoléonienne et pour flatter la vanité folle de sa femme, prise de vertige, par la trop grande et trop subite élévation où le sort l'avait portée. Maintenant la terrible leçon a chassé pour toujours du cerveau de la France le vieux levain de chauvinisme batailleur qui la poussait aux aventures et aux folies guerrières ; maintenant elle n'a plus à obéir aux caprices d'un despote qui la sacrifiait à son ambition, à sa vanité et à ses plaisirs ; maintenant elle est maîtresse de sa destinée et elle ne se jettera pas dans des aventures sanglantes pour satisfaire un orgueil national mal entendu, pour satisfaire la passion malsaine d'une vengeance insensée ! Elle a trop besoin de se relever de son horrible chute, elle a trop besoin de se refaire et d'affermir les institutions républicaines qu'elle s'est données et, partant, elle a trop besoin de paix et de tranquillité, elle a trop besoin de repos et de sécurité, pour vouloir tenter les aventures guerrières. Elle a mieux à faire que de rechercher une puérile et incertaine satisfaction dans une revanche homicide ; elle a à travailler avec courage à son relèvement, à sa prospérité, à son élévation pour atteindre aux splendeurs éblouissantes où sa destinée et ses institutions démocratiques l'appellent, si elle sait les maintenir et les développer avec la sagesse et l'union fraternelle et patriotique de tous ses enfants.

Oui ! dans les conditions matérielles et morales, dans la situation d'esprit, de corps et de volonté où la France se trouve, elle considérerait, avec juste raison, comme l'ennemi de la paix publique, l'ennemi de sa prospérité et de sa grandeur tout homme, petit ou grand, qui parlerait de revanche et qui, nouveau Caton, prononcerait à tout propos et hors de propos le *delenda Carthago !* M. Gambetta est trop intelligent, il a trop de perspicacité, trop de bon sens et trop de sagesse politique pour vouloir se dépopulariser, pour vouloir se suicider ainsi dans l'esprit et dans le cœur de la France en jouant ce rôle de matamore et de capitaine Fracasse, si peu digne de lui et peu digne de la grande confiance que le pays a mise dans la haute sagesse de sa politique, dans son esprit, dans ses

principes et dans ses doctrines éminemment sensés et pratiques.
Il est trop bon républicain et trop bon patriote pour vouloir
compromettre l'avenir de la république, la paix, le repos et la
sécurité du pays, la prospérité et la grandeur de la patrie, pour
obéir au juste mais méprisable ressentiment du noble orgueil
national cruellement blessé, et pour satisfaire un vil sentiment
de vengeance indignes, l'un et l'autre, d'un peuple généreux et
magnanime, d'une grande et vaillante nation !

Sans doute M. Gambetta, comme tous les bons patriotes, a
pleuré des larmes brûlantes et amères l'amputation de la patrie,
la perte de nos frères d'Alsace-Lorraine et, plus que tout autre,
il en a senti la poignante douleur, lui qui les a défendus en
luttant énergiquement corps à corps avec le ravisseur ! Mais
ni M. Gambetta, ni aucun autre patriote sincère, ne voudrait
reprendre par la force, à cette heure, au risque de la déchirer
encore, la belle et gracieuse fille, la chère et affectueuse enfant
de la France, que l'impitoyable vainqueur nous a violemment,
brutalement et cruellement arrachée toute meurtrie, échevelée
et sanglante, malgré son héroïque résistance à se séparer de
nous, malgré ses pleurs et ses sanglots, malgré sa douleur
déchirante qu'elle n'oubliera jamais comme elle n'oubliera
jamais la tendre mère-patrie, vers laquelle elle tourna et tour-
nera toujours ses beaux yeux attendris et ses vaillantes mains
filiales et fraternelles pour rencontrer les nôtres qui, comme
nos cœurs, seront toujours tournées vers elle, la sœur chérie,
séparée de nous, mais non perdue ! Car, si le cruel ravisseur
nous a enlevé son beau corps, il n'a pu nous enlever sa belle
et chère âme qui est restée toute entière avec nous et qui
nous ramènera plus tard son corps et le sol qui le porte !

Non, personne ne veut jeter de nouveau la France dans les
spasmes, dans les tourments, dans les horribles convulsions de
la guerre ; personne ne veut rouvrir sa plaie profonde et douloureuse, mal cicatrisée et saignant encore, pour l'espoir incertain d'y souder le membre amputé, au risque de la faire périr
par le tétanos ou de la faire descendre du rang élevé qu'elle
occupe dans les sphères morales, matérielles et politiques du
monde ; et qu'elle occupera toujours en s'élevant encore et sans
cesse, si elle est sage et bien conduite. Oui ! avec la paix et la
liberté elle s'élèvera comme un phare lumineux qui rayonnera
toujours sur le monde, comme elle a rayonné jusqu'ici, les
idées de progrès, de civilisation, de liberté et de justice, tous
les nobles sentiments de dévoûment, de générosité, d'égalité,

de fraternité et de solidarité entre les hommes et entre les peuples.

Non ! non ! personne en France, s'il aime son pays et s'il n'est pas fou, personne ne veut et ne peut vouloir la chose monstrueuse et exécrable qui s'appelle la guerre ! Les peuples, comme les individus, dans le monde civilisé de nos jours, doivent s'aimer et s'entr'aider fraternellement et non s'entr'égorger comme des bêtes féroces ! Et c'est une honte pour la civilisation et pour l'humanité que, par ce temps où rayonnent avec tant d'éclat les lumières de la science et de la liberté, les peuples civilisés, ou qui croient l'être, écoutent encore leurs despotes intéressés, pour entretenir entre eux les haines de race et l'antagonisme d'influence et de domination, toujours prêts à se massacrer les uns les autres, en faisant servir les plus formidables découvertes de la science à leur destruction réciproque ; au lieu de les faire servir exclusivement à leur prospérité et à leur grandeur commune, à la prospérité et à la grandeur de l'humanité.

Chose horrible à penser et hideuse à voir ! On exerce en Europe du matin au soir, et du commencement à la fin de l'année, plus de six millions d'hommes, pour leur apprendre à s'entre-détruire le plus possible et le plus rapidement possible ; au lieu de leur apprendre à se connaître, à s'estimer, à s'aimer, à s'entr'aider, à travailler et à produire le mieux et le plus vite possible, pour le progrès et la civilisation, pour le bonheur des uns et des autres et pour celui de l'humanité toute entière.

Mais un temps viendra, et il n'est pas éloigné, il faut l'espérer, où les peuples, mieux éclairés et mieux inspirés, sur leurs véritables intérêts moraux et matériels, sur leurs droits et leurs devoirs, finiront, ceux de l'Europe du moins, ils finiront par former entre eux la sainte alliance des peuples, chantée par le poète, à la place de la liberticide et maudite alliance de leurs oppresseurs, qu'ils feront descendre de l'Olympe où ils les ont follement et bêtement placés, et d'où ces divinités de la terre les écrasent avec les foudres qu'ils fournissent eux-mêmes à ces Jupiters tonnants. Car ils n'ont d'autre force que celle que leur prêtent les peuples stupides qu'ils oppriment, en faisant égorger le père par le fils, le frère par le frère et l'ami par l'ami.

En attendant la confédération des peuples de l'Europe et la formation d'un tribunal suprême international, prêchés et tant désirés par tous les amis de la paix, de la liberté, du progrès

et de l'humanité, en attendant que les peuples se débarrassent
des vampires ou des parasites qu'ils nourrissent du plus pur de
leur sang, quelquefois forcés, le plus souvent bénévolement
et même avec amour, ainsi que le mendiant Labre, récemment
sanctifié pour sa paresse et pour sa crasse, prenait plaisir à
nourrir de son sang les insectes qui le dévoraient, par esprit
de pénitence et pour gagner le ciel ; en attendant que l'humanité sorte définitivement de l'âge de fer, qui l'a écrasée jusqu'à
ce jour, pour entrer dans l'âge d'or où elle aspire, nous, Français, nous donnerons l'exemple salutaire de notre immense
amour de la paix, de la conciliation et de la fraternité universelle, en oubliant toute rancune, tout ressentiment d'offense,
quelque imméritée, injuste, sanglante et cruelle qu'elle ait été !
Nous sommes assez forts et on nous connaît assez fiers et assez
vaillants, par les coups formidables que nous avons portés
jadis, pour que nous puissions tout oublier, même les humiliations les plus blessantes, les méfaits les plus haïssables,
les traitements injurieux les moins mérités, sans crainte d'être
taxés de déchéance, de faiblesse, de lâcheté ni de couardise !
Nous oublierons tout, dans l'intérêt, bien entendu, de la patrie et dans l'intérêt de l'humanité, et nous attendrons du
temps, des circonstances et de la justice du peuple allemand,
maître de ses propres destinées et mieux éclairé sur ses véritables intérêts, pour qu'ils nous rendent nos frères d'Alsace-
Lorraine, qui, détachés de nous par la violence et malgré eux,
seront toujours un poids trop lourd à porter pour l'Allemagne
dont il rompra constamment l'équilibre politique, en menaçant
sans cesse d'en changer le centre de gravité.

Oui ! nous ne ferons pas la guerre à l'Allemagne, ni pour
revendiquer l'Alsace-Lorraine, qu'elle nous a arrachée par la
force et qu'elle sera obligée de nous rendre volontairement
un jour ou l'autre, comme le coupable repentant restitue le
bien qu'il a volé ou qu'il a frauduleusement acquis, de crainte
d'être damné, ou comme le pêcheur jette le serpent qu'il avait
pris pour un poisson, de crainte d'en être piqué.

Nous lui ferons encore moins la guerre pour la vaine satisfaction d'une stupide revanche, d'autant moins que nous n'a-
vons pas de revanche à demander à l'Allemagne, qui, en définitive, n'a fait que nous rendre un coup, bien porté, il est vrai,
pour cent dont nous l'avions accablée jadis, avec plus ou moins
de justice et de raison. La guerre, à la fois torrent dévastateur,
torche incendiaire et monstre dévorant, la guerre, qui traîne

toujours, sur ses traces sanglantes, d'effroyables calamités et ne laisse, où elle a passé, que des ruines, la misère, la faim, la désolation, du sang, du carnage, des morts, des mourants, des sanglots, des larmes et le désespoir ! La guerre est un trop épouvantable fléau, c'est une trop sauvage et trop monstrueuse barbarie, pour ne pas frémir d'horreur à la seule pensée d'être forcé de la faire ! et un peuple civilisé, libre et maître de sa destinée, commet le crime le plus abominable de lèse-humanité et mérite d'être mis au ban des autres peuples et d'être châtié par eux, avec la plus grande rigueur, lorsqu'il fait la guerre à un autre peuple, sans la nécessité absolue de sa propre défense.

Les peuples ont mieux à faire, pour la civilisation, pour leur prospérité et leur grandeur morales et matérielles, pour le bien-être et le bonheur de tous, que de se faire la guerre, se haïr et se déchirer tour à tour et réciproquement, comme des troupeaux de bêtes féroces, pour la vaine satisfaction d'un sot orgueil national blessé, ou pour se disputer l'influence prépondérante ou la domination exclusive sur un pays quelconque dont ils peuvent jouir tous également, s'ils veulent vivre en bons frères.

Quant à la prétendue revanche, c'est encore un de ces mots sonores avec lesquels les despotes effraient leurs naïfs et malheureux sujets, pour mieux les tenir dans la servitude et pour avoir le prétexte de mieux les pressurer, ou pour les exalter, afin de les faire marcher bénévolement à la mort et se faire chair à canon de gaîté de cœur, pour satisfaire l'ambition, la vanité, l'orgueil ou les caprices de leurs oppresseurs.

C'est ainsi que la rêveuse et sentimentale Allemagne, flattée, stimulée et surexcitée par ses seigneurs et maîtres, avides de conquêtes, de vains titres et de sanglants et homicides honneurs et par ses hobereaux affamés de carnages et surtout de butin, endoctrinée par ses professeurs et par ses philosophes, plus idéologues que sages et fanatisée par ses pasteurs mystiques, c'est ainsi que l'intelligente et docte Allemagne a rétréci son cerveau et s'est crétinisée, en nourrissant ses vastes facultés mentales de rancunes et de haine contre la France, pendant cinquante années. Elle a oblitéré son entendement fécond et perverti son grand esprit, en s'enivrant, pendant cette longue durée de temps, de l'idée fixe et malsaine de prendre sa revanche, de se venger, contre notre pays, des guerres injustes de Napoléon, qui l'avait tant de fois vaincue, qui l'avait ravagée, morcelée, ensanglantée et désolée pendant quinze ans.

L'Allemagne aurait été mieux inspirée, plus sage et plus avisée, si elle avait oublié les odieux méfaits d'un despote ambitieux et si elle avait prêché l'union, la paix, la concorde et l'amitié entre elle et la France, si intéressées l'une et l'autre à vivre fraternellement en bonne harmonie, au lieu d'imputer injustement à la France tout ce que les guerres de l'Empire lui avaient fait souffrir de dommages, d'humiliations, de misères et de douleurs ; sachant bien que la France asservie n'était pas libre et était forcée d'obéir à son tyran, comme elle a été en Septante et comme elle est encore elle-même, et plus que jamais, forcée d'obéir au despote qui la domine, et nous serions injustes envers elle comme elle l'a été envers nous, si nous voulions la rendre responsable du mal qu'elle nous a fait, poussée par la puissance oppressive et tyrannique qui la faisait agir et par les mauvaises passions qu'on lui avait inspirées. C'est ainsi que les peuples paient toujours les sottises, les folies, les forfaits et les crimes de leurs tyrans.

L'austère et placide Allemagne n'a pas eu assez de calme, elle n'a pas eu assez de raison, ni assez d'équité, pour reconnaître que la France asservie n'était pas libre alors, ni de sa volonté ni de ses actes, qu'elle n'était maîtresse ni de sa fortune, ni de sa puissance, ni de sa destinée, et que, forcée d'obéir à son maître dominateur, elle n'était pas moralement responsable des humiliations, des souffrances et des calamités sans nombre dont Napoléon l'avait accablée, elle et l'Europe, après avoir fait de la France son esclave et sa prostituée ! son instrument de guerre et d'ambition !

Il est vrai que lorsque la France était libre et maîtresse d'elle-même, de sa volonté et de ses actes, sa république naissante, qu'un fils ingrat, traître, parjure et parricide, devait étrangler plus tard, sa république, qui naissait ardente et vigoureuse, et qui étouffait le monstre du despotisme en naissant, comme Hercule étouffa les serpents de Junon étant encore au berceau, sa république enfant houspilla rudement les cheveux roux et mal peignés des descendants des vieux Germains dont les frères aînés surprirent, violèrent, asservirent et débaptisèrent, jadis, la noble Gaule, comme les neveux de ces fauves, d'outre-Rhin, ont surpris, souillé et rançonné naguère la Gaule débaptisée, qui s'appelle aujourd'hui la noble France, du nom de son féroce vainqueur qu'elle dompta, assouplit, civilisa, polit, transforma et anoblit, en lui donnant sa main, en l'élevant jusqu'à elle, en lui infusant son sang et son âme, en lui donnant sa foi et en acceptant son nom dont elle fit le nom le plus glorieux et le plus retentissant du monde, comme l'avait été le sien, qu'elle abandonna follement !

Mais, aux heures moins vieilles du passé, quand la France ébranlait le monde en glorifiant la liberté, les droits et la dignité de l'homme, méconnus, et qu'elle s'efforçait de les conquérir en brisant un à un les anneaux de la chaîne odieuse et abhorrée de son esclavage séculaire, les enfants de la Germanie méritèrent bien les coups terribles que lui prodigua la fille aînée de notre fulminante Révolution, puisque alors, comme avant et après, comme leurs devanciers et leurs successeurs, ils étaient venus eux-mêmes au-devant de ces coups meurtriers, en violant témérairement et injustement notre sol aux Thermopyles de l'Argonne, où ils furent sévèrement châtiés, à Valmy et à Jemmapes, par les vaillants Leonidas de notre jeune démocratie, aussi dévouée à la liberté et à la patrie que courageuse, ardente et infatigable à les défendre. Et ces coups, qu'ils reçurent, furent d'autant plus formidables et foudroyants, que ces fils des barbares Teutons, à demi décrottés, avaient grandi la force et l'audace des géants fougueux et redoutables de notre héroïque Révolution, en blessant leur fierté, leur dignité et leur juste orgueil d'hommes libres, et libres de leur fait, par leur volonté et leur courage ! Ils avaient triplé l'énergie et la puissance de leur vouloir et de leurs actes, en surexcitant, en soulevant les flots de leur terrible colère, par le manifeste intempestif, outrecuidant et sans mesure du trop osé Brunswick.

Ce foudre de guerre des rois de l'Europe, coalisés contre l'enfant naissant de la Révolution française, dont les vagissements formidables ébranlaient leurs trônes vermoulus, qu'ils faisaient osciller eux-mêmes, en tremblant d'épouvante ! ce champion trop zélé de la furibonde réaction monarchique et cléricale et des mauvais Français de Coblentz, eut l'insigne audace d'insulter, de menacer insolemment ces colosses d'intelligence, de génie, de volonté, de dévoûment et d'actions ! Ce tyranneau superbe menaçait ainsi, avec un mépris hautain qui était aussi vain et aussi insensé qu'il était impudent, il menaçait ainsi ces héros à l'âme grande et forte, au cœur ferme et vaillant, au bras puissant et irrésistible, comme il aurait menacé de la schlague son serf indocile au joug, son valet infidèle ou son soldat indiscipliné. Et cela sans connaître la valeur des hommes qu'il insultait ainsi, sans savoir ou sans bien apprécier

ce que pouvait être la puissance d'un grand peuple révolu-
tionné qui sort à peine de l'esclavage et qui, bouillonnant
agité, convulsionné par des passions ardentes, lutte énergiquement et avec fureur pour sa liberté dont il a commencé à savourer les délices, et pour son indépendance à laquelle il s'ap-
prête à sacrifier sa fortune et la vie de ses enfants qui courent
à la frontière en chantant leur joie de mourir pour la patrie,
et devant lesquels ce vieux stratège était forcé de battre honteusement en retraite, malgré son courage et sa valeur réelle,
qui n'était pas cependant à la hauteur de sa jactance présomptueuse ni à celle de la fougue ardente et irrésistible de nos
révolutionnaires qui le forçaient à reculer vaincu.

Et ce sont ces preux, devant lesquels il devait fuir un jour,
qu'il osa menacer de les passer au fil de l'épée s'ils ne se sou-
mettaient pas au roi, eux les superbes qui l'avaient détrôné !
Il les menaça ainsi, pensant follement les contraindre à restaurer le despotisme de l'ancien régime, qu'ils avaient tant haï,
qu'ils avaient vaincu et qu'ils avaient remplacé par la liberté,
eux les puissants restaurateurs de la souveraineté nationale !
Il les menaçait ainsi, croyant par excès d'orgueil ou par excès
de bêtise, les forcer à reprendre les chaînes de leur servitude,
qu'ils avaient fièrement et héroïquement brisées, eux ivres de
la joie et du bonheur ineffables de leur liberté, de leurs droits
et de leur dignité conquises à force de dévoûment et d'efforts
surhumains !

Ah ! ces apôtres fervents et infatigables de la liberté des
droits et de la dignité de l'homme, criminellement ravis par la
tyrannie ; ces promoteurs de la lutte suprème et glorieuse d'un
grand peuple asservi brisant ses chaînes sur la tête du despotisme ; ces intrépides et fiers vainqueurs de tous les oppresseurs
dont ce peuple magnanime était le martyr séculaire ; ces ven-
geurs de tous les méfaits, de toutes les turpitudes, de toutes les
infamies, de toutes les iniquités du passé, ne tardèrent pas à
faire une réponse péremptoire et foudroyante aux menaces de
ce petit Attila dont l'infatuation princière lui faisait insulter
ainsi ces champions héroïques de notre glorieux affranchissement !

Ce superbe, qui n'était pas sans valeur, se montrait ainsi
d'autant plus outrecuidant envers ces Géants de la Révolution,
que nos hobereaux enfuis de l'étranger, où ils ameutaient
l'Europe contre leur pays, les qualifiait bêtement de vils sa-
vetiers, avec le dédain insultant qu'ils avaient l'habitude de

prodiguer aux hommes du peuple qu'ils traitaient impudemment de vile canaille, comme ils traitaient, avec la même inso-
lence, de manants, de vilains ou de vils roturiers les hommes
les plus illustres de la bourgeoisie. Ils qualifiaient ainsi les
Rousseau, les d'Alembert, les Diderot, les Condorcet, les Lavoi-
sier, tous les hommes illustres sans parchemins, mais dont le
front rayonnait d'intelligence, de pensées fécondes et de génie,
et qui avaient au cœur la flamme lumineuse de la vraie noblesse, que leurs détracteurs n'avaient que sur vélin ! Ils les
qualifiaient de la sorte, parce qu'ils n'étaient, eux aussi, que
des enfants du peuple plus favorisés par le sort, plus fortunés
et plus éclairés que les autres, et qui furent et sont toujours
les pionniers de la science, des lettres et des arts, les principaux facteurs du progrès et de la civilisation ; les propagateurs
et les défenseurs infatigables du droit, de la justice et de la
liberté dont ils furent, sont et seront les constants promoteurs,
pendant que leurs frères des masses populaires en ont été, en
sont et en seront toujours les bras puissants et redoutables !

Ils oubliaient ou ils ne savaient pas, ces déserteurs de la
France, ces renégats du patriotisme, qui, légers, étourdis et fri-
voles, sans principes et sans foi, sinon sans courage, sacrifiaient
impudemment ainsi à leur égoïsme, à leur vanité, à leur orgueil malsain de caste privilégiée, leur honneur, leur dignité et
leur patrie, qu'ils livraient sans regret et sans honte à l'étranger, en combattant criminellement contre elle à côté de lui,
avec un ignoble cynisme. Eux qui se croyaient ou se disaient
le palladium du devoir et de l'honneur ! Ils oubliaient ou ils ne
savaient pas, ces mauvais Français, plus imbus de préjugés, de
présomption et d'orgueil qu'ils n'étaient pénétrés des vrais
sentiments de justice et de dévoûment patriotique, ils oubliaient ou ils ne savaient pss que ces grands patriotes qu'ils
injuriaient ou rabaissaient ainsi, avec tant de mépris, et qu'ils
voulaient égorger et anéantir avec l'aide de l'étranger, qu'ils
ruaient sur eux, étaient la force, l'âme et la vie de la France !
Ils oubliaient, les ingrats sans cœur ! ils oubliaient qu'ils étaient
leurs nourriciers ; qu'ils étaient les abeilles laborieuses et mel-
lifères de la patrie, tandis qu'eux n'étaient que les frêlons
parasites qui dévoraient le miel, qu'ils produisaient !

Oui ! ils oubliaient ou ils ne savaient pas, ces fuyards qui
abandonnaient lâchement leur patrie, aveuglés par leur suffisance, et emportés par leur orgueil de race et de caste et par
l'égoïsme féroce de leurs privilèges qu'ils espéraient conserver,

ils oubliaient ou ils ne savaient pas, que ces hommes du peuple français, paysans, ouvriers et bourgeois, qu'ils traitaient si dédaigneusement de canailles et de vilains, étaient les descendants directs des vaillants et généreux Gaulois, les héritiers de l'héroïsme et de la magnanimité du vertueux et indomptable Vercingétorix ! le grand, le dévoué, le sublime patriote ! le Carnot et le Gambetta des jours néfastes et douloureux de la vieille Gaule ! Tandis que le plus grand nombre d'entre eux, et surtout ceux qui étaient ou se croyaient les plus grands et de la plus vieille souche, n'étaient, en définitive, que les fils des Francs, les fils des barbares décrottés, peignés, lissés et fardés, mais dont bien des fibres de leur cœur avaient conservé les passions malsaines et la férocité de leur père ! Ils étaient les héritiers des pillards de la noble population Gauloise, avec laquelle ils ne se confondirent jamais, empêché qu'ils en étaient toujours par les biens de tous genres dont ils l'avaient violemment dépouillée, et par les titres, les privilèges et les prérogatives qu'ils s'étaient attribués et qui firent d'elle leur esclave, leur victime et leur martyre ! Oui ! par le fait de cette glorification de leurs rapines, de leurs spoliations et de leurs prérogatives usurpées, dont ils se firent ainsi des titres de gloire, de noblesse et de grandeur, les chefs de l'invasion barbare et leurs descendants, restèrent toujours séparés, distincts, isolés du peuple qu'ils avaient asservi, et leur vie intellectuelle et morale resta toujours hétérogène à celle de la noble famille gauloise qu'ils avaient dépouillée ! Et c'est par suite de ces faits qui élevèrent ces barbares envahisseurs sur sa ruine, sur son abaissement qui étaient leurs œuvres et en faisaient ses dominateurs, qu'elle ne put jamais se les assimiler comme elle s'assimila la masse des hordes sauvages qu'ils commandaient.

C'est ainsi que les descendants des principaux lieutenants du barbare Clovis, avec ceux de quelques prêtres, ou druides, et de quelques chefs gallo-romains, traîtres à leur patrie, formèrent la souche ou la source, plus ou moins impure, de la noblesse française, dont la puissance usurpée et toujours odieuse à la race gauloise, qu'elle opprimait, ne fut pas sans grandeur ni sans gloire aux heures du danger et du dévoûment; c'est ainsi que les héritiers successifs de ces spoliateurs féroces et de ces traîtres à leur pays, restèrent toujours réfractaires aux instincts, aux idées, aux sentiments et aux passions généreuses, de justice, de liberté et de progrès, dont fut toujours animé ce noble peuple de la Gaule, qu'ils méprisaient et dont ils furent toujours les ennemis, les contempteurs de ses droits, de sa liberté et de son indépendance; c'est ainsi qu'ils furent toujours, eux et les prêtres, leurs constants auxiliaires et leurs complices éternels en méfaits, les alliés, les champions ou les séides de tous les despotes, de tous les tyrans, de tous les bourreaux, grands et petits, qui martyrisaient ce pauvre peuple dont eux ne cessaient jamais d'en être les sangsues, les harpies, les vampires qui suçaient le plus pur de son sang !

Et c'est ainsi qu'ils formèrent et restèrent toujours une classe de gens à part, une caste fermée d'hommes gonflés d'un orgueil insensé et plein de préjugés absurdes et malsains, qui leur faisaient considérer comme indigne d'eux tout travail productif et leur faisaient trouver juste, et commode, de vivre du travail d'autrui; oui, c'est ainsi que beaucoup de ces grands et petits seigneurs d'origine plus ou moins vieille et plus ou moins honorable, qui se croyaient d'un sang plus pur que le reste des hommes et qui, comme les chevaux de course, qui sont d'autant plus estimés qu'ils ne savent que courir et ne font rien d'utile, considéraient comme une dérogation, comme un déshonneur tout travail nécessaire à la vie, même celui d'apprendre à lire et à écrire, et trouvaient très-honorable de vivre de rapine et de brigandage, en pressurant leurs malheureux serfs, en pillant les maisons et les chaumières, et même le château du seigneur voisin qu'ils pouvaient surprendre, et en détroussant les malheureux voyageurs qui s'égaraient près de leurs donjons d'où ils s'élançaient sur eux comme la bête féroce s'élance de sa tanière pour saisir et dévorer la chevrette qu'elle a flairée, ou comme l'oiseau de proie fond sur la douce colombe qu'il voit voltiger.

La noblesse française formait donc ainsi, dans la grande et vaillante nation, une petite société particulière de gens malfaisants, pour la plupart; c'était un clan, une tribu, une variété d'hommes moralement distincts et matériellement séparés des autres, et nageant au milieu du peuple gaulois, comme des corpuscules sans affinité avec la masse des éléments où ils flottent sans s'y mêler. Quelques-uns de ces hommes, qui se croyaient d'une race supérieure, étaient éclairés, instruits, pleins de cœur et de véritable noblesse, inoffensifs, compatissants et généreux, mais le plus grand nombre était d'hommes ignorants, pleins de préjugés, d'orgueil et de passions malsaines, pervers, dangereux et redoutables pour le pauvre peuple, et presque tous avaient des mœurs et une manière de vivre à eux, au sein de la noble Gaule plébéienne qu'ils avaient asservie et qu'ils pressuraient, en extorquant ses faveurs et en flétrissant ses charmes, sans l'aimer ou ne l'aimant que pour eux, pour leurs plaisirs, sans l'épouser et sans se confondre avec elle, contrairement aux lois de l'évolution humaine et du progrès social, d'après lesquelles, dans toute lutte fratricide entre les hommes pour l'existence, les vainqueurs conquérants sont toujours absorbés par les vaincus quand ceux-ci sont plus nombreux et plus éclairés. Ils vivaient ainsi, ces prétendus nobles de race et le plus souvent ignobles de cœur, de méfaits et de tyrannies infâmes, ils vivaient ainsi aux dépens de la malheureuse nation qu'ils dévoraient, comme des insectes ou des plantes parasites vivent sur un bel arbre ou sur un magnifique animal qu'ils rongent sans en faire partie. Ils vécurent toujours ainsi aggriffés au peuple gaulois et vivant de sa vie, comme un ulcère sur un beau visage, comme un cancer sur un beau sein, comme une lèpre sur un beau corps, jusqu'au jour où ce peuple, à bout de sa longue patience, exaspéré par l'accumulation de sa haine séculaire, pour toutes les humiliations, pour toutes les tortures, pour toutes les douleurs déchirantes, pour toutes les iniquités et les infamies qu'il avait endurées et souffertes, sonna l'heure de sa terrible vengeance !

Il sonna l'heure bénie de la liberté, de la justice et de la délivrance ! l'heure retentissante et immortelle du quatorze Juillet, ou ce géant irrésistible qui s'appelle le peuple commença l'œuvre sainte de son affranchissement, en renversant l'horrible donjon où le despotisme ensevelissait vivantes les malheureuses victimes de sa tyrannie ! Puis il sonna les heures, tardives et fiévreusement désirées et attendues, du quatre et du dix Août, où l'héroïque et glorieuse réparatrice qui s'appela la bienfaisante Révolution française extirpa cet ulcère hideux, ce cancer horrible, cette lèpre immonde qui rongeaient, souillaient et défiguraient la noble et belle figure de la grande nation. Et pour garantir cette noble martyre contre le retour pestilentiel de toutes ces maladies horribles, pour la délivrer pour toujours de toutes les tyrannies qui l'avaient torturée pendant des siècles, les grands et rigides justiciers qui siégeaient dans l'immortel prétoire, au tribunal suprême, la nuit mémorable du quatre Août, ils effacèrent les classes, ils abolirent les castes, les titres, les privilèges et les prérogatives des nobles, des prêtres, des princes et des rois, qui abaissaient, humiliaient, pressuraient, opprimaient et rongeaient le peuple.

Ils noyèrent ainsi les hommes de ces classes privilégiées dans les flots agités et bouillonnants de la masse des citoyens, pour les purifier et les tremper dans ces eaux vives de la nation, d'où leurs préjugés et leurs privilèges les tenaient éloignés, afin de les rendre moralement homogènes, assimilables et sympathiques les uns aux autres ; afin de concilier ces frères ennemis, en faisant appel à l'égalité morale, à la fraternité et à la solidarité de tous les hommes de bonne volonté, justes et sincèrement dévoués à leur pays.

Cet appel chaleureux, démocratique et libéral, cet appel humanitaire, fraternel et patriotique, à la conciliation, à la paix et à la concorde de tous les citoyens, pour effacer toutes les rancunes, toutes les haines et faire un peuple de frères, fut entendu par tous les hommes d'intelligence et de cœur, dans cette nuit solennelle, d'impérissable mémoire! Nuit glorieuse et réparatrice où beaucoup de ces privilégiés, beaucoup de nobles et de prêtres, les Noailles et les Grégoire, rachetèrent en une heure des siècles d'abus, d'injustices et de méfaits! Ils prouvèrent, par leur désintéressement et par leur noble abnégation, par l'élévation de leurs idées et la magnanimité de leurs sentiments de liberté, de justice, de patriotisme et d'honneur sans préjugés, que les mauvaises institutions, les mauvaises mœurs, la mauvaise éducation, les mauvaises habitudes et les préjugés étaient la cause première et effective de toutes les iniquités des hommes de la noblesse et du clergé, qui n'avaient fait qu'obéir aux idées fausses, aux principes pervers, aux préjugés et aux passions sauvages dont ils avaient hérité de leurs barbares ancêtres et de leurs superstitieux devanciers, et qu'ils avaient conservé et s'étaient transmis de génération en génération, selon les lois de l'hérédité et des habitudes mentales. Et cela, malgré le contact de la civilisation gallo-romaine qui n'avait pu que dérouiller et polir leur surface, modifier un peu leurs idées, diminuer un peu leurs préjugés, éclairer un peu leur raison et adoucir un peu l'âpreté de leurs appétits, de leurs convoitises, de leurs passions sauvages, grâce aux progrès du temps; mais sans pouvoir ouvrir largement ni suffisamment leur intelligence à la raison, leur cœur à la pitié, leur sens moral perverti à la justice!

La civilisation chrétienne elle-même, qui satura leur entendement, leur cœur et leur conscience de superstitions idiotes et obstrua leur âme de préjugés nouveaux, la civilisation chrétienne n'éclaira, ne réveilla et ne vivifia que bien faiblement leur sens moral étouffé par leurs préjugés, endormi par leur égoïsme et déformé par leur orgueil héréditaire. Elle modifia et tempéra d'autant moins les passions malsaines de leur cœur et la férocité de leur âme, que l'Église, qui jouissait de privilèges et de prérogatives semblables ou équivalents aux leurs, et qui avait besoin de leurs épées, pour défendre ses intérêts égoïstes et pour combattre pour elle les schismatiques et les infidèles, l'Église faisait toujours cause commune avec eux et avec tous les oppresseurs du peuple, comme elle le fait et le fera toujours. Elle fut toujours leur auxiliaire, comme ils étaient ses protecteurs, et elle ne cessa jamais de justifier et de sanctionner la servitude et l'esclavage, et de prêcher au nom du ciel et, au besoin, d'ordonner la soumission, la patience et la résignation aux victimes de leur tyrannie, auxquels elle promettait les splendeurs et les joies ineffables du paradis, en récompense de leurs souffrances méritoires ici-bas.

Oh ! je ne veux pas dire, mon cher Monsieur Olimagli, que nos nobles et nos prêtres restèrent toujours aveugles et sourds à la vive lumière et à la voix retentissante du progrès humain, qui secouait, ébranlait, réveillait et éclairait le monde, et qu'ils ne laissèrent jamais pénétrer dans leur âme, obstruée par l'égoïsme et la suffisance, un rayon lumineux des idées nouvelles de justice et de liberté, qui métamorphosaient tout autour d'eux, surtout à partir du dix-septième siècle et pendant le siècle fécond qui suivit. Non, ce jugement, qui ne serait pas rigoureusement vrai pour la grande majorité de nos hobereaux, de nos gentillâtres et de nos tonsurés, qui restèrent toujours plus ou moins enfermés et étouffés dans la carapace de leurs préjugés délétères, sous la pression d'une atmosphère asphyxiante d'ignorance, de vanité et d'orgueil, comme l'huître dans sa coquille, ce jugement serait un déni de justice ; il serait certainement faux, autant qu'injuste, pour un grand nombre d'hommes très-supérieurs et éminemment distingués, qui brillèrent parmi ces médiocrités ignorantes, vaniteuses et encroûtées, comme autant d'étoiles qui brillent à travers les nuages ou comme des lumineux lampyres qui brillent dans les ténèbres.

Oui, du nombre de ces privilégiés, de ces nobles et de ces prêtres de mauvaise origine, de mauvaise éducation, de mauvaises habitudes et de mauvaises mœurs qui découlaient de leurs mavaises prérogatives, sortirent un grand nombre d'hommes d'élite, grands par le cœur, par la pensée, par les sentiments et par la science, comme les magnanimes d'entre eux qui s'élevèrent si haut, qui se montrèrent vraiment nobles et grands la nuit du 4 Août, où ils sacrifièrent volontairement et avec enthousiasme, sur l'autel de la patrie, leurs titres et leurs privilèges, qu'ils condamnèrent hautement, avec un accent ému de sincérité, témoignant qu'ils les avaient possédés avec regret et malgré eux, et qu'ils n'en avaient jamais abusé. Mais malgré le sublime exemple de ces grands cœurs, malgré Louis XI, malgré Richelieu, malgré la Révolution et malgré la transformation de la société, des institutions et des idées, le plus grand nombre de nos hommes titrés, tonsurés, crossés et mitrés conservèrent toujours leurs préjugés, leurs passions et leur orgueil, qu'ils cherchaient à dissimuler ou à cacher plus ou moins, selon le temps et le lieu, sous les voiles d'une urbanité recherchée, d'une politesse mignarde et caractéristique et d'un luxe d'étiquette qui dévoilait leur orgueil mal déguisé.

C'est ainsi que la plupart de nos émigrés portèrent à l'étranger la morgue, la suffisance et l'infatuation de leur caste, de leur race et de leur famille, et l'étalage emphatique de leurs titres et de leurs privilèges, désormais sans valeur et n'ayant pas plus de prestige que les oripeaux d'un histrion ; mais dont ils se paraient néanmoins avec ostentation, malgré leur inanité et bien qu'ils en eussent terni l'éclat par bien des turpitudes et par leur infâme désertion, comme le paon se pare de sa queue qu'il a bien souvent traînée dans la boue ! Ils y portèrent le mépris et la haine qu'ils avaient pour le peuple, qui avait sué sang et eau pour les nourrir ! Et je ne sais si, comme certains évêques, certains prêtres et certains cléricaux de nos jours, qui regrettent de ne plus avoir les bûchers de la sainte Inquisition, pour forcer d'entrer au paradis les impies qu'ils n'avaient pu faire entrer sous leur domination, je ne sais si, avant, pendant et après leur infâme émigration, nos nobles, déshérités de leurs privilèges, ne conservaient pas, et si leurs fils et leurs petits-fils, certains d'entre eux du moins, ne conservent pas encore le regret de ne plus pouvoir pressurer et torturer à merci ce pauvre peuple, et de ne plus pouvoir offenser la pudeur de ses femmes et de ses filles, comme pouvaient le faire impunément, et le faisaient trop souvent, leurs barbares ancêtres dont Louis XI rongea la puissance malfaisante et châtia les forfaits, ainsi que Richelieu musela les féroces convoitises de leurs proches ascendants, et la bienfaisante Révolution abolit les privilèges injustes, oppressifs et vexatoires dont ils avaient hérité eux-mêmes, et pour la conservation desquels ils levèrent l'étendard de la rébellion, allumèrent la guerre civile et fuirent à l'étranger, auquel ils livrèrent lâchement et criminellement leur pays, qu'ils avaient le devoir de défendre.

Ils s'avilirent et se déshonorèrent ainsi, eux, les prétendus nobles de race, de sang et de cœur! Ils se montrèrent indignes, même de leurs barbares aïeux, qui avaient pris pour devise : Noblesse oblige, et qui, s'ils considéraient la. nation qu'ils avaient asservie, qu'ils pressuraient et opprimaient, comme leur bien, comme leur chose, ils la considéraient aussi comme leur pupille, à la protection et à la défense de laquelle ils croyaient devoir exclusivement leur sang et leur vie ! Et ils lui donnaient, bien des fois, généreusement et vaillamment, l'un et l'autre, pour la défendre contre l'étranger ! Et ils furent le plus souvent dévoués, héroïques, grands et magnanimes, dans la lutte, pour garantir sa dignité, son honneur et son indépendance de toute atteinte ! Et il y en eut de sublimes, comme les Bayard, et les d'Assas ! Tandis qu'eux, leurs fils dégénérés, qui, plus vains que grands, n'avaient conservé que les préjugés malsains et les passions féroces de leurs sauvages et virils ancêtres, eux qui n'avaient conservé que la suffisance et le fard des sentiments de fierté, de devoir, de dévoûment, d'honneur et de patriotisme de leurs pères ; eux qui, superbes et courageux, couraient souvent au-devant de la mort et se faisaient tuer comme des étourdis, des écervelés ou comme des fous las de la vie, pour une vétille, pour un mot malsonnant, pour le faux point d'honneur d'un sot amour-propre blessé ou pour satisfaire un puéril sentiment de vaine gloriole, ils eurent l'infamie d'abandonner leur pays pour courir ameuter l'Europe contre leur patrie, qu'ils trahissaient ainsi, sans honte et sans regrets, et contre laquelle ils tournèrent leurs armes parricides en dénigrant et en rabaissant le peuple français qui les avait nourris, en le faisant insulter et menacer outrageusement par l'étranger, qu'ils poussaient sur lui, sans le moindre sentiment de pudeur patriotique.

Ah! la réponse de ce peuple qu'on avait tant pressuré et tant torturé, jusqu'à lui faire battre l'eau des étangs, la nuit, pour faire taire les grenouilles qui troublaient le sommeil de ses oppresseurs, la réponse de ce peuple que ces vils déserteurs de la France injuriaient avec tant de suffisance et de mépris et qui lui rend avec usure, mais avec plus de justice et de raison, injure pour injure, mépris pour mépris et même hélas! menace pour menace et souffrance pour souffrance! sa réponse à leurs invectives idiotes et aux menaces intempestives de leurs coryphées étrangers, vous la connaissez, mon cher Monsieur Olimagli, elle fut tour à tour glorieuse, triste, terrible et cruelle!

Oui, la renommée des discordes civiles et des luttes politiques, pour la conquête du droit et de la justice, pour le progrès moral et matériel des sociétés humaines, la renommée des succès et des revers populaires pour la liberté, cette renommée qui est toujours prête à crier et qui crie toujours, haut et partout, le bien et le mal, le crime aussi bien que la vertu, les actes pervers aussi bien que les actions méritantes, cette renommée qui s'appelle la voix publique, la voix de Dieu, *vox populi*, *vox Dei*, ne tarda pas à porter à tous les échos la fière et rude réponse, la réponse juste, sévère et bien méritée, que ce grand peuple, dédaigneusement méprisé, s'empressa de faire à ses impudents détracteurs, qui l'insultaient ainsi follement et sans pudeur.

Ah! la renommée des vicissitudes et des évolutions humaines, la renommée des faits et gestes des peuples, de leur colère et de leurs fureurs, de leurs orages et de leurs bouleversements, salutaires et profitables ou nuisibles et désastreux dans leurs compétitions violentes et féroces, dans leurs luttes intestines et fratricides pour l'existence et pour la liberté; cette renommée, qui est tour à tour la voix sympathique, attrayante et réparatrice de la raison, de la vertu et de l'équité et la voix rauque, lugubre et effrayante de l'ignorance, des superstitions, des passions malsaines, de l'injustice et du crime, dans toutes les agitations fiévreuses, dans toutes les convulsions tétaniques de l'humanité en travail d'enfantement ou de transformation sociale; cette voix multiple de millions de voix humaines, harmoniques ou discordantes, qui effraient ou réjouissent les hommes et les peuples, en leur racontant les luttes héroïques des meilleurs, des superbes et des vaillants, qui ont fait ou qui font effort pour conquérir la liberté, pour sortir de l'enfer de la servitude, de l'abaissement, de l'humiliation et de la mort morale, où le despotisme, l'ignorance, les préjugés et les superstitions les tiennent ou les replongent sans cesse; cette voix de la renommée qui rappelle aux sentiments de leur dignité et de leurs droits méconnus les hommes qui les ignorent ou qui les oublient, cette voix qui électrise, secoue et réveille les nations qui sommeillent dans le marasme morbide de la servitude volontaire, sans conscience de leur abaissement et de leur dégradation, comme la brute domptée, ou qui frémissent d'une rage impuissante sans chercher à secouer le joug qui les écrase, comme l'hyène qui tourne fiévreusement dans sa cage, sans chercher à la rompre, tandis que le fier lion mord le fer de la sienne pour la briser !

Cette renommée enfin, qui est toujours le retentissement des vibrations plus ou moins accélérées et plus ou moins continues de l'âme humaine, à la recherche du vrai, du juste, du beau et du bien, la voix merveilleuse et sainte de l'expansion incessante du progrès social, cette voix providentielle qui féconde et enfante le bien, même quand elle n'annonce que le mal, elle était restée silencieuse et quasi muette, pendant des siècles, après s'être fatiguée, affaiblie, puis éteinte, à force d'avoir crié les luttes mémorables, les triomphes et les défaites des peuples antiques, pour la liberté et pour l'indépendance ! Elle n'avait fait entendre, cette voix formidable et retentissante des luttes herculéennes et titaniques de ces vieux enfants de la terre, de ces indomptables géants du vieux monde, depuis la perte de leurs libertés dont l'anéantissement l'avait frappée de mutisme, elle n'avait fait entendre, pour la liberté, pour le droit, pour la justice et pour l'indépendance des hommes et des peuples, elle n'avait fait entendre que quelques cris de triomphe, plus ou moins éclatants, en Suisse, en Angleterre, en Hollande, en Amérique et en Corse ; pendant que, en France, en Italie, en Espagne, en Autriche, en Prusse, en Russie et dans le reste du monde, où l'homme était esclave ou serf des nobles, des prêtres et des rois qui le tenaient bâillonné et sans voix ou étouffé dans les langes délétères de l'ignorance, des préjugés et des superstitions, elle n'avait pu faire entendre que quelques cris étouffés des victimes de l'arbitraire, comme La Bourdonnais et Pellisson pleurant sa fidèle araignée, devant son cruel geôlier ; que quelques soupirs des victimes de la superstition, comme Campanella et Galilée subissant la torture pour la science et la philosophie ; que quelques protestations éloquentes des victimes du fanatisme et de l'hypocrisie, comme Giordano Bruno et Jean Huss devant leurs sombres et impitoyables bourreaux ; que quelques fiers éclats de voix des victimes de la tyrannie, comme Anne Dubourg et Coligny devant leurs féroces assassins ; que quelques longs sanglots des martyrs des crimes d'État, comme le Masque de Fer devant son cachot muet qui était sa tombe !

Mais un jour vint où ces faibles cris, ces soupirs étouffés,

ces protestations éloquentes, ces fiers éclats de voix, ces sanglots sans fin, des humiliés, des opprimés, des incarcérés, des
torturés, des assassinés et des mourants, victimes et martyrs
de toutes les superstitions, de tous les privilèges, de toutes les
tyrannies et de toutes les iniquités, ne formèrent plus qu'une
seule voix qui se répandit partout, de proche en proche, tout
bas, sourdement, comme un immense murmure sans fin ou
comme un formidable bruit continu, retentissant au loin, voilé
par les voix innombrables de la nature et des passions humaines, qui lui font sourdine, semblable aux roulements du ton-
nerre, qui retentit en faisant le tour de l'horizon sans faiblir et
sans arrêt. Et cette voix multiple, qui était la résultante de
toutes les souffrances et de toutes les douleurs déchirantes de
la pauvre humanité, qui ne cessait de crier secours et vengeance, en faisant appel à la pitié, à la raison, à la justice et
à la dignité humaine outrageusement et criminellement violées !
Et cette voix qui demandait pitié, secours et vengeance, frissonnante et fiévreuse de douleur et de haine, elle fut entendue
de notre France, qui la fit sienne et qui, dès lors, toujours
héroïque et chevaleresque, toujours compatissante, généreuse
et dévouée, pour toutes les afflictions et pour tous les intérêts
de l'humanité, pour laquelle elle se disait et elle se dit toujours,
comme le poète antique, *homo sum et nihil humani a me
alienum puto*, dès lors elle devint, ou mieux, elle se fit, cette
France magnanime, elle se fit le champion de la liberté, le palladium du droit, l'avant-garde du progrès et de la civilisation,
le phare lumineux de la démocratie moderne, de la régénération
et de la transformation politique et sociale de l'humanité.

Et, dès lors, cette voix des misères humaines, cette voix de
la raison, de la justice et du droit, que la France faisait sienne,
elle se fit entendre clairement, sinon très-haut, à toutes les
âmes généreuses, nobles et fières, éclairées et ouvertes au
progrès et à la pitié, en répétant, partout où elle trouvait un
écho, les paroles réconfortantes, les pensées fécondes et salutaires et les sentiments sympathiques et pleins de sollicitude,
pour les opprimés, pour les souffrants, et les justes et sévères
apostrophes de blâme, de réprobation et de colère contre les
oppresseurs, que les hommes généreux, que les penseurs magnanimes et infatigables, que les propagateurs des lumières
et des vérités méconnues répandaient à flots, d'une voix plus
ou moins discrète et toujours pleine de dangers pour les
hommes courageux et dévoués qui osaient la faire entendre.

Puis, petit à petit, cette voix bienfaisante et bénie, la voix sympathique et séduisante de ces grands et magnanimes esprits, dont les pensées fécondes et créatrices du bien, corrosives et meurtrières du mal, enflammaient toutes les âmes dévouées, d'une vive et sainte ardeur, pour la liberté et pour la justice et faisaient trembler les despotes dont elle flétrissait les iniquités; cette voix, d'abord faible et quasi timide, devint sonore et menaçante, à l'approche des formidables vagissements de notre immortelle Révolution dont elle préparait la naissance, l'explosion terrible, en annonçant, à tous les hommes de cœur et d'intelligence, la foi nouvelle, révélée par ces apôtres fervents, du vrai, du juste, du beau et du bien. Et ils la révélaient avec une énergie, avec un dévoûment et un enthousiasme de prophètes inspirés, cette foi divine dont ils étaient les divins et courageux messies, ils la révélaient en frémissant d'indignation et de colère contre les crimes de la tyrannie et en palpitant de compassion et de dévoûment pour les peuples opprimés; ils la révélaient en disant anathème aux premiers et en criant aux seconds de briser leurs chaînes sur la tête de leurs oppresseurs, en leur promettant le triomphe que notre peuple héroïque remporta le quatorze Juillet, en obéissant à leur foi prophétique.

Dès lors, la renommée, devenue trompette éclatante, fit retentir tous les échos d'accents formidables et joyeux qui firent trembler d'épouvante tous les despotes, tous les bourreaux des pauvres humains et firent tressaillir de joie et d'espérance leurs martyrs et leurs victimes, en proclamant tout haut, avec des millions de voix tonnantes et continues, que le peuple français, réveillé par la voix puissante et providentielle de ses divins oracles, s'était vaillamment et courageusement affranchi du despotisme séculaire qui pesait si lourdement sur lui et que, ivre de sa liberté héroïquement conquise et plein d'enthousiasme, de dévoûment et d'ardeur patriotiques, il avait glorieusement vaincu, à Jemmapes et à Valmy, ses vils détracteurs et leurs impudents suppôts, qui avaient osé l'attaquer, après l'avoir lâchement insulté. Puis, cette bienveillante et joyeuse renommée, pleine d'admiration et émerveillée de ce triomphe, de ce courage, de cette énergie, et de cette vaillance d'une nation esclave brisant fièrement ses fers et se redressant droite; en pied, superbe et majestueuse, par la seule force de sa volonté; attestant ainsi son immense vitalité, sa puissance intellectuelle et morale, et attestant aussi la vitalité et la grandeur morale de l'homme dont la pensée féconde, expansive et génératrice se développe et grandit toujours malgré les obstacles et les entraves, même quand on la croit endormie, et elle fait explosion avec d'autant plus de force et de violence qu'elle a été plus longtemps comprimée et qu'on la croit éteinte ! ! !

La renommée, disais-je, la renommée pleine d'enthousiasme pour cette grandeur du peuple français, proclama partout, à tous ceux qui pouvaient l'entendre, que ce peuple géant avait bien mérité de l'humanité, pour ce sublime exemple de courage, de vertus civiques, d'émancipation et d'affranchissement qu'il donnait au monde et aux peuples asservis qui gémissaient sous le joug, et qu'il avait attesté la sublimité de sa noblesse dont il avait buriné, sur acier, les titres impérissables, en répondant dignement et fièrement ainsi, par ces actes éclatants d'héroïsme et de magnanimité, aux dénigrements et aux injures grossières des transfuges qui voulaient l'avilir aux yeux du monde, après l'avoir opprimé pendant des siècles, et aux menaces outrecuidantes et stupides de l'audacieux étranger qui violait injustement et témérairement notre sol. Puis, hélas! la renommée, frémissante d'émotion et peut-être de douleur, fit retentir à tous les confins de la terre sa voix émue, lugubre et plaintive, pour annoncer au monde étonné que les apôtres du droit et de la justice, qu'ils n'avaient cessé de revendiquer, que les conquérants et les défenseurs de la liberté, de l'honneur et de l'indépendance du peuple français, que les représentants autorisés de ce grand peuple outragé et menacé par des enfants rebelles et par le héros d'une coalition de rois, que sa liberté naissante faisait trembler en agitant ses ailes, que ces représentants intègres et sévères des droits, de la justice et de la dignité nationale, que ces gardiens fidèles, que ces défenseurs dévoués et infatigables des intérêts et de la destinée de la France avaient été forcés par la nécessité de sauvegarder tous ces trésors précieux, qu'ils avaient conquis avec tant d'efforts, tant d'héroïsme et tant de dévoûment, quasi surhumain, ils avaient été forcés de répondre et ils avaient répondu, non sans afflictions et sans regrets peut-être, ils avaient répondu aux invectives stupides des uns et aux menaces insensées et sans mesure de l'autre, ils avaient répondu par la mort violente, et peut-être pas assez méritée, de l'infortuné Louis XVI et de sa malheureuse famille.

Voilà quels furent les triomphes faciles que se promettait l'outrecuidance des émigrés et de leurs superbes auxiliaires.

Ils triomphèrent en fuyant devant l'héroïsme des enfants. du peuple français, pour lesquels ils montraient tant de dédain ; et leurs menées criminelles et leurs menaces insensées et ridicules aboutirent au renversement et à la ruine de la vieille monarchie française qu'ils voulaient et prétendaient défendre, pour défendre, en réalité, leurs titres et leurs privilèges, et à l'affligeant et douloureux spectacle d'un roi de France, fils d'une antique race qui ne fut ni sans grandeur ni sans gloire, souffleté et décapité, comme un vil malfaiteur, par la main du bourreau, le plus vil des hommes vivants ! C'est ainsi que, par leur appel à l'étranger, par leurs menées et leurs trahisons, par leurs insultes et leurs menaces insensées et antipatriotiques et par leurs guerres impies et fratricides, les émigrés, qui disaient : Meure le roi plutôt que le principe qui sauvegardait leurs privilèges, provoquèrent les lois des suspects et la terreur, qui ne furent en définitive que des armes défensives, à défaut d'autres, mises légalement dans les mains de la Révolution menacée de mort. Et c'est ainsi qu'ils poussèrent ce peuple loyal et généreux, mais irrité, ulcéré, exaspéré et mis en fureur par toutes les infamies du passé et par leurs conspirations et leurs méfaits odieux du présent, qu'il pouvait craindre, ils le poussèrent à des représailles terribles, à des vengeances sanglantes et cruelles, aux massacres impies de Septembre, aux noyades de Nantes et à tant d'autres épouvantables atrocités, que, dans son aberration vertigineuse, il crut nécessaires à sa défense et à son salut, et qui n'étaient que des cruautés horribles, indignes d'un peuple civilisé, aussi inutiles qu'inhumaines, qui ne pouvaient que le déshonorer et déshonorer et faire haïr la magnanime Révolution française.

Or, l'Allemagne, l'austère Allemagne aurait dû se souvenir qu'elle fut la cause effective et déterminante de toutes ces lois de suspicion, de prévention et de meurtre par défiance ; de toutes ces mesures draconniennes d'épouvante et de terreur ; de tous ces massacres horribles et monstrueux, par l'appui moral et matériel qu'elle avait donné à nos émigrés rebelles ; par ses menaces outrageantes, par ses hostilités et ses injustes agressions, par son audacieuse violation de notre sol dont elle fut cruellement punie à Valmy, à Jemmapes et à Fleurus. Elle aurait dû se rappeler tout cela, elle aurait dû se rappeler tous ses torts, et combien elle avait été coupable envers la France, à ces heures du passé, pour ne pas être injuste en nous rendant responsables et en nous faisant un crime des violences, des humiliations et des cruautés qu'elle avait eu à souffrir d'un despote dont le peuple français n'avait été que l'instrument passif et involontaire. Elle aurait dû avoir assez d'équité et assez de raison pour ne pas garder à la France, innocente, une injuste rancune et une haine de préjugés qui ont permis à ses maîtres ambitieux, avides de gloire et de grandeur, de la pousser sur nous, comme une bête féroce affamée, en lui faisant croire qu'on nous faisait la guerre de revanche, de gloire et d'honneur pour elle, tandis qu'en réalité on nous faisait une guerre de conquête, pour la satisfaction de leur orgueil à eux, pour grandir leur puissance dynastique; guerre qu'ils avaient préméditée, longuement préparée et fait naître, en profitant de la sottise de Napoléon III; et ils l'avaient fait naître avec la certitude de nous vaincre, connaissant l'impéritie, l'incapacité, l'incurie et le manque, ou l'insuffisance, des moyens de défense, du gouvernement de ce nouveau despote, qui nous avait encore asservis et démoralisés.

Eh bien! la rêveuse Allemagne s'est laissée égarer, elle a oublié ses torts envers nous, pour ne se rappeler que les offenses qu'elle en avait reçues, elle nous a fait une guerre de prétendue revanche, elle nous a vaincu, elle nous a imposé une rançon de cinq milliards de francs, elle nous a causé des dommages, des ruines, des ravages et des déprédations au moins pour une somme égale, elle nous a fait dépenser une somme peut-être deux fois plus grande, et elle est plus pauvre que nous à cette heure. Car, nous, débarrassés du despotisme pesant et odieux de l'Empire, par le concours involontaire qu'elle nous a prêté et dont nous lui en savons un gré infini, nous nous sommes élevés plus haut que nous n'étions avant la guerre avec notre inepte empereur, et elle est plus pauvre qu'elle n'était alors.

Qu'a-t-elle donc gagné par la revanche qu'on lui a prêchée et dont elle s'est enivrée pendant cinquante ans?

Elle a gagné la vaine satisfaction d'un amour-propre national mal entendu et d'une vengeance haineuse, injuste, sans motif et sans raisons suffisantes; une unité nationale peu homogène et illusoire, qui en fait l'esclave de la Prusse; un vain titre d'empire, que nous ne lui envions pas, et un despote plus puissant et plus redoutable que nous lui envions encore moins, nous qui lui devons des actions de grâce de ce qu'elle nous a débarrassés du nôtre et qui ne regrettons pas les milliards nombreux qu'elle nous a fait payer, ni ceux qu'elle nous a fait dépenser pour l'extirpation de cet ulcère dévorant qui nous rongeait le sein et le cœur!

Voilà le profit plus ou moins négatif que la docte et rancuneuse Allemagne a tiré de la revanche qu'elle a ardemment désirée et prêchée pendant cinquante ans. Ah! j'oublais, elle a gagné l'Alsace-Lorraine, qu'elle convoitait et qui sera pour elle le pesant boulet du forçat; elle a gagné le titre de prince pour M. de Bismark, qui ne cesse de lui forger des chaînes, au grand profit du despotisme de son maître et au grand dommage de la liberté du peuple allemand, dont il retardera peut-être de quelques siècles l'émancipation définitive. Elle a gagné aussi de voir quelques-uns de ces pillards meublés des dépouilles qu'ils nous ont prises et quelques-uns de ses hauts seigneurs et de ses hobereaux, enrichis de nos milliards qu'ils se sont partagés. Mais, comme toujours et partout, le pauvre peuple allemand, qu'on a rué sur nous, qu'il le voulût ou non, et peut-être malgré lui, en dépit du chauvinisme fanatique qu'on lui prêchait depuis un demi-siècle, le pauvre peuple allemand qui a arrosé et fertilisé nos champs du sang, de la chair et des os de ses malheureux enfants, mêlés au sang, à la chair et aux os des nôtres, et ainsi unis dans la mort, comme ils avaient droit et comme ils auraient dû être unis dans la vie, pour s'aimer, ces enfants des deux peuples qui n'étaient pas nés pour se haïr et pour s'entr'égorger, et qui se seraient sans doute aimés fraternellement sans l'ambition de leurs tyrans réciproques! Le pauvre peuple allemand n'a rien gagné que souffrances et misère, des douleurs et la mort! Il a gagné la perte de ses enfants, morts pour satisfaire l'ambition et le caprice de ses maîtres; il a gagné la ruine de son industrie, la perte de son travail, la misère la plus affreuse, l'abaissement moral et matériel de la patrie commune, au profit de l'élévation de la Prusse, et une servitude et un esclavage plus grands, et sans doute plus longs de quelques siècles.

Or, si le sentiment de notre devoir à nous, hommes libres et éclairés, qui avons la prétention, pas toujours justifiée, de porter le flambeau du progrès humain et de la civilisation, à la tête des nations les plus éclairées et les plus civilisées, si le sentiment de notre devoir envers l'humanité, envers la justice, envers la raison, envers la vie des hommes et des peuples, qui devrait être sacrée et inviolable, aussi bien celle des uns que celle des autres, si ce pieux sentiment de l'éternelle justice, de l'éternel amour et de l'éternelle pitié, qui devrait nous inspirer un éternel respect pour la vie humaine et pour les droits, pour la liberté, pour l'indépendance, pour la vie et l'honneur des nations. Et si ce divin sentiment d'humanité et de justice ne suffit pas pour nous inspirer l'horreur de l'assassinat, du massacre, du carnage des hommes, de ce qu'on appelle la guerre, l'exemple salutaire, de l'Allemagne, plus pauvre et relativement plus faible après la victoire, suffira, je l'espère, pour que nous ne fassions la guerre à personne, ni sous un prétexte ni sous un autre, sans une nécessité absolue de force majeure : pour défendre nos intérêts moraux et matériels, notre liberté et notre indépendance, notre dignité, notre honneur et notre place élevée parmi les plus puissantes et les plus orgueilleuses nations de la terre. Mais, comme pour avoir la paix il faut toujours être prêt à la guerre, selon la sagesse des nations, et vu l'état d'antagonisme et le formidable et constant armement de toutes les puissances de l'Europe qui nous jalousent, nous serons toujours prêts, nous aussi, à défendre partout et contre tout agresseur, nos droits, nos intérêts, notre prestige bien acquis et notre juste influence dans le monde.

Pourvu, hélas ! que nous ne soyons pas gouvernés par un ministre pusillanime, aux idées incohérentes, aux principes flottants, n'ayant ni vues ni sens politique, sans prévoyance et sans but, comme M. de Freycinet ; et par une coalition parlementaire hybride et monstrueuse de députés issus du scrutin d'arrondissement, comme ceux qui soutiennent ce ministre oscillant et jongleur, en défendant sa politique humiliante et ruineuse de la peur, de la condescendance, de l'effacement, et de l'abandon des intérêts et de l'honneur du pays. Tous, le ministre et les députés de sa majorité d'emprunt, tous plus ambitieux que patriotes, plus préoccupés de dénigrer et de rabaisser M. Gambetta et sa politique, aussi élevée, aussi grande et aussi nationale que la leur est vide, terre à terre et peu patriotique ; tous, plus soucieux de conserver, le ministre son pouvoir, et les députés leur siège, leurs clients et l'espoir de s'élever plus haut ; tous, plus anxieux pour les intérêts de leur ambition, de leur vanité et de leur égoïsme, que pour la dignité et la grandeur de la France ; tous ont sacrifié et sacrifient à leurs petites passions, en Égypte et ailleurs, nos intérêts, notre dignité de grande nation, notre prestige, notre honneur et notre influence séculaire aussi bien acquise qu'indispensable à notre prépondérance morale et matérielle sur les populations musulmanes de l'Afrique.

Oh ! quant au sol sacré de la patrie, ce parvis inviolable du temple de nos pénates, le téméraire qui voudrait y mettre le pied à cette heure, sans notre permission et malgré nous, trouverait la vaillante nation toute entière et sans distinction de parti, debout comme un seul homme pour le défendre! Et M. de Freycinet qui a fait, jadis, ses preuvres de dévoûment patriotique, avec le grand patriote qu'il a abandonné, M. de Freycinet, malgré ses faiblesses récentes et l'inconsistance de ses idées politiques, serait un des premiers à donner son talent, son bras, et au besoin son sang et sa vie, pour la défense de notre chère patrie! et ceux qui, comme moi, auraient leurs forces usées par l'âge et par le travail et seraient impuissants pour combattre, ceux-là se traîneraient dans les forteresses pour fermer les poternes, et au besoin pour boucher de leur corps, devenu inutile, les brèches faites à nos remparts! — Les Bayard, les d'Assas, les Marceau, les Abbatucci et les Hoche n'ont jamais manqué et ne manqueront jamais à la France, et encore moins à la France républicaine, mon cher Monsieur Olimagli! comme les Sant Piero, les Gafori et les Paoli ne manquèrent jamais à notre Corse et ne manqueront jamais à notre chère France.

On a fait un crime à M. Gambetta d'avoir voulu limiter les droits du Congrès national en spécifiant les réformes constitutionnelles sur lesquelles il était appelé à délibérer, à l'exclusion de toutes autres. Comme si un gouvernement, responsable de l'exécution et du respect des lois, pouvait, sans forfaiture digne des plus grands châtiments, laisser mettre en question, par une assemblée sans mandat, sans mission expresse, la forme et le fond des institutions que le pays s'est données ; comme si un gouvernement, qui a conscience de toute la grandeur de ses obligations, de son devoir, pouvait laisser dépecer ou anéantir, sans protester hautement, la Constitution qui fait sa raison d'être et dont il est le gardien et le défenseur autorisé et responsable! Comment! la République, issue de la volonté nationale, ne serait donc pas une institution solidement fondée? Elle ne serait donc pas un gouvernement national définitif dont on pourrait réformer et améliorer les détails sans que nul puisse changer ni l'essence des institutions, qui le constituent, ni la forme représentative et démocratique, qui le caractérise ?

Comment! les légitimistes, les orléanistes, les bonapartistes, les cléricaux et les anarchistes de l'intransigeance auraient le droit, sans mandat spécial déterminé de la nation, ils auraient le droit, révolutionnaire et anarchique, de proposer au Congrès, les uns la restauration de la royauté prétendue légitime d'Henri V, les autres la restauration de la royauté du comte de Paris, les impérialistes la restauration d'un empereur quel-

9

conque, les cléricaux l'inauguration de l'oligarchie théocra-
tique, qu'ils rêvent depuis si longtemps, et les anarchistes
révolutionnaires la suppression de tout gouvernement, la restauration de la Commune ou d'une Convention plus ou moins
nationale, d'une Convention abortive ou rachitique, sans ho-
mogénéité, sans principes efficaces, sans idées fécondes, sans
cohésion et sans force morale productives, qui, voulant imiter
sa gigantesque et glorieuse aînée, comme le singe grimace les
nobles et majestueuses allures de l'homme, ne produirait que
l'anarchie et le désordre, les compétitions sanglantes, la ruine
de la démocratie, de la République, de la liberté et de la
patrie ?

De telle sorte que, si, par un calcul d'intérêt plus ou moins
égoïste ou plus ou moins bien entendu, une coalition aussi
homogène, aussi honnête et aussi morale que celle qui a forcé
M. Gambetta et ses collaborateurs à quitter le pouvoir, pouvait
se former dans le Congrès, au profit de l'un de ces partis, la
République serait supprimée, et la démocratie et la liberté
feraient place au despotisme et à l'arbitraire d'un roi, d'un
empereur, d'une oligarchie ou d'une démagogie !

Quoi ! la République pourrait être supprimée ainsi et rem-
placée par une monarchie, par une oligarchie, par la Commune,
d'horrible mémoire, ou par l'anarchie qu'enfanterait un vain
et dangereux simulacre de notre immortelle Convention dont
les pygmées qui voudraient singer ses membres géants méconnaissent ce qu'il y avait de grandiose et de fécond dans sa
pensée et dans ses actes, pour n'admirer et ne vouloir pratiquer
que ses aberrations et ses méfaits déplorables ? Et ces changements désastreux pourraient se faire sans que le gouvernement de la République, qui a charge de la destinée et de la
grandeur du pays, puisse s'opposer à une pareille violation des
lois constitutives, à un pareil attentat contre les droits de
l'État, contre la souveraineté nationale, contre la liberté et
l'indépendance morale et politique de tous les citoyens ? Comment ! le gouvernement de la République qui a la mission
formelle et inéluctable, le devoir strict et rigoureux de faire
respecter et de défendre la loi qui garanti les plus humbles
intérêts du plus humble des citoyens, n'aurait pas le droit et le
devoir de faire respecter et de défendre les lois qui garan-
tissent l'ordre public ? Il n'aurait pas le droit et le devoir de
faire respecter et de défendre la Constitution qui garantit les
droits et les intérêts les plus sacrés de la nation ?

Et ces théories, anticonstitutionnelles, antilibérales et anti-démocratiques, sont professées par les grands hommes d'État du pur radicalisme, par ces hommes austères dont les principes, sévères et inflexibles, ne leur permettent jamais de transiger, ni avec les circonstances, ni avec les événements, ni avec les nécessités, ni avec les hommes, si ce n'est pour se coaliser avec les ennemis les plus dangereux de la République et de la liberté, pour diminuer l'influence de M. Gambetta, pour le renverser du pouvoir et pour l'empêcher de se relever, en ayant soin de ne pas lui fournir ou de lui laisser fournir l'occasion de prendre sa revanche, comme le recommandait naïvement l'un d'entre eux ?

Quoi ! ce sont ces puritains, ces défenseurs exclusifs des droits du peuple et de la liberté du peuple, qui soutiennent la doctrine, liberticide et antidémocratique, qu'une Assemblée a le droit de modifier et de changer la Constitution à son gré, sans en avoir reçu la mission du peuple souverain dont ils ont toujours le nom vénéré sur les lèvres ?

Quoi ! les élus du suffrage universel, Mgr Freppel, Baudry-d'Asson, Cassagnac, Bonnet-Duverdier et Moret en tête, pourraient dire au suffrage universel qui les a nommés, comme Tartufe disait à Orgon : « Cette maison est à moi, c'est à vous d'en sortir ? » Et ne serait-ce pas là un attentat, un coup d'État parlementaire, contre les droits, contre la liberté, contre la sécurité et l'indépendance de la souveraineté nationale ?

Car, quelle différence font-ils ces théoriciens, ces défenseurs rigides des principes absolus, quelle différence font-ils entre les coups d'État des Bonaparte, violant et usurpant la souveraineté du peuple, pour constituer un empire à leur profit, et les coups d'État d'une Assemblée, qui usurperait les droits de la nation et ferait ce que le suffrage universel ne lui a pas donné mission de faire, en s'arrogeant le droit constituant, sous un gouvernement régulier, sans en avoir reçu le mandat ? Quelle différence font-ils entre la dictature d'un Napoléon, ou de tout autre ambitieux sans scrupule, et la dictature de la majorité factieuse d'une Assemblée, ceux qui voient un dictateur dans tout homme supérieur qui leur porte ombrage, et qui crient au pouvoir personnel et à l'usurpation des droits de l'Assemblée nationale et de la souveraineté du peuple, si cet homme demande des réformes utiles, nécessaires, essentielles et urgentes, mais qui ont le tort, très-grand et impardonnable de porter atteinte à leur vanité, à leur ambition, à leurs mesquins intérêts ?

Ces sectaires, dont le rigorisme et la logique à outrance de leurs principes, poussés jusqu'à l'absurde par leurs passions malsaines, aveugles et subversives, ces puritains sacrifient toujours aux suggestions égoïstes de leur ambition, plus ou moins consciente, l'essence même des vrais principes démocratiques, qu'ils se sont donné la mission de défendre à leur manière. Ces myopes, plus ou moins volontaires, ne voient jamais qu'un côté des choses, n'en voient jamais clairement le côté vrai et encore moins le côté pratique, et, de bonne foi, par bêtise ou par calcul intéressé, ils prennent toujours l'ombre pour la réalité de l'objet qu'ils poursuivent, ou qu'ils font semblant de poursuivre. Ils laissent toujours ainsi brûler le rôti en s'enivrant de la fumée; ils laissent voler la farine au vent pour ramasser les paillettes brillantes du son ; ils mettent le feu à la maison et la laissent brûler en s'extasiant devant l'incendie qu'ils ont allumé, avec l'espoir ou faisant espérer, aux naïfs et aux pauvres d'esprit, qu'ils feront sortir un palais merveilleux des ruines fumantes. Ils font toujours ainsi le contraire de ce qu'il faudrait faire, pour le triomphe de la cause qu'ils ont reçu ou qu'ils se sont donné mission de faire triompher.

C'est ainsi que sous la république de Quarante-Huit, morte au berceau, les sectaires à principes absolus, parmi lesquels je comptais des amis, c'est ainsi que les purs de ce temps-là, qui sont toujours les mêmes, votèrent contre la loi des questeurs, qui pouvait, seule, sauver la République et la France à cette heure suprême où se tramait le coup d'État de Louis Bonaparte, en faveur duquel ils votèrent, sachant bien qu'il conspirait la mort de la République et l'asservissement du pays ! Et pourquoi ce vote, qui paraissait une trahison du mandat que la nation leur avait donné? parce qu'ils craignaient, disaient-ils, que l'assemblée ne fît un coup d'État parlementaire, pour restaurer la monarchie. Ils voyaient ainsi un danger éloigné, sinon chimérique et imaginaire, sans voir, ou ne voulant pas voir le danger réel et imminent qui était à leurs pieds, qui les enlaçait, qui les étreignait déjà, ou ne le voyant qu'à travers le brouillard de leurs passions, ou d'idées préconçues, fausses et malsaines. Et le lendemain, Louis Bonaparte, devenu loup dévorant, d'agneau inoffensif qu'ils l'avaient cru peut-être, étranglait la République, piétinait sur la France terrassée et bâillonnée, pour s'être, follement et imprudemment fiée à son serment, et les récompensait, eux, de leur vote insensé ou coupable, qui avait facilité son crime, en les faisant chasser par ses prétoriens, comme on chasse d'ignobles valets infidèles.

Les purs de ce temps-ci ne procèdent pas autrement. Ils oublient, méconnaissent, ou violent à dessein, les principes vrais, les principes positifs, pratiques, profitables et bienfaisants du gouvernement démocratique et parlementaire, sous le prétexte fallacieux de défendre de prétendus principes abstraits, subjectifs, imaginaires et chimériques, indéterminés et indéfinissables, qui restent toujours les inconnues du problème transcendant de la géométrie politique et sociale, qu'ils veulent ou qu'ils disent vouloir résoudre, sans poser ni spécifier les premiers termes, ou en éliminant les éléments connus pour déterminer les inconnus. Et ces puritains, aux principes inflexibles, ne craignent pas de se départir de leur rigorisme pour s'allier avec les ennemis les plus dangereux de la République, contre les amis et les défenseurs les plus dévoués de la démocratie et de la liberté; parce que ceux-ci portent ombrage à leur vanité et à leurs intérêts égoïstes, tandis que les autres, en menaçant la République, ne menacent leur ambition que dans un temps qu'ils croient impossible, ou du moins incertain, ou très-éloigné.

Les principes sévères de ces Catons modernes, sont tellement logiques, conséquents, rationnels, justes et immuables, qu'ils leur imposent l'obligation, le devoir inéluctable et leur font un cas de conscience de demander périodiquement, chaque année, à la Chambre, de prononcer sa dissolution et de décréter la nomination, par le suffrage universel, d'une assemblée constituante, avec la mission expresse de faire une nouvelle constitution; ce dont ils seraient bien attrapés si l'on prenait au sérieux leurs jongleries. Car tout cela n'est pour eux qu'une mise en scène pour plaire à un certain monde; sachant bien que ni la Chambre ni le Sénat, dont ils demandent aussi la suppression, ne sont disposés à se suicider, pas plus qu'ils n'en ont envie eux-mêmes. Oui! ces grands politiques, ces démocrates austères, aux principes immuables, qui reconnaissent ou veulent attribuer à un Congrès sans mandat le droit absolu de changer à son gré la Constitution, et même la forme du gouvernement, ne reconnaissent pas, disent-ils, d'après la pureté et l'inflexibilité de leurs principes, ils ne reconnaissent pas la légitimité de la Constitution, d'après laquelle ils siègent pourtant et consentent à siéger illégalement; comme ils ne reconnaissent pas la légalité de la Chambre dont ils ne sont pas bien peinés, je crois, de faire partie. Pour eux, pour ces magnanimes défenseurs des droits et de la liberté des citoyens, cette Constitution est un attentat aux droits souverains du peuple et la Chambre en est l'usurpatrice, parce que l'Assemblée nationale de Versailles, qui a fait la Constitution, n'avait pas reçu, prétendent-ils, du suffrage universel, qui l'avait nommée, la mission explicite et formelle de la faire.

Et moi, qui, d'après nos vieilles idées de la souveraineté nationale, d'après les principes démocratiques traditionnels, croyais ladite Assemblée légalement souveraine et légitimement constituante, quoique nommée dans un jour de malheur et antirépublicaine! Il faut donc que nous soyons restés bien en arrière du progrès des idées, nous, pauvres républicains de la première heure! Il faut que notre pensée, vieillie et fatiguée, n'ait pu suivre le vol ascensionnel et élevé de celle de ces grands penseurs! Hélas! oui! il faut croire que nos vieux principes et nos vieilles doctrines démocratiques, ramollis et usés par le temps, n'ont plus ni la solidité voulue et nécessaire, ni l'équité et la justice désirées et réalisables, ni l'élasticité et la fécondité progressives qu'ils avaient ou que nous leur croyons, et que possèdent sans doute maintenant ceux de ces profonds et infaillibles théoriciens! Ou bien, il faut croire que nous n'avons pas la conscience aussi délicate, aussi pure, aussi désintéressée et aussi invulnérable que celle de ces Aristides modernes dont la France a lieu d'être fière, puisque ceux qui les écoutent, et qui ont foi à leurs oracles prophétiques, en sont émerveillés, enthousiasmés, ravis!

Mais si nos principes ont vieilli, pour ces grands esprits, si nos idées ne sont plus à la hauteur, de celles de ces grands apôtres, de leurs néophytes et de leurs adeptes, si ces grands novateurs parlent une langue nouvelle que nous n'avons pas apprise et que nous ne pouvons comprendre, pour nous convertir à leurs doctrines transcendantes, nous avons peut-être le droit et nous avons certainement le devoir de faire entendre notre vieille langue à ceux qui sont restés fidèles aux vieilles traditions de la souveraineté du peuple, à ceux qui peuvent nous comprendre et qui pourront avoir foi en notre sincérité. Car, on sait bien que nous avons été pendant plus de cinquante ans dévoués corps et âme à la démocratie, à la République et à la liberté, sans rien espérer, sans rien vouloir de la République, rien que notre part de droit, de justice et de liberté; rien que notre part de l'honneur, de la dignité et de la grandeur morale de la France, qui reviennent et qui sont dus à chaque citoyen français.

Il est vrai que par cela seul que nous aimions la République et la liberté, avec ardeur et dévoûment, mais seulement pour elles-mêmes et pour tous les citoyens aux mêmes titres, sans ambition et sans calcul égoïste d'intérêts personnels, nous les avons toujours aimés et nous les aimons, sans ostentation, sans mise en scène et sans tapage ; sans crier à tous propos et à tous venants, que nous sommes dévoués à la démocratie, à la République, à la liberté, au peuple et à une foule d'autres objets dont les noms sonores flattent l'oreille des simples d'esprit, comme font ces grands démocrates aux principes sévères, autant qu'ils sont féconds pour l'avenir de la République et le triomphe de la démocratie et de la liberté, dont les grands et graves intérêts font exclusivement la préoccupation et le souci incessant de ces transcendants politiques. Nul ne pourrait douter du dévoûment et de l'abnégation patriotiques de ces grands champions de la liberté et des droits du peuple, et les hommes de peu de foi, aux idées étroites, stationnaires ou rétrogrades, peuvent seuls croire le contraire !

Eh bien ! qu'on me traite d'arriéré, de rétrograde, d'encroûté, de réactionnaire si l'on veut, je ne crois ni au dévoûment, ni à la bonne foi, ni au désintéressement, ni à la valeur morale de ces gens-là, pas plus que je crois à leurs théories énigmatiques, à la rigidité de leurs principes absolus et indéterminés, à la pureté, à la sincérité et à l'efficacité de leurs doctrines, toujours inconnues, à l'état latent, ou à l'état d'incubation, sans pouvoir prendre un corps et naître à la lumière.

Car, comme Sisyphe roulant éternellement son rocher, ces nouveaux Prométhées qui veulent créer, de toute pièce, un nouveau monde moral et matériel, et l'éclairer d'une nouvelle lumière qu'ils déroberaient au ciel, sont condamnés à un travail perpétuel d'enfantement sans parturition, où ils n'accoucheront jamais que d'un éphémère, comme la montagne en mal d'enfant qui accouche d'une souris.

Or, mon peu de foi aux principes, aux doctrines, aux théories, au dévoûment, à la sincérité et à la bonne foi de ces nouveaux messies, m'empêche de croire à leurs négations aussi bien qu'à leurs affirmations sans preuves, et je déclare croire fermement ce que nient ces grands théoriciens. Je crois qu'aux heures troublées et douloureuses où fut nommée l'Assemblée de Versailles, dans la situation horriblement critique où se trouvait alors la France, atterrée par les exigences impérieuses de la force irrésistible des faits et des choses, je

crois qu'elle avait reçu nécessairement du suffrage universel,
sans qu'il eût besoin de le dire, le mandat constituant aussi
bien que celui de faire la paix avec l'envahisseur. Oui ! après
une révolution, aux heures tristes et sombres où l'étranger
blessait la pudeur de nos femmes et de nos filles, par sa présence hideuse, à l'heure où le farouche envahisseur humiliait
notre antique fierté gauloise et notre juste orgueil national en
souillant notre sol, à l'heure où un sort cruel permettait au
fauve Teuton d'insulter, par la force du nombre, à notre valeur
bien connue, à notre courage trahi et à notre honneur sans
taches, heureusement sauvé par l'énergie du grand patriote ,
à l'heure où l'ours du nord ternissait de sa griffe sanglante et
immonde, et de son haleine impure, notre vieille gloire immor-
talisée par tant de hauts faits, par tant et tant de triomphes
éclatants, à l'heure où notre audacieux et cruel vainqueur
découronnait la dignité native de notre race et abaissait notre
grandeur morale traditionnelle de grande et indomptable nation,
en tenant sa botte impitoyable, hideuse d'immondices teintes de
notre sang, sur la poitrine déchirée de la France, écrasée par
le nombre, vaincue et agonisante ! A ces heures néfastes de
poignantes douleurs, à ces heures de deuil et d'angoisses publics
où la France, mortellement blessée et mourante, n'avait ni
gouvernement régulier, ni constitution, ni force morale, ni
puissance matérielle, où le vaisseau de l'État, désemparé, sans
gouvernail, sans pilote et sans boussole, était ballotté par la
tempête de mille passions contraires sur la mer orageuse de
l'anarchie qui menaçait de le submerger et de l'engloutir,
nous croyions alors, que, nommée à ces heures terribles d'effa-
rement, de tourmente et d'anxiété national, l'Assemblée de
Versailles recevait essentiellement, du suffrage universel, une
mission plus haute et plus pressante que celle de faire la paix
à tout prix !

Et ce que nous croyions en ces temps néfastes et douloureux
où nous mettions notre bulletin dans l'urne avec cette pensée
convaincue, nous le croyons encore, avec autant de conviction,
après avoir entendu la nouvelle doctrine constitutionnelle de
ces grands théoriciens de la démocratie transcendante, qui
affirment aujourd'hui ce qu'ils niaient hier, sans être dans le
vrai de la doctrine démocratique et parlementaire ni hier, ni
aujourd'hui.

Car, il n'y a ni raisons ni motifs plausibles pour admettre
que, dans les conditions tristes et précaires, que, dans la situa-

tion critique et dangereuse où se trouvait alors la France, menacée, obsédée et tourmentée par des craintes effroyables, l'Assemblée de Versailles n'avait pas reçu implicitement, du suffrage universel, la mission et n'avait pas le droit, et essentiellement le devoir, de faire une constitution et d'organiser un gouvernement. Et, du reste, comment se fait-il que les puritains qui refusaient et qui refusent encore le pouvoir constituant à l'Assemblée de Versailles, nommée dans une situation aussi troublée et sans lendemain, qui lui imposait le devoir patriotique de faire une Constitution, comment peuvent-ils, sans une aberration d'esprit et d'idées, comment peuvent-ils revendiquer le droit constituant pour une assemblée nommée sous un gouvernement régulier, avec une mission déterminée et purement législative?

Est-ce que les principes démocratiques absolus et sévères donneraient une vue double et un double devoir, tour à tour effectif ou contraire, à ces coryphées du peuple, dont ils se disent modestement les seuls vrais défenseurs, à l'exemple de ce vieux républicain d'avant 48, qui avait à se défendre, disait-il, du poison des jaloux de sa science et des ennemis de ses vertus civiques et de sa grande popularité, et qui, sans orgueil, avec un désintéressement, une générosité et une modestie exemplaires, aurait amassé des millions, dit-on, sans le vouloir, en donnant des conseils hygiéniques, qui n'étaient pas, d'après la science, de la Faculté, dont il dédaignait les titres, et qu'il donnait par pur dévoûment, et pour une petite rémunération, aux pauvres gens du peuple qu'il aimait et qui baisaient les pans de son habit, par gratitude, et l'appelaient leur père avec effusion? Ah! l'amour trop ardent qu'il avait pour sa famille put seule empêcher ce généreux patriote de donner une obole de ces millions, pour secourir ce pauvre peuple qui les lui avait donnés et pour défendre la patrie aux heures douloureuses de nos désastres? Oh! que certains grands hommes paraissent petits devant les faits et devant la saine raison! Est-ce que les principes rigides de la démocratie, selon les nouvelles doctrines, veulent qu'une assemblée, sortie du suffrage universel, ne soit légitime, souveraine et constituante que lorsqu'elle a leurs idées, ou, mieux, lorsqu'elle a leurs passions et qu'elle est disposée et prête à mettre en pratique leurs doctrines qu'ils seraient en peine de formuler? et qu'une assemblée est illégitime et sans droit lorsqu'elle ne pense pas comme eux et ne veut pas ce qu'ils veulent? Si toutefois ils savent ce qu'ils veulent, en dehors de leur vanité et des petits intérêts de leur malsaine et puérile ambition !

Mais, de quelle nature sont-ils donc leurs merveilleux principes qu'ils disent souverains, justes et sacrés autant qu'efficaces, sans les faire connaître ou ne les faisant connaître que d'une manière vague et énigmatique, et qui, si on les croit sur parole, recèlent dans leurs fécondes entrailles tout un monde politique et social nouveau, prêt à en sortir tout d'une pièce, comme Minerve sortit toute armée du cerveau de Jupiter ? Trouvent-ils leurs abstractions métaphysiques quintessenciées suffisamment claires pour l'intelligence de ceux qui les écoutent ? Suffit-il d'enivrer ces naïfs du bruit des quelques mots sonores et alléchants avec lesquels ils cherchent tour à tour et sans cesse à les électriser, pour les arracher au sommeil, ou à les magnétiser, pour les endormir ?

Oui ! trouvent-ils suffisant pour éclairer leurs adeptes, leurs néophytes et les païens qu'ils veulent convertir à leurs nouvelles doctrines, trouvent-ils suffisant d'exclamer toujours, comme saint Jean dans le désert, à propos de tout et à propos de rien, les mots pompeux de vrais principes démocratiques, de peuple souverain, de droits et de liberté du peuple, de droit au travail, d'affranchissement, d'émancipation, de liberté et d'indépendance des travailleurs, d'instruction intégrale des enfants, du peuple, et autres mots équivalents et aussi retentissants dont se contentent sans doute leurs trop crédules disciples, qui, pleins de foi, croient à leurs oracles sans les comprendre ?

Faut-il croire que ces grands apôtres, que ces grands prophètes des nouvelles doctrines démocratiques, trouvent excellente et surtout facile la méthode de la pythonisse antique : de laisser au jugement de chacun des croyants l'interprétation de leurs oracles mystérieux, sans dire quelle est l'étendue, l'ampleur et le contenu de leurs mots sybillins, redondants, creux, sans suite et sans conclusions ? Faut-il croire qu'ils trouvent plus commode, plus facile, et surtout moins compromettant et plus profitable à leur ambition et à leur égoïsme, de taire que de dire où commence et où finit la souveraineté du peuple, où commencent et où finissent les droits et la liberté du peuple, où commencent et où finissent la liberté, l'affranchissement, l'émancipation et l'indépendance des travailleurs, qu'ils prétendent revendiquer ? Mais, ce mot de peuple qu'ils ont toujours sur les lèvres comme l'enfant qui bégaie sans cesse celui de papa, ce mot magique qui contient tout un monde politique, moral, économique et social à réaliser, qu'on ne fait pas connaître, comprend-il toute la nation française ou seulement une partie de la nation ?

Et si ce mot de peuple et de peuple souverain dont ils fatiguent sans cesse tous les échos, ne comprend qu'une partie de la nation, pourquoi ne disent-ils pas, eux, ses champions officieux, si ce peuple du peuple revendique des droits particuliers et une liberté distincte; comme ils ne disent pas si leurs fameux principes démocratiques et sociaux se résument dans ces quelques mots pompeux qu'ils récitent toujours comme leur décalogue et leur crédo politique? Faut-il croire que, pour avoir des principes démocratiques, économiques et sociaux féconds, justes et arrêtés, il faut n'avoir aucun principe spécifique et déterminé? ce qui revient à n'avoir aucun principe ou à n'avoir que les principes de sa vanité, de son ambition, de ses mesquins intérêts !

Mais, comment les républicains sincères et intègres de l'extrême gauche, et d'autres groupes plus ou moins radicaux et plus ou moins intransigeants, parmi lesquels il y a des hommes de cœur, de talent, de caractère et d'honneur, et qui n'ont que le tort, très-grand de faire cause commune avec des hommes sans conviction, d'une valeur et d'un caractère douteux, et le tort, aussi grand et aussi préjudiciable pour leur bonne renommée, pour la République et pour le pays, de faire de la politique sentimentale, comme si la politique n'était pas subordonnée au temps, aux circonstances, aux événements fortuits et aux passions des hommes, toutes choses avec lesquelles il faut compter; comment ces républicains estimables et estimés malgré le rigorisme de leur politique exclusive et stérile ; comment ces hommes honorables et honorés malgré leurs accointances avec des hommes peu dignes d'eux, comment peuvent-ils, eux, dont quelques-uns, que j'estime fort, ont eu à souffrir du coup d'État criminel de Décembre, comment peuvent-ils préconiser la puissance absolue d'un Congrès sans mission déterminée, comme ils l'ont fait, le 26 janvier, par jalousie, par rancune ou par ambition, sans craindre un coup d'État parlementaire qui pourrait supprimer le suffrage universel, la souveraineté du peuple, la liberté et la République ??

Comment ont-ils pu et comment peuvent-ils, sans perturbation d'esprit, comment peuvent-ils vouloir accorder un droit aussi exorbitant, aussi dangereux pour la République et pour la liberté, à une Assemblée sans mandat défini, la sachant

dominée par tant d'opinions contraires, et sans cesse agitée
par des passions hostiles, haineuses et subversives, antirépublicaines et antilibérales, eux qui revendiquent toujours pour
le peuple, non-seulement le droit imprescriptible de sa souveraineté constituante, organique et législative, par délégation du
suffrage universel, ainsi que le veulent tous les républicains
sincères, pratiques, progressistes et réformateurs, mais qui
revendiquent pour lui, pour ce peuple, d'une manière plus ou
moins explicite, plus ou moins consciente peut-être, une domination directe, effective et absolue, qui conduirait infailliblement à l'anarchie et au désordre, à la ruine de la République,
de la liberté et de la patrie ?

C'est ainsi que, aveuglés par la passion, par la vanité et
l'orgueil, par l'égoïsme et la haine, ils n'ont pas craint de
s'associer avec les démagogues, intransigeants et anarchistes,
ennemis de tout ordre et de toute autorité protectrice, et avec
tous les éternels ennemis de la démocratie et de la liberté,
avec leurs anciens persécuteurs, pour renverser du pouvoir
M. Gambetta dont les talents et les vues politiques les offusquent d'autant plus qu'ils diminuent leur importance et leur
valeur douteuses et surfaites. Aussi, pour peu, ils auraient
demandé la mise hors la loi de ce grand citoyen, du grand
patriote, à l'exemple des procédés terribles d'autres temps, que
le mauvais destin serait impuissant à faire revivre. Et cette
fureur implacable, qui débordait de leur haine, de jalousie et
de rancune, était d'autant plus grande contre l'éminent homme
d'État, que ce grand démocrate leur avait dit avec la conviction
patriotique qu'il puisait dans son suprême respect pour la
souveraineté nationale, et dans son grand sens politique, qu'il
considérerait l'Assemblée comme factieuse et révolutionnaire,
si, sans mandat défini, elle s'arrogeait le droit de réformer les
bases fondamentales de la Constitution, au-delà des points dé-
terminés d'avance, ou si elle usurpait le droit exorbitant de la
changer ou de la supprimer, et que, en ce cas, il estimerait
que ce Congrès devait être considéré comme une assemblée
d'hommes en état de rébellion contre la loi, contre le suffrage
universel, contre la souveraineté nationale, et qu'il mériterait
d'être traité comme coupable de haute trahison.

Cette franche et courageuse déclaration pour la défense de
l'autorité et des droits de l'État; pour la défense de la loi, de
la souveraineté nationale, de la Constitution, de la République, de l'ordre et de la liberté; cette déclaration patriotique

qu'il faisait, avec autant de conviction que de loyauté et d'énergie, sans nécessité, sans y être forcé et contre ses intérêts les plus légitimes ; cette superbe déclaration de haute probité et d'austère morale politique, faite devant ses ennemis les plus jaloux et les plus haineux qui le poussaient insidieusement à la faire pour lui nuire, et qui n'ont pas manqué d'en tirer, contre lui, tout le parti qu'ils pouvaient en tirer ; cette déclaration chevaleresque et magnanime peut être considérée comme une grande faute de diplomatie politique et parlementaire, par les médiocrités ambitieuses qui savent cacher leurs âpres convoitises sous le masque du dévoûment ; mais elle lui fait le plus grand honneur dans l'esprit de tous les républicains et de tous les patriotes sincères et dévoués. Car cela prouve qu'il ne dissimule pas sa pensée, lui, même quand il peut lui nuire de la faire connaître sans ambages, sans détours et sans réserve ; cela prouve surabondamment qu'il ne déguise ni sa manière de voir, ni sa politique pour ménager les susceptibilités des uns, les passions malsaines et dangereuses des autres, dans l'intérêt de sa prétendue ambition du pouvoir personnel.

Oui! ce superbe langage n'est pas celui d'un ambitieux vulgaire, avide de pouvoir et qui aspire à la dictature! Ceux-là ménagent, flattent et caressent tout le monde, les petits aussi bien que les grands ; ceux-là ménagent toutes les opinions les plus opposées, toutes les passions les plus contraires pour arriver à leurs fins. Certes! ce n'est pas avec cette franchise et cette loyauté que les Bonapartes ont préparé et exécuté leurs coups de force !

Voilà! mon cher Monsieur Olimagli, quelle a été l'austère franchise et la fière indépendance de M. Gambetta, et quelle a été l'ignoble et lâche fourberie de ses ennemis, qui ont eu l'outrecuidance de vouloir faire croire à d'autres qu'aux simples, aux naïfs, aux imbéciles et aux égoïstes intéressés, que ce dévoué patriote ne demandait d'inscrire le scrutin de liste dans la Constitution que pour pouvoir faire des élections officielles à son profit, pour obtenir une sorte de plébiscite en faveur des prétentions autoritaires et dictatoriales qu'on lui impute gratuitement. Comme si le scrutin de liste n'avait pas été établi par le tant regretté Ledru-Rollin, ce grand patriote, ce grand devancier de M. Gambetta, comme lui dévoué corps et âme à la République, à la liberté et à la patrie ; comme si le scrutin de liste n'avait pas été constamment revendiqué par

tous les meilleurs esprits. Oui! tous les républicains éclairés
et sagaces ont reconnu et affirmé que le scrutin de liste était le
mode le plus sûr pour obtenir l'expression la plus vraie du
suffrage universel. Et, en effet, il est évident pour tout homme
sensé et exempt de passions contraires intéressées, il est évident que, en élargissant le cercle électoral, le scrutin de liste
donne les plus grandes garanties pour la sincérité du vote.

Parce que, en affranchissant l'électeur de l'influence du curé,
du médecin, du maire, du notaire, des grands industriels, des
grands terriens, des vieilles familles, le plus souvent très-ai-
mées, toutes gens qui exercent une autorité morale sur les
électeurs d'une circonscription restreinte, on arriverait infailliblement au meilleur moyen, au moyen le plus sûr pour connaître l'état vrai de l'opinion publique et la volonté réelle de la
nation; parce que, en affranchissant ainsi le corps électoral de
toute suggestion, de toute coterie, de toute intrigue, de toute
pression, et en l'affranchissant de toute préoccupation d'intérêt
personnel ou d'intérêt régional, on assurerait l'indépendance
du suffrage universel, qui ne voterait plus pour le candidat le
plus influent et le plus dévoué à l'arrondissement, mais pour
le candidat le plus capable, le plus vertueux et le plus dévoué
à la République, à la liberté et à la patrie, le plus apte à servir
le mieux et le plus avantageusement le pays, par ses qualités
intellectuelles et morales.

Cette indépendance de l'électeur, qui serait forcé de faire
ainsi de la politique nationale, au lieu de faire de la politique
particulariste et d'égoïsme local, assurerait l'indépendance du
candidat qui, pour être élu, n'aurait plus besoin de mentir à sa
conscience, en travestissant sa pensée et ses convictions, en
faisant des promesses qu'il ne veut pas, qu'il ne peut pas, ou
qu'il ne pourra pas tenir ; elle assurerait ainsi l'indépendance du
député qui, n'ayant plus à craindre pour sa réélection, n'aurait
plus à se préoccuper des demandes, des sollicitations, des exigences plus ou moins grandes des agents et des meneurs électoraux, des coteries qui l'ont fait nommer, ni des intérêts particuliers de son arrondissement ; elle assurerait l'indépendance
du Gouvernement, qui ne serait plus forcé de fausser les ressorts des administrations publiques, pour satisfaire les exigences des députés qui l'obsèdent de sollicitations en faveur de leurs
clients électoraux.

Alors le Gouvernement, ou le ministre dirigeant, aurait dans
la Chambre, qui l'aurait porté au pouvoir, une majorité com-

pacte et forte, qui, formée de républicains éclairés, probes, intelligents, sincères et dévoués, serait aussi homogène que possible de principes, de pensée, de doctrine, de sentiments et de volonté, et, inspirée et dirigée par lui, elle l'appuierait, elle le soutiendrait, elle défendrait ses idées, ses théories et ses vues politiques, économiques et sociales, dont elle se serait pénétrée, et elle voterait les lois essentielles qu'il lui demanderait, pour les plus grands intérêts moraux et matériels du pays. Alors le chef du cabinet, ou le président du conseil, n'aurait pas besoin d'étouffer son génie politique, s'il est un homme d'État supérieur, comme il le faut pour la direction des affaires d'une grande nation telle que la France. Il n'aurait pas besoin de s'enquérir de ce que pensent les députés hostiles à sa politique, pour défendre avec énergie, à l'étranger, les intérêts, l'influence et l'honneur de la France, que M. de Freycinet a sacrifié pour ménager les passions égoïstes de la majorité hybride qui l'a porté et qui le maintient au pouvoir. Alors un grand ministre, aux idées larges, profondes, progressives et réformatrices, ne serait pas obligé de modifier, d'amoindrir, de retarder ou de supprimer les réformes qu'il jugerait urgentes, justes et fécondes, pour la prospérité et la grandeur de la patrie! Il serait encore moins forcé de s'interdire les mesures administratives et les changements dans le personnel des administrations de l'État qu'il jugerait nécessaires, comme les ministres qui se succèdent rapidement sont forcés de le faire bien souvent à cette heure, pour ne pas déplaire à certains députés, si ces réformes, ces mesures et ces changements portent atteinte aux intérêts de leur circonscription électorale ou à ceux de leurs clients de la région, sous peine d'être renversé par une coalition des intérêts plus ou moins avouables de ces représentants de clocher, devenus ses ennemis par ce fait, comme il arrive trop souvent, à la honte de ces ambitieux sans dignité, sans idées, sans talent, sans convictions, sans dévoûment, sans pudeur et sans patriotisme!

Et si, sous le régime du scrutin d'arrondissement, dans son intérêt ou dans l'intérêt du pays, un ministre intelligent juge utile de faire quelques-unes de ces réformes ou de ces changements qui peuvent déplaire à cette catégorie de pauvres législateurs dont tout le mérite est de compter les ministères qu'ils ont concouru à renverser, et qui, plus ambitieux que dévoués, pourraient le renverser à son tour du pouvoir auquel il tiendrait, il serait forcé de prendre la précaution de rassurer ces

députés terribles et peu désintéressés, en leur déclarant préalablement, comme l'avait fait M. de Freycinet, qu'il prend la responsabilité des réformes qu'il demande, et qui pourraient léser
les intérêts de leur petite église électorale, en demandant à la
Chambre de l'autoriser, lui, Gouvernement, à faire ces réformes administrativement, sans spécifier leur importance, ni le
lieu, ni la date de leur exécution. Voilà, mon cher Monsieur
Olimagli, ce qui fait du scrutin de liste le mode électoral démocratique et national par excellence. Et ce n'est pas, sans doute,
dans l'intérêt de la démocratie, de la République et de la liberté
que l'Assemblée réactionnaire et antilibérale de Versailles a
remplacé le scrutin de liste par le scrutin d'arrondissement?
Ce n'est pas non plus pour s'interdire la candidature officielle,
qu'il savait si bien pratiquer, que le très-démocrate et très-libéral Louis Bonaparte avait supprimé le scrutin de liste et
organisé savamment les circonscriptions électorales et le scrutin d'arrondissement, qui facilitaient les urnes à double fond?

Sans doute, les députés, qui frémissent à la seule idée du rétablissement du scrutin de liste, sont très-sincères, très-loyaux
et très-désintéressés, et l'on peut croire qu'ils n'aiment et ne
préfèrent le scrutin d'arrondissement que par dévoûment à la
République et à la liberté, par amour de la patrie, et un peu
aussi pour rester sentimentalement unis et en relations plus
intimes d'idées et d'amitié avec leurs électeurs, comme l'a dit
fort élégamment l'un des plus sincères, le moins irascible, le
moins rancuneux, le moins jaloux, le moins suffisant, le moins
ambitieux et le moins personnel d'entre eux, et comme nous le
croyons sans peine, malgré les mauvaises langues qui disent le
contraire. Mais, c'est un peu ridicule et même très-grotesque,
de vouloir nous persuader impudemment, qu'il est plus facile
d'influencer, d'égarer, de corrompre les trente, quarante ou
soixante mille électeurs d'un département, que les trois, quatre
ou six mille d'un arrondissement. Ainsi donc, en demandant le
rétablissement du scrutin de liste, M. Gambetta n'a pas seulement fait preuve du désintéressement le plus absolu et de son
éloignement des idées malsaines du gouvernement personnel
qu'on lui prête calomnieusement, mais qu'il n'avait et qu'il n'a
en vue, ainsi que dans toutes les réformes qu'il demandait et
qu'il demande, que les droits et les intérêts de l'État, l'affermissement et le développement de la République et de la liberté, la prospérité et la grandeur de la patrie!

Cette noble et vaillante conduite, superbement républicaine

et patriotique du grand citoyen, n'est certainement pas celle de
l'ambitieux vulgaire qui veut s'amoindrir et se déshonorer en
voulant usurper le pouvoir à son profit ! Elle n'est pas certainement non plus celle de l'homme médiocre qui, indécis, hési-
tant, incertain de ce qu'il veut faire, de ce qu'il doit faire et
de ce qu'il peut faire, écoute souffler tous les vents, se courbe
devant le moindre orage parlementaire, tremble au moindre
écho d'une voix ennemie ou seulement contraire, consulte tous
les oracles et leur envoie des parfums pour se les rendre propices, se traîne terre à terre dans l'ornière tracée, s'arrête
devant la plus petite butte, qu'il prend pour une montagne
infranchissable, et piétine sur place, parce qu'il ne voit pas
d'autre chemin à prendre ou à suivre, en dehors ou au-delà du
chemin battu ; parce qu'il ne voit à faire, ne fait et ne peut
faire que ce que les autres ont fait avant lui, s'il ne fait pas
moins et s'il ne recule pas !

Oui, cette conduite, à l'allure franche et hardie, de M. Gambetta, caractérise le véritable homme d'État qui voit loin, qui
découvre de nouveaux horizons, qui ne consulte le baromètre
et les signes du temps que pour prévoir et éviter l'orage, contre
lequel il lutte courageusement, quand il ne peut l'éviter ; qui
se jette hors les sentiers battus, quand ils sont trop étroits,
obstrués ou sans issue praticable, pour poursuivre plus librement et plus rapidement sa course, en se frayant un chemin
plus large qu'il déblaie ou qu'il déblaiera en marchant, en
évitant tous les obstacles qui embarrassent encore sa route, ou
en les franchissant lorsqu'il ne peut les tourner. Oui ! cette
noble et fière conduite du grand patriote dénonce en lui les
hautes qualités et les défauts qui leur sont inhérents, d'un
grand homme d'État qui voit de loin le but qu'il veut atteindre
et plonge son regard perçant dans les sombres profondeurs de
l'avenir, pour y voir d'avance les effets que pourront y produire
les événements, tous les faits présents qui ont lieu, qu'il pro-
voque ou qu'il fait naître, afin de les diriger ou de les combattre, selon qu'il les voit favorables ou nuisibles à la démocratie, à la République, à la liberté et à la patrie.

En fouillant, en scrutant ainsi, les entrailles de l'avenir, pour
y voir les conséquences de ce qu'il fait, de ce qu'il veut faire
ou de ce qu'il veut empêcher de faire, le véritable homme d'État
dévoué à son pays ne fait que ce que sa conscience, sa sagesse,
sa perspicacité et sa prévoyance lui dictent de faire, pour
atteindre le but suprême qu'il poursuit et qui ne peut être que

le triomphe de la République et de la liberté, la prospérité et la grandeur du pays, pour le républicain sincère et pour le patriote dévoué.

Ainsi fait, et pénétré de ses devoirs, l'homme d'État supérieur, le grand politique, l'éminent citoyen, le patriote magnanime, fait abnégation de ses intérêts personnels et ne garde au cœur d'autre ambition, d'autre passion que la passion ardente, impérieuse et dominatrice de la gloire et de la renommée de bien faire et de faire grand, pour l'honneur et la prospérité de la patrie. Et il fait grand et bien, en s'inspirant de l'opinion publique qu'il cherche à éclairer, à guider et à convertir à ses vues et à ses idées ; sans se laisser dominer par l'état des choses, des lieux, des faits et des hommes, dont il apprécie la valeur efficace ou négative. Il respecte la Constitution, il respecte toutes les lois de son pays, quelque défectueuses qu'elles soient, et s'efforce d'en tirer le meilleur parti, en attendant que les mandataires de la nation, en attendant que les législateurs, convaincus ou inspirés par lui, les modifient, les réforment, les améliorent ou les changent. Il mesure l'étendue, la puissance et la grandeur des circonstances heureuses ou néfastes, des événements favorables ou contraires, des qualités et des défauts, des vices et des vertus, des passions bonnes ou mauvaises des hommes, et faisant effort pour dominer les mauvais, les dangereux et pour tirer des bons, des profitables, le plus grand avantage et le plus grand profit possible, il fait énergiquement et courageusement ce qu'il croit juste et nécessaire de faire, pour atteindre le but glorieux qu'il poursuit, d'élever son pays au plus haut degré de prospérité, de puissance et de grandeur morale et matérielle !

M. Gambetta a-t-il l'étoffe, l'ampleur, d'un tel homme ? a-t-il les talents, l'intelligence, l'aptitude, la perspicacité, la prévoyance, la sagesse et la prudence, la volonté, l'énergie, le courage, le dévoûment et l'abnégation suffisants pour être tel ?

Pour ma part, oui, je le crois fermement ! oui ! je crois M. Gambetta heureusement organisé, disposé, apte, prêt et capable d'être un tel homme, malgré les défauts et les fautes qu'on lui attribue et qui seraient dus en tous cas, les uns à la fougue de son tempérament trop ardent, à son inaltérable loyauté et à son trop de franchise, d'autres à l'exubérance de ses talents et peut-être un peu aussi à un juste sentiment de sa valeur personnelle. Oui, je crois qu'il possède les facultés

intellectuelles et morales du grand politique, comme il possède
les vertus du grand citoyen ! sa conduite, toujours digne, droite
et sans détours, a une telle physionomie de sincérité, de désintéressement, d'abnégation, de dévoûment, de noblesse et de
grandeur, elle décèle tant de talent, tant de sagesse, tant de
prudence et tant d'exquis bon sens qu'elle inspire à la France
une confiance aussi grande que celle que la reconnaissance et
l'équité de la grande et généreuse nation placèrent dans son ardent et indomptable patriotisme, aux jours néfastes de nos terribles désastres ; aux heures douloureuses où son énergie et son
dévoûment infatigables sauvèrent l'honneur national. Oui ! il a
gagné les sympathies, l'estime et la foi indéfectibles de la
France démocratique et libérale, par cette conduite franche et
loyale, sans voile et sans ombre, illuminée par le rayonnement de son inépuisable amour de la République, de la
liberté et de la patrie, et par sa lumineuse et profonde pensée,
par l'éclat de son esprit sympathique et la vivacité de ses
sentiments bienveillants, qui ruissellent des effluves d'amitié et
de vive affection pour tous les républicains dignes d'estime, et
dignes de ce grand nom, et autant d'indulgence et de justice pour
toutes les personnes inoffensives à la République, honnêtes et de
bonne foi, quels que soient leurs sentiments, leurs opinions et
leurs croyances. Et tout cela, tous ces sentiments magnanimes
ont été et sont toujours exprimés par lui trop clairement,
avec trop de chaleur et d'éloquence, pour ne pas être vrais
et sincères !

C'est par cette conduite généreuse, et éminemment conci-
liante et patriotique, qu'il a gagné et rallié tous les républicains
et tous les libéraux éclairés, sincères et désintéressés, à ses
idées, à ses vues, à ses doctrines politiques, économiques et
gouvernementales, d'une république de tous, par tous et pour
tous, d'une république forte, juste et sévère, protectrice vigi-
lante et rémunératrice égale pour les petits aussi bien que
pour les grands, sans distinctions, sans prérogatives, sans
priviléges pour personne. Une république sage, modérée et
tolérante, mais ferme, austère et rigide, autant que forte ; une
république progressive et réformatrice, jusqu'au possible, jusqu'à l'idéal réalisable le plus élevé de la démocratie, dans
les limites du bon sens, de la justice et de la raison politique
et morale. C'est par cette conduite, exemplaire et séduisante,
que ses idées et ses doctrines, sages et justes autant qu'opportunes, réalisables et fécondes, s'infiltrèrent et s'infiltrent

dans les replis de la conscience publique, où elles firent et font naître un courant électrique continu de confiance dans son génie politique, dans sa haute valeur, dans sa loyauté et dans son esprit conciliant, sympathique, tolérant et éminemment pratique.

Et c'est appuyé sur cette confiance des vieux et des nouveaux républicains et sur la sympathie et l'estime de tous les libéraux sincères dont il avait dissipé les terreurs des désordres révolutionnaires, et qu'il avait ralliés à la République, avec l'aide éminemment puissante et le noble et séduisant exemple de M. Thiers, c'est appuyé sur cette puissance morale qu'il devint la force active, le cerveau de la démocratie et qu'il put sauver la République et aider puissamment au relèvement de la patrie, avant, pendant et après le Seize-Mai, pendant le règne glorieux de l'Ordre moral qu'il démoralisa et vainquit! Oui! c'est avec l'aide de cette confiance et de cette sympathie bien légitime, des républicains et des libéraux, qu'il avait gagnés par sa conduite généreuse et patriotique, qu'il put dévoiler les trames secrètes et hypocrites des cléricaux, qu'il put dénoncer les intrigues séditieuses de la réaction monarchique et qu'il put déjouer et paralyser les menées ambitieuses, autant que niaises et insensées, de M. de Mac-Mahon, auquel il signifia superbement, au nom de la France républicaine, qu'il eût à se soumettre ou à se démettre !

Et c'est cette grande confiance que la France démocratique accorde sans réserve à son habileté politique éprouvée ; c'est cette puissance morale qu'on n'achète pas à la majorité des républicains intelligents et dévoués à la liberté et à la patrie, avec quelques mots sonores, quelques promesses mensongères, quelques espérances fallacieuses, comme ceux dont se servent certains charlatans politiques, pour capter la confiance et les suffrages des ignorants et des simples d'esprit ; c'est cette puissance morale qu'il a gagnée par son ardent et infatigable patriotisme, par sa loyauté et son dévoûment sans bornes à la République qu'il a fondée, sauvée et affermie ; c'est cette influence morale, bien légitime et bien méritée, que les médiocrités jalouses, que les dépités rancuneux, que les ambitieux non satisfaits, que les égoïstes du scrutin d'arrondissement, que les intransigeants de droite et de gauche qualifient de pouvoir occulte? Et ce pouvoir formidable, M. Gambetta l'aurait exercé et l'exercerait encore, sur l'opinion publique, sur les Chambres et sur les ministères, du coin du feu de sa salle à manger, selon l'élégante ex-

pression de l'un des plus grands défenseurs du scrutin d'arrondissement et de la dignité de la Chambre. Ce champion de la
liberté et de l'indépendance du suffrage universel et des députés
avait découvert, non sans terreur, le siège ténébreux et effrayant de ce terrible pouvoir ésotérique et mystérieux, pendant qu'il était l'hôte et le flatteur assidu de M. Gambetta dont
il se disait alors l'ami, sans intention sans doute de trahir ce
formidable secret dont il espérait peut-être profiter lui-même, à
ces heures où la haine de l'autorité n'avait pas encore gagné
son farouche libéralisme à outrance.

C'est sans doute aussi en dégustant quelques verres de li-
queur, de madère ou de champagne, dans cette salle à manger
de son trop généreux amphytrion, que ce perspicace observateur
a découvert que M. Gambetta a quelques talents et beaucoup
de finesse italienne, ce dont l'éloquent et splendide orateur lui
saura gré de l'avoir dit à la France, qui l'ignorait peut-être.
Ces mots de finesse italienne, qui seraient ou pourraient paraître un éloge ailleurs, ont ici une physionomie hypocrite et
astucieuse qui dénonce le détracteur. Mais si cet esprit subtil et
avisé a prononcé ces mots pour le besoin de sa mauvaise cause et
pour nuire à l'illustre homme d'État, en voulant lui reprocher son
origine prétendue étrangère, ce langage honteux, emprunté aux
intransigeants, aux anarchistes et aux Cassagnac de la réaction,
ses nouveaux alliés et les pires ennemis de l'autorité républicaine,
et du grand patriote dont il se disait naguère l'ami, ce procédé
indigne, haineux et malveillant aurait manqué son but et
n'aurait servi qu'à le rendre lui seul ridicule, de malin et perfide
qu'il aurait voulu être! car l'ardent patriotisme de M. Gambetta a dit assez qu'il est Français! Et l'on sait bien qu'il est
né tel, on sait qu'il est né d'une famille des plus françaises,
des plus patriotes et des plus libérales de cœur et de race ; qu'il
a été élevé au biberon de la France, avec les autres enfants du
pays qui furent ses frères de lait, ses camarades d'enfance, ses
compagnons de jeu et ses condisciples, et dont la plupart sont
ses coreligionnaires politiques, ses admirateurs et ses amis, et
qu'il est, à tous ces titres incontestables, au point de vue moral aussi bien qu'au point de vue civique et national, aussi bon
Français qu'on peut l'être ; la France le sait amplement !

Et par son dévoûment solennel à la patrie, et par les immenses et incomparables services qu'il a rendus au pays, nous le
croyons, et la France le croit avec nous, nous le croyons un
plus grand patriote que ce Français de pur sang, sans doute,

et que bien d'autres prétentieux ou outrecuidants qui se croient ou qui se disent les meilleurs citoyens, les plus grands politiques et les seuls amis du peuple et de la liberté, qu'ils entendent ou font semblant d'entendre d'une manière particulière, dans l'intérêt de leur ambition malsaine. Oui, M. Gambetta a été pendant nos effroyables malheurs, et il est encore le plus grand patriote de notre temps, bien que son origine paternelle, qui lui est commune avec les Mazarin, les Mirabeau, les Broglie, les Bonaparte et tant d'autres illustres familles françaises, ne soit pas la même que celle de ces rigides aborigènes qui, à l'exemple des vieux Hellènes, qualifieraient peut-être de barbares, si le temps et le lieu le leur permettaient, tous ceux dont les premiers ancêtres ne seraient pas nés sur le sol qu'habitent ces juges sévères du civisme et du mérite d'autrui, et qui se trouvent, paraît-il, plus d'affinité de race et de nationalité avec un enfant de l'Ukraine dont ils font leur ami, sachant bien que, Français d'hier, il a renié sa généreuse mère adoptive, pour ne pas la défendre au moment du danger, qu'avec l'intrépide et dévoué champion de la France, qui est né Français et de sang français, qui a sauvé l'honneur du pays, qui descend de la noble race latine, dont nous sommes tous moralement les enfants hybrides, et beaucoup les métis consanguins! Et l'on voudrait ternir et discréditer cette illustre origine? Mais espère-t-on amoindrir ainsi sa nationalité, son civisme, sa popularité, son patriotisme et sa grande valeur dans le pays? Comme si sa parenté avec la vaillante famille gallo-romaine, comme si sa naissance de sang français, son éducation et sa vie toutes françaises, comme si les actes de toute sa vie, d'un sublime patriotisme supérieur à toute naissance, n'étaient pas des titres suffisants de civisme, des titres souverains et inéluctables aux droits de nationalité et de grand citoyen!

Cet hypocrite et lâche discrédit que les ennemis jaloux et haineux de l'illustre patriote voudraient jeter insidieusement sur son origine est d'autant plus insensé et ridicule qu'ils seraient bien embarrassés de dire d'où ils viennent eux-mêmes, et qu'ils pourraient bien sortir d'une terre moins illustre, et descendre d'une race moins noble que la terre et la race des glorieux Romains, d'où est sortie la souche paternelle de ce grand citoyen. Ils pourraient bien descendre, ces superbes autochtones, qui n'ont du patriote que la prétention aux bénéfices qu'offre la patrie, sans en avoir ni le dévoûment, ni l'amour, ils pourraient bien descendre de quelques barbares des hordes sauvages d'Attila, restés dans les plaines de Châlons-sur-Marne, où ils furent vaincus par un Romain. Et ils n'en seraient pas moins pour cela ce qu'ils sont, avec leur valeur et leur honorabilité, s'ils en ont, avec leurs vices et leurs vertus. Mais la jalousie, la rancune, l'envie et le dépit ne raisonnent pas, et, à en juger par les oscillations de ses agissements, il est plus que probable que si ce rigide censeur avait été appelé au pouvoir par M. Gambetta, qu'il exaltait jadis, et qu'il s'efforce en vain de rabaisser aujourd'hui, il aurait trouvé, ainsi que l'auraient fait bien d'autres détracteurs du grand républicain, qui en auraient été favorisés ainsi, il aurait trouvé que ce qu'il appelle finesse italienne, avec une intention évidente de dénigrement, qui ne pouvait nuire qu'à lui-même, était de la prudence, de la sagesse, de la perspicacité, de la clairvoyance, de la pénétration, de l'habileté politique.

Eh bien! ces paroles de détracteur, comme toutes les insinuations, toutes les calomnies et toutes les accusations idiotes et perfides débitées contre le sagace et dévoué démocrate, contre l'ardent et infatigable républicain, contre le magnanime et indomptable patriote, qui s'appelle Gambetta, peuvent se comprendre, quoique indignes autant qu'ils sont niais et bêtes, on peut les comprendre de la part des ennemis de toute supériorité, de tout pouvoir, de tout gouvernement et de toute autorité qui les dominent, ainsi que se montrent les intransigeants de toute divagations et les anarchistes de toutes folies, dont il dédaigne les utopies absurdes, combat les doctrines subversives et condamne, avec une indignation patriotique, les actes perturbateurs et criminels! On peut les comprendre aussi de la part des monarchistes, qu'ils soient parés de lis, de plumes d'aigle ou de plumes de coq, et de la part des cléricaux en froc, en calotte, en mitre, en tiare ou en chapeau, qu'il a combattus à outrance, qu'il a vaincus, qu'il a réduits à l'impuissance et auxquels il a ôté jusqu'à l'espoir d'un meilleur avenir; mais, de la part de républicains qu'on pouvait croire sincères et dévoués et qui se disent emphatiquement les champions de la vraie liberté contre les défenseurs de l'autorité nécessaire, ces procédés ignobles contre le grand patriote ne sont pas seulement absurdes et insensés, ils sont iniques, odieux, anti-patriotiques, anti-libéraux et d'une grossière et noire ingratitude! Ah! ils l'ont oublié tout ce qu'ils lui doivent de bienfaits et de reconnaissance, les sans cœur! ils ont oublié que cette influence morale qu'ils appellent, à cette heure, le gouvernement oculte de M. Gambetta, ils la trouvaient bienfaisante et salutaire aux jours du danger, lorsqu'ils avaient besoin de ses puissantes facultés, de son énergie, de son dévouement et de son patriotisme, pour arracher aux griffes des hommes du seize-mai la république qui leur promettait ou qui leur faisait espérer honneurs et profit.

Et maintenant qu'ils croient n'avoir plus besoin de lui, les ingrats! ils l'appellent un autoritaire, un despote qui aspire à la dictature; et, de crainte que le bon sens de la France ne croie pas à ces absurdes et infâmes calomnies, ils l'appellent un pouvoir occulte et dangereux, pensant sans doute que ce travestissement de leurs calomnies et de leurs accusations haineuses trouverait plus de créance dans le pays. C'est niais, c'est stupide, c'est pitoyable, et l'on pourrait en rire si ce n'était pas par trop triste et écœurant, et si cela ne nous rendait pas la risée de l'Europe et du monde civilisé!

Car M. Gambetta n'exerce pas, que je sache, ce terrible pouvoir occulte avec l'aide efficace d'une légion de prétoriens; avec la force irrésistible d'une armée de janissaires, ni avec le secours merveilleux d'une puissance magique! Et s'il n'a d'autre force que celle de l'influence morale, émanée de la confiance que la France lui accorde par raison et par reconnaissance, pourquoi ces vaillants défenseurs des grands principes démocratiques qui tremblent à la pensée de ce pouvoir occulte, de cette influence morale qu'ils redoutent, pourquoi ne cherchent-ils pas à gagner eux-mêmes cette influence terrible et dangereuse dont ils n'abuseraient pas, eux, trop libéraux, trop désintéressés, trop purs démocrates et trop amis des droits du peuple qu'ils sont, pour cela faire? Oui, pourquoi ne cherchent-ils pas à gagner eux-mêmes la confiance de la France, pour l'arracher à ce funeste dictateur, à cet affreux tyran de l'opinion publique? Qui les en empêche?

Ah! voilà! c'est que s'il suffit souvent de quelques mots retentissants, de quelques promesses pompeuses et de quelques espérances alléchantes autant que fallacieuses et irréalisables, pour exciter les appétits et gagner la confiance d'une certaine catégorie de gens affamés, ignorants et crédules, qui s'enivrent facilement du bruit des mots sonores qui flattent leurs oreilles et leurs passions, et qui leur font abandonner facilement la proie pour l'ombre, le réel pour le chimérique, tout le bien qu'on veut et qu'on peut leur faire, et les personnes généreuses et dévouées qui s'efforcent de le leur assurer, pour l'espoir d'un plus grand bien illusoire et impossible qu'on leur promet ou qu'on leur fait espérer, il faut mieux que cela pour gagner la confiance de la démocratie française, intelligente et éclairée. Il faut la loyauté, la bienveillance, la générosité et l'amour de la patrie sans rival, avec la plus entière abnégation de soi, de ses désirs, de ses intérêts et de ses préférences ; il faut la rectitude de la pensée, la justesse du jugement, la pénétration de la vue et le sens pratique ; il faut les talents, les lumières, la sagesse et l'esprit de tolérance et de conciliation, d'indulgence et de justice qui ruissellent de la riche nature de M. Gambetta ; il faut surtont, il faut avoir le front resplendissant de la flamme éblouissante du patriotisme le plus pur, et de l'auréole lumineuse des services innombrables et sans pareils que cet ardent républicain, que ce magnanime patriote, que ce vaillant français, le plus grand entre tous, a rendus sans compter à la République, à la liberté et à la patrie, avec l'énergie et le dévoûment inépuisables de son grand cœur ! Il faut tout cela pour mériter et obtenir de notre généreuse et reconnaissante nation la confiance illimitée et immuable qu'elle a accordée, avec autant d'équité que de raison, à son plus puissant, à son plus dévoué citoyen, et pour obtenir la grande et légitime influence morale que ce fécond et lumineux esprit a noblement conquise, et que les ambitieux jaloux et affamés lui disputent, en s'efforçant vainement de les faire croire dangereuses, pour la République et pour la liberté, à force de calomnies et de dénigrement. Mais depuis quand les plus grandes qualités intellectuelles et morales ; depuis quand les plus éminentes aptitudes politiques et administratives ; depuis quand les plus sublimes vertus civiques qui donnent à l'homme heureux, qui en est ainsi merveilleusement doué, la sympathie, l'estime et la confiance de ses concitoyens et une légitime et bienfaisante influence sur l'opinion publique ; depuis quand ces qualités et ces vertus qui ont valu à l'homme fortuné, au patriote illustre qui les possède une popularité aussi grande que méritée, depuis quand ont-elles été réputées crime ?

Oh ! je sais bien que si M. Gambetta ratatinait sa taille de géant à la hauteur de celle de ces pygmées ; s'il rétrécissait son vaste cervean à l'étroite capacité du leur ; si sa resplendissante personnalité intellectuelle, politique et morale devenait une médiocrité sans éclat, sans écho et sans valeur effective, comme est celle de la plupart d'entre eux, ils ne le jalouseraient plus, et ils ne craindraient plus son dangereux et

effrayant pouvoir occulte ! Mais, voudraient-elles ces médiocrités prétentieuses et suffisantes, pleines d'envie, de dépit, de
rancunes et de haines, voudraient-elles exclure de la République tout ce qu'il y a en France d'hommes supérieurs par les
aptitudes, par le patriotisme et le dévoûment, par l'intelligence
et le cœur, pour faire une République sans éclat, sans force et
sans prestige ; gouvernée par des ignorants, des ineptes et des
impuissants, sous la pression de tous les appétits malsains, des
affamés de bien-être, de places, de fortune et d'honneurs, qui
l'auraient bientôt épuisée par leur avidité, et ruinée par leur
incapacité et leurs folies ? Voudrait-on, au XIXᵉ siècle, voudrait-on, comme au vieux temps, frapper d'ostracisme Aristide,
parce qu'il est trop vertueux, parce qu'il est trop aimé, parce
qu'il gêne les ambitieux sans valeur, parce qu'il porte ombrage
aux envieux sans mérite, parce qu'on parle trop de lui, et
qu'on est las de l'entendre appeler grand républicain et grand
patriote, comme le paysan d'Athènes était las d'entendre appeler juste le vieux Aristide. Le héros de Marathon et de Platée,
qui avait la magnanimité et le sublime patriotisme de faire des
vœux pour la prospérité et la grandeur de son ingrate patrie,
qu'il avait sauvée tant de fois et qu'il aimait ainsi tendrement
en prenant le chemin douloureux de l'exil, où elle l'envoyait
injustement, sans motifs et sans pitié ?

Oh ! les nullités, les incapables, les impuissants seront toujours des envieux, des jaloux, et par suite des calomniateurs et
des détracteurs des talents, des mérites et des vertus qu'ils
n'ont pas et qu'ils haïssent et dénigrent chez les autres. Ils
sont toujours des Basiles ignobles et impudents ! ils calomnient,
ils injurient, ils diffament, ils rabaissent et déprécient, sous
tous les prétextes et de toutes les manières dont ils sont féconds,
tous ceux qui ont une valeur dont le poids déprime leur orgueil
et dont l'éclat les offusque. Et ils font cela avec la cruelle pensée
préconçue de tuer ceux qui les éclipsent, elles dominent ainsi ;
ou du moins avec l'espoir satanique qu'il en restera toujours
quelque chose de fâcheux, de blessant et de préjudiciable pour
leurs victimes, qui en sont toujours péniblement et douloureu-
sement atteintes, ne fût-ce que par l'amertume d'être impudemment calomniés, et de savoir qu'on a des ennemis, quand on
a assez fait pour ne rencontrer que des sympathies et des
affections sur le chemin de sa vie ! Ainsi ont procédé et procèdent encore contre M. Gambetta tous ses compétiteurs, tous
ses antagonistes et tous ses ennemis ; tous ambitieux sans

valeur, envieux sans mérite, sectaires sans bon sens, égoïstes sans patriotisme et sans raison ; tous détracteurs sans équité et sans pudeur du patriote illustre et vaillant qui a sauvé l'honneur du pays et la République à laquelle ils doivent d'être quelque chose à cette heure.

Et cet homme éminent, qu'ils calomnient ainsi, et qu'ils accusaient d'aspirer à un plébiscite du suffrage universel, ce grand et austère citoyen, pénétré du noble sentiment du devoir démocratique de rester fidèle à la mission républicaine, libérale et patriotique qu'il s'était donnée, d'être le lien fraternel entre la bourgeoisie et les masses populaires, et, ayant conscience qu'il était l'ami le plus sincère et le plus dévoué de ces masses dont il avait pleinement justifié la confiance qu'elles lui avaient donnée jadis, et à laquelle il avait acquis de nouveaux droits, il eut le désintéressement, et j'oserais dire le courage, de se porter candidat à Belleville, et seulement à Belleville. Et cependant il savait bien que ses ennemis, les plus ardents et les plus acharnés, avaient là leur foyer démagogique, le centre d'action de leurs adeptes, de leurs complices et de leurs dupes. Oui, lui qui aurait pu se porter ou seulement se laisser porter dans plus de cinquante départements des plus éclairés et des plus libéraux, avec la certitude d'y être nommé, fit généreusement abnégation de son légitime amour-propre, et préféra à l'honneur de plusieurs élections éclatantes, recherchées par ses ennemis, l'honneur réconfortant de croire au bon sens de ces masses laborieuses qu'égarent des charlatans politiques, et dont il demanda les suffrages avec confiance ; sans craindre d'affronter et de combattre ainsi ses histrions au centre de leur église, au milieu de leurs acolytes, de leurs affidés et de leurs séides.

Et là, dans ce repaire de toutes les passions violentes et subversives, eux qui se disent les champions, les gardiens et les défenseurs de la vraie liberté et des vrais principes démocratiques qu'ils ne formulent jamais, là ils n'ont pas craint de faire cause commune avec les pires des intransigeants, des réactionnaires et des anarchistes ! Là, comme à la Chambre et ailleurs, ils s'associèrent impudemment avec les amis des jésuites, des incendiaires de Paris et des assassins des otages, et ils ameutèrent contre le grand orateur, pour l'empêcher de faire entendre sa voix sonore et véridique, ils ameutèrent tous les hurleurs de la tourbe immonde des bohêmes sans foi ni loi, qui grouillent dans les bas-fonds fangeux de la vaste cité ! Ils ont eu l'infamie de pousser ainsi leurs séides avinés à violer le droit le plus sacré du citoyen : la liberté dont ils se disent superbement les seuls défenseurs vrais et infatigables. Et ils l'ont violée, lâchement et criminellement, dans la personne du démocrate dévoué qui a tant fait pour la fonder et l'affermir. Et ils ont fait ces vilenies ignobles au grand patriote après l'avoir mis cyniquement en compétition avec un inconnu naguère étranger à la France qu'il a eu l'infamie de renier pour ne pas la servir, et avec un ancien courtisan de la famille liberticide qui a étranglé deux fois la République et la liberté, en assassinant et en déportant leurs défenseurs.

C'était là, pour ces purs de la démocratie, c'était là leur manière la plus délicate de reconnaître ce qu'il y avait de noblesse et de grandeur dans ce choix électoral de M. Gambetta, dans ce procédé de généreuse déférence démocratique, envers les masses populaires des travailleurs; c'est ainsi qu'ils lui témoignèrent avec effusion leur reconnaissance pour ce choix d'un grand cœur, pour cette déférence magnanime, et pour tous les services sans nombre qu'il a rendus à la République, à la liberté et à la patrie. Reconnaissance à la Rochefort, qui, nous le répétons pour l'édification et l'instruction morale de la démocratie, avait la cynique outrecuidance de déclarer, sans pudeur, et en insultant à la conscience morale de tous les honnêtes gens, qu'il n'avait aucune reconnaissance à M. Gambetta, pour les services qu'il lui avait rendus à son insu, parce qu'il ne les lui avait pas demandés. Ne croyez donc plus, ô vous, gens honnêtes et naïfs, qui avez cru jusqu'ici, comme moi, aux préceptes de la vieille morale dont les principes essentiels nous viennent de la trop vieille civilisation gréco-romaine; ne croyez plus et dites encore moins, dorénavant, qu'un bienfait a plus de prix, aux yeux des hommes de bien, quand il est fait spontanément par le bienfaiteur, à l'insu de celui qui en est l'objet, que lorsqu'il a été obtenu par les sollicitations et par les prières. Car, à cette heure, les apôtres de l'intransigeance et les prophètes des vrais principes démocratiques ont changé tout cela, en s'inspirant du nouvel évangile prêché par le grand pontife Rochefort.

Mais qu'est-il donc ce Rochefort dont on a fait, tour à tour et à la fois, un épouvantail et un prophète, à force de le prendre bêtement au sérieux, parce qu'il débitait et débite insolemment des sottises ignobles, grotesques et ridicules, aux ignorants affamés, aux simples et aux idiots ? Examinez-le de près, ce fantôme ou ce prophète, touchez-le, palpez-le, soulevez-le, pesez-le, et vous n'y trouverez qu'un homme surfait, un Arétin gonflé d'orgueil et d'impudence moins le talent; un folliculaire, marchand de papier maculé, comme on l'a dit, qu'il vend à des pauvres imbéciles dont il flatte les passions et les appétits malsains. Il n'a d'autre talent, comme tous ses congénères, les Cassagnac et les Ponet, que celui de déverser, avec une fureur et un plaisir de démon, les invectives, le dénigrement et l'opprobre sur tout ce qui est grand, sur tout ce qui lui déplaît, le gêne ou l'offusque d'une manière quelconque, et peut-être, le plus souvent, pour plaire aux idiots qui paient son papier, ses diatribes ineptes et ses insanités dont ils sont friands. C'est un pamphlétaire poissard qui excelle à trouver les gros mots, les mots les plus affriolants et les plus alléchants, pour les affamés dont il excite le vorace appétit, et les mots les plus amers, les plus offensants et les plus cruels, qu'il jette à profusion, comme des boulets enflammés, sur tout homme élevé qui le domine et dont il jalouse la gloire éclatante qu'il n'a pu conquérir, qui éclipse sa triste renommée et qu'il s'efforce d'amoindrir, de rabaisser et de ternir, en projetant sans cesse sur elle les vapeurs âpres et corrosives de son souffle enfiellé d'envie et de dépit. Comme les Harpies qui souillaient les mets exquis de Phinée, qu'elles ne pouvaient manger. Oui! tout le talent de ce fameux libelliste atrabilaire, plus fou peut-être qu'il n'est méchant, tout son talent est dans l'acuité pénétrante et dans le fil tranchant de sa parole empoisonnée d'imputations perfides, d'injures sanglantes, de blâmes indignes et d'accusations infâmes, que sa langue vipérine, fourchue et venimeuse darde au cœur des hommes les plus méritants et les plus haut placés dans les sympathies du pays, pour lacérer, dépecer et ruiner leur réputation, leur honneur et leur influence morale vaillamment et solidement acquis, comme le basilic darde son regard meurtrier sur sa proie! ou comme le chien enragé mord avec férocité tous les êtres qu'il rencontre sur son passage et les couvre de sa bave venimeuse et mortelle!

Vous me demandez, mon cher Monsieur Olimagli, comment il se fait que moi, qui aime la République et la liberté autant que j'aime la prospérité et la grandeur de la patrie, comment il se fait, dites-vous, que je ne sois pas alarmé du danger auquel elles se sont exposées d'être confisquées, l'une et l'autre, par l'ambition dévorante de M. Gambetta, dont les allures autoritaires et dictatoriales dénoncent ses aspirations au pouvoir suprême; vous faisant ainsi l'écho involontaire des calomnies infâmes de vos coreligionnaires politiques, des intransigeants, des royalistes et des cléricaux, qui, pour nuire au grand patriote, ou par le sentiment intime de leurs propres dispositions liberticides, attribuent à M. Gambetta la pensée criminelle d'attenter à la République et à la liberté. Oh! je vous l'ai déjà dit et je vous le répèterai encore, pour la satisfaction de votre curiosité teintée de malice peut-être, et je vous le dirai surtout pour satisfaire le besoin impérieux, que ma conscience ressent sans cesse, d'affirmer hautement mes opinions et mes sentiments les plus intimes, et de glorifier la vérité, en rendant pleine et entière justice à tous et à tout, aux hommes et aux choses. Eh bien! ma sécurité et ma quiétude, que rien ne saurait troubler, me viennent du désintéressement et de l'impartialité inaltérables de mon appréciation et de mon jugement, sans passion, sans idées préconçues et sans parti-pris, des faits et gestes de M. Gambetta et de ses aspirations libérales et patriotiques, que ses ennemis ont l'insanité ou l'infamie de transformer en visées ambitieuses et criminelles. C'est-à-dire que n'ayant jamais rien désiré de la République, que j'appelais de toutes les forces de mon âme, n'ayant jamais rien voulu d'elle que ma part de son chaud et bienfaisant soleil, ma part de liberté et d'indépendance, ma part de légalité et de sécurité devant la loi, ma part de la souveraineté, de la prospérité et de la grandeur nationale, la conquête de ma dignité de citoyen libre me donnant la satisfaction très-grande, la satisfaction qui élève l'âme, la pensée et le caractère, de savoir que nul n'est au-dessus de moi et n'a droit de me commander, que la loi, la loi seule, ou au nom de la loi, et que, dans ces conditions de souveraine indépendance matérielle et morale, n'étant aveuglé, ni par des désirs et des convoitises égoïstes et malsaines, ni par des rancunes d'une ambition déçue, ni par des basses et indignes jalousies, ni par des prétentions et des espérances insensées, je vois M. Gambetta tel qu'il est réellement, avec ses immenses talents et ses défauts; car il est homme, et comme tel il ne saurait être exempt des faiblesses humaines.

Mais, comme tel aussi, je vois en lui le grand démocrate, le grand républicain, le grand libéral, le grand patriote, le grand citoyen ardent et dévoué! Et non tel qu'on le voit à travers le prisme des passions qui le montrent très-petit, pour les uns et peut-être trop grand pour les autres; un monstre dévorant d'ambition pour ceux-là, un grand cœur, un cœur magnanime

et vaillant pour ceux-ci, dont je fais partie sans passion. Oui!
je vois en lui, non pas un monstre à sept têtes, comme l'hydre
de Lerne, prêt à dévorer la République et la liberté et dont il
faudrait la massue d'Hercule et les tisons d'Iolas pour lui faire
lâcher prise, mais je vois en lui seul l'homme de notre pays et
de notre temps capable de conduire sûrement, à cette heure,
le vaisseau de l'État à travers les écueils et les orages de la
mer extérieure et le seul apte à le tenir à flot sur la mer houleuse de la démocratie et de la République, agitée par les tempêtes effroyables que soulève le souffle impétueux de mille
passions contraires, que lui seul a pu, peut et pourra peut-être
calmer! Parce que lui seul possède assez la sympathie et la
confiance du pays, pour avoir la puissance de fermer les antres
d'Eole et apaiser les ouragans destructeurs! Or, qui pourrait
remplacer M. Gambetta, à cette heure, dans l'esprit de la
France démocratique et libérale où l'ont placé ses talents, sa
loyauté et les innombrables services qu'il a rendus à la République et à la patrie?

Car, je vois bien s'agiter, comme des énergumènes, de petits
ambitieux de tous genres qui, dévorés de jalousie et de rancune, montent sur leurs ergots ou s'élèvent sur des échasses,
pour se mettre en saillie et faire valoir leur petite personne;
je vois des médiocrités surfaites pleines de vanité et de prétentions excessives, qui, comme la grenouille voulant imiter le
bœuf, se font grands aux yeux des ignorants et des myopes qui
ne peuvent les voir d'assez près, enflent leur voix grêle pour
faire le plus de bruit possible et se faire prendre pour des
foudres d'éloquence, cherchant à singer Robespierre, Saint-
Just ou Danton, Marat, Tallien ou Chaumette, pour se faire
croire des grands politiques, des grands révolutionnaires, des
grands réformateurs; mais je ne vois parmi eux que des maniaques ambitieux, des jaloux sans raisons, des envieux avides,
des démolisseurs incapables de réédifier, des prôneurs de changement et de transformation sociale instantanée, sans idées
justes, lucides et effectives de reconstitution de l'ordre et du
gouvernement; des apologistes ardents des erreurs, des méfaits, et des crimes de ces hommes célèbres à tant de titres
divers et plus ou moins sympathiques dont ils veulent follement imiter les fautes et les forfaits, en oubliant ou en négli-
geant leurs larges idées et leurs œuvres fécondes de progrès et
de liberté, leur dévoûment et leur ardeur patriotiques; et je
ne vois aucun d'entre eux qui ait un peu des bonnes qualités

intellectuelles et morales de ces vieux champions du destin! Je n'en vois pas un qui ait les idées saines, les lumières essentielles, le poids, le ressort, et la puissance du cœur et de l'esprit nécessaires aux hommes d'État de notre temps.

Je ne vois parmi ces hallucinés de jalousie, d'égoïsme, de vanité et d'envie, je n'y vois que des pauvres pygmées qui veulent imiter les géants; je n'y vois que des indigents d'esprit, de vue et de sens politiques, des Lilliputiens des sciences sociales, économiques, administratives, politiques, qui, petits de savoir, d'intelligence et de cœur, croient se grandir et se faire prendre pour des hercules irrésistibles, en se gonflant de suffisance et d'orgueil devant l'homme supérieur qui les domine et leur porte ombrage, comme le chat angora qui hérisse son poil, gonfle sa queue, relève son dos et cherche à paraître un lion redoutable devant le terre-neuve qui lui fait peur. Oui, ces corneilles crient contre l'aigle superbe qui plane dans les rayons du soleil au-dessus de leurs têtes, ces roquets jappent contre le fier lion dont l'ondoyante crinière les couvre de son ombre; tous ces criailleurs, gonflés de jalousie et de prétentions insensées, cherchent à se donner la noble et fière allure de ce roi des airs, qui chasse les nuages et éteint la foudre du battement de ses ailes, ou de ce roi des forêts dont les rugissements formidables et retentissants font trembler la terre et chassent les oiseaux de proie et l'ours affamés qui voudraient chasser dans son domaine, et ils espèrent ainsi follement, ces hurleurs avides, ils espèrent égaler le vol sublime de cet aigle et la voix sonore de ce lion qui s'appelle Gambetta et de paraître les compétiteurs heureux, les antagonistes indomptables et triomphants de ce grand démocrate, de ce colosse d'intelligence, de force et de pensée! mais ils ne peuvent tromper que les aveugles qui ne les voient pas, et les sourds qui ne peuvent les entendre, ou quelques niais et quelques affamés qu'ils leurrent de vaines espérances, et ils paraissent des insensés grotesques et ridicules aux yeux de tous les républicains sensés.

J'en vois d'autres qui enfoncent gravement le menton dans leur cravate blanche et cherchent à se donner la physionomie raide et sévère des Royer-Collard et des Guizot; d'autres qui se donnent l'air sagace, fin et perspicace des Richelieu et des Talleyrand; d'autres qui affectent le maintien suffisant et dédaigneux des Villèle et des Polignac; mais je ne vois aucun de ces grands politiques de la coalition hétéroclite et mons-

trueuse du vingt-six Janvier qui, même de loin, vaille aucun
de ces hommes plus ou moins méritants et plus ou moins illustres qu'ils cherchent sottement ou impudemment à singer
ainsi. J'en vois encore moins parmi les champions de cette
association adultère de passions hybrides, hétérogènes et
contre nature, qui vaillent M. Gambetta, à aucun dégré, par
l'intelligence, par la sagacité, par l'esprit et par le cœur,
pour le dévoûment à la liberté, à la République et à la patrie ;
et je n'en vois pas parmi eux qui puisse remplir comme ce
magnanime patriote le vaste cœur du grand parti républicain,
du vrai parti national, qui, éclairé, sain et viril, veut la République forte, puissante, progressive, libérale et réformatrice ;
comme la veut ce valeureux citoyen, dont le cœur chaud et
puissant bat sans cesse et a toujours battu à l'unisson du grand
cœur de la France.

Oh ! je ne veux pas, à l'exemple des détracteurs de M. Gambetta, je ne veux pas nier ni rabaisser la valeur réelle, mais
avilie, de quelques hommes de talent qui, dominés par des principes ou par des sentiments exagérés, aveuglés par des mirages
fallacieux, enflammés par les réminiscences morbifiques d'autres temps, et stimulés peut-être par l'ambition, aiguillonnés
par la convoitise d'une vaine popularité ou poussés par le dépit
amer d'une basse et vile jalousie, se sont égarés et ensevelis
dans les flots bruyants, fangeux, méphitiques et délétères des
agités, des violents, des monomanes dangereux de la démocratie, en démence d'âpres et chimériques désirs que nul ne
saurait satisfaire !

Ceux-là, les égarés dans ce bourbier malsain, malgré leurs
talents, ceux-là on pouvait les croire fous par l'excès des sentiments de générosité et de dévoûment humanitaires qu'ils pro-
clament à tous propos et qu'ils prêchent à tout venant ; mais
leur apparente folie philanthropique s'est transformée, à mes
yeux et aux yeux du plus grand nombre des républicains et des
patriotes sincères et dévoués, elle s'est transformée en folie
d'ambition, de jalousie, d'orgueil blessé et de dépit, quand,
après les avoir vus abaisser et avilir leurs talents en se faisant
les coryphées de la démagogie et les apôtres de doctrines subversives, sans mesure, sans équité et sans raison, on les a vus
prêter leur concours aux ennemis de toute loi, de tout ordre et
de toute autorité, et aux ennemis de tout progrès, de toutes les
idées fécondes et civilisatrices des sociétés démocratiques de
notre temps. Oui ! ils ont perdu toute excuse et toute estime,

11

comme ils ont perdu toute dignité et tout prestige, en prêtant leur appui, sans scrupule et sans honte, à la hideuse coalition de tous les ambitieux avides et féroces, les uns dévorés de convoitises iniques, de passions perverses et perturbatrices de l'ordre social, les autres enragés de rancune et de haine contre la République et contre la liberté. Et cependant, ces hommes de valeur qui, par défaillance, par insanité ou par ambition égoïste, se sont faits ainsi, cyniquement, les auxiliaires des pires anarchistes et des plus implacables réactionnaires ; ces purs de la démocratie transcendante qui, par une passion mauvaise ou par une raison fallacieuse, se sont bêtement noyés dans cette association ignoble et contre nature, antilibérale et antipatriotique, se disent superbement les meilleurs républicains et les plus dévoués défenseurs de la liberté qu'ils veulent sans limites.

Je veux encore moins méconnaître ou amoindrir les hautes qualités morales et politiques, les talents solides et les grands mérites en tous genres des hommes de cœur et d'intelligence de la grande et glorieuse phalange des vrais républicains et des vrais patriotes de sens, de dévoûment et de raison, de tons ceux qui, de près ou de loin, ont partagé avec M. Gambetta les peines et les plaisirs, les succès et les revers, la joie et la douleur, la gloire du triomphe et l'amertume de la défaite, dans leurs luttes courageuses pour la défense de la République et de la liberté, et dans la lutte gigantesque de leur infatigable patriotisme pour la défense de la patrie et de l'honneur national, qu'ils sauvèrent à force d'énergie et de ténacité héroïques !

Beaucoup de ces valeureux athlètes, qui furent les aides, les collaborateurs ou les émules du magnanime et dévoué patriote, dans ses luttes herculéennes pour la liberté, pour la défense et l'affranchissement du pays, beaucoup sont ses amis et partagent ses idées, ses principes, ses vues et ses aspirations politiques, pour la prospérité et la grandeur de la patrie, comme ils en partagent, à cette heure, les calomnies, les injures, les dénigrements et l'ostracisme des fonctions publiques dont ils sont frappés d'une manière ignoble, cynique et hideuse, avec lui et à cause de lui, par la coalition monstrueuse et impudente des envieux déclassés, des jaloux sans mérite, des ambitieux sans valeur et des réactionnaires haineux et d'autant plus enragés qu'ils ont perdu l'espoir de vaincre.

Beaucoup de ces lutteurs intrépides de la première heure, qui rivalisèrent d'énergie, d'ardeur et de dévoûment patriotique

avec ce vaillant et indomptable champion de la liberté et de
l'indépendance nationale, beaucoup sont des hommes d'intelligence et de cœur, de talent et de savoir, et bien d'entre eux ont
les qualités essentielles pour être des hommes d'État, de mérite ; mais aucun, quelque grande que soit sa valeur, ne me
paraît apte à remplacer M. Gambetta dans l'esprit et dans la
confiance de la vraie démocratie républicaine en ce temps
d'orages et de perturbations violentes. Il pourrait encore moins
y être remplacé par les pseudo-libéraux ni par les partisans
extravagants plus ou moins sincères de la liberté sans limites,
depuis l'extrême droite des Assemblées jusqu'à l'extrême gauche et aux intransigeants.

Et, en effet, est-ce les purs des principes absolus et du tout
ou rien qui peuvent remplacer dans l'esprit sain et pratique de
la France reconnaissante le vaillant défenseur de la République, de la liberté et de la patrie ? eux qui font un crime à
ce grand citoyen de ce qu'ils appellent son opportunisme, et
ont l'impudence idiote de le qualifier de réactionnaire, parce que,
par son esprit de tolérance et de conciliation, il a cherché à
gagner et a gagné à la République tous les bons esprits et tous
les bons patriotes qui ne s'en tenaient éloignés que par peur de
leurs folies démagogiques? Tandis qu'eux, qui ont des principes
rigides, immuables et exclusifs, n'ont pas craint de se coaliser
avec les pires ennemis de la République et de la liberté, pour
le renverser du pouvoir où son génie politique et administratif,
où sa volonté énergique, puissante de raison, de justice et de
dévoûment, auraient pu rendre les plus grands services et
auraient fait le plus grand bien, pour le développement progressif et rationnel de nos institutions et de notre grandeur
nationale.

Oui, si une majorité compacte et homogène du Parlement,
composée de patriotes éclairés et sincères, sans idées préconçues d'animosité ou d'antagonisme, sans arrière-pensée de
jalousie ou de rancune, l'avait appuyé et soutenu, lui et sa
politique éminemment libérale, progressive, réformatrice et
essentiellement patriotique et nationale, les grands intérêts
politiques, moraux et matériels du pays n'auraient pas périclité
dans ses vaillantes mains, comme dans celles de M. de Freycinet,
appuyé et soutenu par cette coalition immorale d'égoïstes
avides, de médiocrités prétentieuses et de revenants du vieux
temps. Il les aurait agrandis, étendus et affirmés au dedans et
au dehors, lui, ces intérêts vitaux du pays. Il les aurait agran-

dis : au dedans, par des réformes politiques, administratives, sociales et économiques, nécessaires, opportunes, réalisables et fécondes, et au dehors par une politique ferme, fière et digne autant que prudente et mesurée, qui aurait imposé à chacun, et en tout lieu, le respect des droits, de l'influence, de la dignité et de l'honneur de la France ! Et nulle puissance humaine n'aurait attenté impunément à ce patrimoine séculaire et sacré de notre valeureuse nation, s'il tenait le timon de l'État et le glaive de la République dont les brèches récemment effacées le rendent plus puissant que jamais!

Et c'est cet homme éminent entre tous, qui a tant fait pour la démocratie, pour la République, pour la liberté et pour la patrie, et qui, sans doute, aurait fait pour elles des œuvres grandioses, dans les limites du possible, si on lui avait donné ou laissé la faculté d'employer toutes ses forces à l'extension et à l'accroissement progressifs et continus des richesses morales et matérielles de la grande nation. C'est ce patriote infatigable et magnanime qu'on a frappé d'une sorte d'ostracisme politique, comme l'ingratitude des Grecs en frappa le vertueux Aristide; c'est lui qu'on voudrait exclure des Assemblées législatives et des conseils de la nation qui décident bien ou mal des intérêts vitaux et de la destinée du pays? Lui qui, sans autre puissance que la puissance morale de son dévoûment patriotique et de son indomptable énergie, releva la France abattue et désespérée, et, l'électrisant et l'enflammant du rayonnement des flammes fulgurantes de son ardent amour de la liberté et de la patrie, il se dressa fièrement avec elle devant le colosse allemand, comme Hercule devant le lion de Némée, et lui disputa pied à pied le sol sacré de la chère patrie dont il sauva ainsi l'antique dignité, le vieux prestige et l'immortel honneur ! Et c'est ce puissant et glorieux athlète du patriotisme et de la liberté que les médiocrités jalouses et dépitées de leur impuissance, voudraient proscrire de la République qu'il a fondée et vaillamment défendue, et dont ces égoïstes affamés de pouvoir, de fortune et d'honneurs voudraient en cueillir les plus belles fleurs et les meilleurs fruits qu'ils n'ont pas fait éclore.

C'est-à-dire que ces eunuques, stériles de toutes idées positives et réalisables, de tout ce qui est rigoureusement nécessaire aux besoins de notre temps, de tout ce qui est utile et essentiel à la vraie République et à la vraie liberté, et qui s'efforcent de ressusciter, comme de vils plagiaires, au profit de

leur ambition démesurée, les idées fausses, subversives et inhumaines de la démagogie des temps néfastes du passé, où les idées
absurdes, perverses et tyranniques des vieux régimes, ces médiocrités envieuses voudraient annuler, paralyser ou étouffer les
idées positives, saines et lumineuses, et les talents féconds et
effectifs de cet infatigable ouvrier de la démocratie dont le labeur
intelligent, continu et efficace a produit et peut produire tant
d'œuvres fertiles, nécessaires et profitables à la République et à
la patrie, mais qui nuisent et nuiraient sans doute à la satisfaction des convoitises exagérées et des appétits voraces de ses
trop prétentieux antagonistes. Ils voudraient, ces frélons avides
et bruyants, ils voudraient pouvoir fermer le forum au brillant
et irréfutable tribun dont ils ne peuvent supporter l'éclat; ils
voudraient réduire au silence sa voix sympathique et puissante
dont les accents sonores et ruisselants de vérité, de justice et
de raison lumineuses éclairent trop l'inanité de leurs doctrines et l'énormité de leur suffisance et de leurs sottises.

Ils espèrent, ces propagateurs éhontés de perturbations morales et matérielles, ils espèrent sans doute que, à force de
calomnies ignobles, d'insinuations perfides et d'insanités grotesques et ridicules, ils pourront ruiner ce vaillant et généreux
patriote dans l'esprit de la France reconnaissante, en le lui
montrant toujours comme l'ange rebelle qui veut pervertir ses
sentiments fraternels et son amour du droit, de la justice et de
la liberté, pour pouvoir l'asservir à sa volonté, disent-ils, et
la dominer au profit de son orgueil autoritaire et de son ambition. Ils croient, les insensés, qu'en le lui dénonçant ainsi
sans cesse, comme le Lucifer de la terre qui veut usurper sa
souveraineté et la détrôner de sa toute puissance, à l'exemple
du Lucifer du ciel qui voulut détrôner Dieu, ils changeront en
aversion et en haine la sympathie et l'amour qu'elle a pour
lui!

Et c'est ce grand esprit, le plus illustre et le plus dévoué
des citoyens, que ces histrions politiques, de droite et de
gauche, aveuglés par des passions malsaines, par la jalousie,
par la rancune et par la haine, ont l'infamie d'incriminer, de
calomnier et de dénigrer ainsi, avec l'espoir idiot de le rabaisser et de l'avilir aux yeux du pays! Lui qui, par sa haute intelligence des choses humaines, par une profonde connaissance
des lieux, du temps, des circonstances, des faits, des hommes
et de leurs aspirations, bonnes ou mauvaises, à force de tact
politique, à force de raisons conciliantes, à force d'éloquence

persuasive et d'effusion de sentiments patriotiques, en donnant l'exemple de la modération, de la tolérance, du désintéressement et de l'abnégation, dissipa tant de malentendus, tant de craintes et tant de violentes antipathies, qu'il put conjurer les orages menaçants qui s'amoncelaient au sein du pays, qu'il put dissiper les tempêtes terribles qu'y soulevaient les mille courants contraires formés par le souffle impétueux et haletant des frères ennemis prêts à s'entr'égorger dans des luttes impies et fratricides et qu'il put arrêter, contenir et réconcilier au moment suprême des périls de la patrie. Oui, il put calmer ou arrêter les effroyables tempêtes qui menaçaient d'engloutir la France sous les flots bouillonnants et redoutables de l'anarchie ou dans ceux de la réaction monarchique et cléricale, soulevés par les vents contraires d'innombrables compétitions de jalousie, d'égoïsme, de vanité, d'orgueil et d'ambition ; par les violentes et dangereuses revendications des idées et des doctrines surannées des jours néfastes et douloureux de la révolution, par l'appel intempestif des temps cruels et maudits de la monarchie et de l'Église, et par des âpres, injustes et malsaines convoitises d'un changement social dont la satisfaction impossible serait la ruine de la société et de la patrie!

Oh! oui, lui et lui seul, je le répète, lui seul put apaiser ou dissiper suffisamment, et pour le temps nécessaire à la défense du sol et de l'honneur national et à la fondation de la République et de la liberté, toutes ces passions égoïstes, toutes ces compétitions ambitieuses, toutes ces revendications d'insensés, toutes ces convoitises de besoigneux affamés! Mais si les passions humaines peuvent s'assoupir ou même s'endormir pour un moment, elles ne s'éteignent jamais et elles se sont éveillées et se sont tournées contre lui, d'autant plus féroces et implacables qu'il a voulu leur mettre un frein et qu'il est un obstacle invincible à leur malsaine et dangereuse satisfaction. Heureusement, pour lui, pour la République, pour la liberté et pour la patrie, que ces enragés d'ambition déçue, de faim inassouvie, de convoitises sans espoir, de jalousie, de rancune et de haine inextinguible, qui lui jappent aux talons, ne pourront jamais l'atteindre, ne pourront jamais le mordre, ne pourront jamais lui enlever l'estime, la sympathie et la confiance de la démocratie républicaine, et il sera toujours, aussi bien qu'il le fut aux jours néfastes de la patrie et aux heures dangereuses de la République, le modérateur et le conciliateur entre tous les citoyens de bonne foi, qui n'ont ni parti pris, ni aversion,

ni haine contre la République. Il sera essentiellement et surtout, ainsi qu'il l'a été, il sera la force attractive et le lien
moral de rapprochement, d'affinité et d'union entre les républicains des masses laborieuses, démocrates par essence, par
instinct, par espérance ou par convoitise plus ou moins justes
et plus ou moins légitimes et les républicains de ce qu'on
appelle la bourgeoisie, en grande majorité démocrates et libéraux par raison, par amour du droit et de la justice, un petit
nombre par le sentiment supérieur de leur dignité personnelle
et de la grandeur morale de l'humanité et un trop grand nombre, hélas! par ambition, par calcul égoïste et par orgueil.

Et la République, la liberté et le pays ont et auront encore
besoin qu'il soit, comme il l'a été, et comme il le sera toujours,
il faut l'espérer, le centre d'attraction, la puissance pondé-
rante et modératrice, le trait d'union entre les doctrines, les
théories et les opinions extrêmes des républicains sincères et
des vrais libéraux, pour empêcher ceux-ci d'aller à la réaction,
à la monarchie et au cléricalisme, par peur des autres, et ceux-
là d'aller à l'anarchie, au désordre et à l'abîme où ils englou-
tiraient la patrie avec eux! Eh bien! s'il en est ainsi, comme
il est évident, si M. Gambetta est encore le palladium moral
de la République et de la liberté, s'il reste encore le génie
pacificateur, le substratum, l'inspirateur et l'espérance de la
politique nationale dans la conscience du pays, malgré les
calomnies infâmes de ces détracteurs sans nom, qui pourrait
le remplacer, à cette heure, dans l'esprit de la France démocratique, républicaine et libérale, où l'ont placé si haut et si
solidement ses talents, sa loyauté, son dévoûment et les
immenses et inestimables services en tous genres qu'il a rendus
à la République, à la liberté et à la patrie?

Est-ce les apôtres ou les prophètes de l'intransigeance et de
l'anarchie, des principes absolus et du radicalisme à outrance,
des doctrines transcendantes et du tout ou rien, du gouvernement direct du peuple et de la liberté illimitée qui peuvent le
remplacer, ce grand patriote, ce sage républicain, dans l'esprit
positif et éminemment pratique de la France éclairée et laborieuse qui lui est si sympathique et si reconnaissante! Eux
qui crient par portes et fenêtres, par-dessus les murs et par-
dessus les toits, à tous les vents et à tous les échos, qu'ils sont
les républicains les plus vrais et les plus sincères, les démocrates les plus purs et les plus désintéressés, les libéraux les
plus rigides et les plus dévoués et qui ont eu l'impudence de se

coaliser avec les ennemis les plus implacables de la République et de la liberté, pour renverser M. Gambetta du pouvoir où ils l'avaient poussé eux-mêmes avec insistance ! Eux qui éblouissent et hypnotisent les badauds, les naïfs et les imbéciles en jonglant devant eux avec des mots sonores qui éveillent et surexcitent leurs désirs et leurs convoitises en leur promettant des réformes radicales qui doivent apporter la félicité suprême aux déshérités, disent-ils ! Et pour mieux leurrer, pour mieux tromper ces malheureux souffrants, ils ne cessent de réclamer, à tout propos et toujours, des réformes insensées qu'ils savent impossibles et irréalisables; puis, pour comble d'impudence, ils se sont associés avec les ennemis constants de toute réforme et de tout progrès, contre M. Gambetta et ses collaborateurs qui, en peu de temps, avaient élaboré les réformes les plus urgentes, les plus nécessaires et les plus pratiques.

Et bien ! ces réformes sages et profitables, ces réformes éminemment libérales et possibles, eux, les purs, ils les trouvèrent insuffisantes, timides et pas assez démocratiques, puis ils applaudirent le ministère Freycinet qui ne voulait aucune réforme sérieuse et qui n'a proposé que des réformes destructives de la République et nuisibles au pays. Cette conduite égoïste, ignoble et impudente, cette conduite anti libérale et anti patriotique de ces austères puritains des principes absolus, cette conduite éhontée qui leur a ôté l'estime et la confiance de tous les démocrates de bonne foi dont l'ignorance ou la naïveté crédule les avait laissés surprendre, éblouir et fasciner par l'emphase des mots de leurs théories décevantes, cette conduite tissée d'ingratitude, d'injustice, d'iniquité et d'infamie, contre l'homme d'État le plus vaillant, a été d'autant plus odieuse, aux yeux de tous les républicains éclairés et sincères, qu'elle a révélé que ces puritains l'avaient poussé au pouvoir, sous le prétexte hypocrite et fallacieux qu'il exerçait une trop grande influence sur la direction des affaires publiques sans en porter le fardeau et qu'il fallait qu'il prenne la responsabilité de ce qu'ils appelaient et de ce qu'ils appellent son pouvoir occulte; ils ne l'avaient poussé au pouvoir qu'avec la pensée préconçue et avec l'espoir de le renverser, après l'avoir usé, en en faisant la cible de leurs rancunes et de leur haine !

Et en effet ! à force de viles intrigues, de calomnies ignobles et de dénigrements infâmes, avec le secours honteux des pires ennemis de la République et de la liberté, et profitant de son trop de franchise, de sa loyauté, et peut-être un peu aussi de son trop d'austérité et de rigidité républicaine, ils ont réussi à le renverser du pouvoir où ils l'avaient perfidement poussé. Mais ils n'ont pu l'user, ils n'ont pu l'entamer, ils n'ont pu lui faire la moindre blessure ; leurs dents et leurs griffes se sont cassées et usées sur la cuirasse à triple airain dont son grand cœur est couvert.

Et ce qui est plus monstrueux, plus infâme et plus hideux encore de la part de ces prétendus républicains purs et sans tache, qui se sont coalisés avec les pires ennemis de la République pour renverser M. Gambetta du pouvoir, sous le prétexte idiot qu'il visait à la dictature, c'est leur persistance à s'associer ou à rester associés avec les monarchistes de toutes couleurs et avec les cléricaux de tous frocs, pour exclure systématiquement de toutes les commissions importantes de la Chambre et essentiellement de la commission du budget les membres les plus illustres de l'Union républicaine, par cela seul qu'ils sont les amis de M. Gambetta. Cette sorte d'ostracisme parlementaire n'a guère troublé sans doute la conscience tranquille de ceux qui en ont été victimes et qui ne peuvent regretter leurs échecs et la basse jalousie qui les poursuit que parce qu'ils sont empêchés, ainsi que leur grand ami, de servir la patrie aussi bien qu'ils voudraient et qu'ils pourraient la servir. Ils préfèrent ainsi, ces républicains orthodoxes des principes démocratiques immuables, comme les décrets de l'Éternel, ils préfèrent aux plus vieux, aux plus dévoués, aux plus intelligents, aux plus capables et aux plus patriotes des républicains, ils préfèrent, eux, les derniers venus pour la plupart, ils préfèrent des réactionnaires ennemis de la République, ils préfèrent des pseudo-républicains, des libéraux d'hier, des démocrates interlopes, des intelligences douteuses, des capacités suspectes d'ignorance, des médiocrités et des nullités politiques. Et cela sans doute pour ne pas avoir de supérieurs, pour ne pas avoir à jalouser quelqu'un.

Mais, que veulent-ils et qu'espèrent-ils gagner à introduire ainsi l'ennemi dans la place pour en chasser les meilleurs défenseurs ? qu'espèrent-ils gagner à dépecer, à émietter ainsi le grand parti républicain et à affaiblir la République qui a besoin de toutes ses forces pour vivre et pour prospérer, pour résister à tous ses ennemis redoutables auxquels ils la livrent ainsi affaiblie et à moitié désarmée ? Veulent-ils, ces grands politiques aux théories transcendantes, veulent-ils accoutumer

leur République prétendue radicale, la Républiqne du peuple,
pour le peuple et exclusivement par le peuple, veulent-ils
accoutumer la République qu'ils rèvent ou qu'ils font semblant
de rêver, veulent-ils l'accoutumer à vivre de peu, à vivre d'éléments aussi pauvres, aussi disparates et aussi hétérogènes,
pour qu'elle s'habitue à vivre misérablement d'indigence et à
se tenir debout valétudinaire, rachitique et souffreteuse, ainsi
soutenue par l'appui chancelant d'ennemis plus ou moins
déguisés et par des amis sans affection, sans talents, incapables, idiots ou traîtres ? Car, ne sont-ils vraiment que des
médiocrités jalouses, des nullités politiques ou des hallucinés,
tous ces roquets qui jappent sans cesse à la queue du lion
qu'ils cherchent vainement à mordre ? Ne sont-ils que des
démagogues maniaques, tous ces pygmées qui s'efforcent en
vain d'enchaîner Hercule ? Ne sont-ils que des maladroits amis,
tous ces insensés qui, comme l'éléphant qui tua son maître en
voulant le débarrasser d'une mouche inoffensive, ils tueraient
la République en voulant la préserver du danger imaginaire
dont ils la croiraient follement menacée par l'homme vaillant
qui l'a fondée, qui l'a défendue et la défend le mieux ? Et si leur
crainte de dictature n'est que l'imputation hypocrite et infâme
d'un calcul d'ambition, comme il est évident pour tous les gens
honnêtes et sincères, ne faudrait-il pas croire que tous ces
calomniateurs, que tous ces détracteurs de l'ardent et dévoué
républicain, ne sont que des ambitieux vulgaires, sans principes, sans idées et sans convictions ?

Oui ! il faut croire qu'ils ne sont que des égoïstes affamés et
avides, qui n'aiment la République que pour ce qu'ils peuvent
en tirer, qu'ils ne l'aiment que pour la satisfaction de leurs
basses et viles passions et la sacrifient sans scrupule et sans
regrets à leur jalousie, à leur rancune et à leur haine ; préfé-
rant l'exposer criminellement à périr, sous le prétexte fallacieux de la défendre contre le vain fantôme de leur imagination,
que de la voir dirigée par les hommes de talent qu'ils abhorrent en haine de leur supériorité qui les écrase ! Ils espèrent,
sans doute, ces égoïstes sans foi et sans patriotisme, ils espèrent
qu'une République ainsi réduite ils pourront la mieux dominer
et la mieux exploiter à leur gré et au profit de leur mesquine
ambition ; sans songer, les insensés, qu'une République ainsi
faite serait comme un magnifique édifice qui, miné par les
eaux et lézardé par le temps, serait prêt à s'écrouler sous le
poids du faîte à la moindre tempête dont il serait assailli. Elle

serait comme une colombe blessée qui a du plomb dans l'aile et qui serait prête à être la proie des milans féroces qui la guettent ! Oui ! ne seraient-ils, comme leur conduite détestable autoriserait à le croire, ne seraient-ils que des ambitieux sans foi, des égoïstes sans pudeur, des orgueilleux sans dignité, des importants sans mérite, des politiques sans principes, des libéraux sans convictions, des fanfarons sans courage qui ont trahi leur mandat, la République qu'ils prétendent servir mieux que personne et la nation dont ils ont reçu mission de défendre les droits et l'autorité souveraine ?

Car, en admettant qu'ils fussent hantés par le démon de la peur, qu'ils fussent terrorisés par le spectre effrayant de la dictature et que la grande popularité dont jouit à juste titre M. Gambetta, et dont ils sont tant jaloux, leur fît craindre qu'il n'aspire, comme ils le disent, à usurper le pouvoir souverain, ce qui ne serait que la conception de cerveaux malades ; s'ils avaient été des hommes d'intelligence et de cœur, s'ils avaient été des hommes justes, dignes, honnêtes et sensés, s'ils avaient été des républicains loyaux, désintéressés et courageux, ils n'auraient pas soupçonné de félonie et de trahison M. Gambetta, que son ardent patriotisme garantissait de tout soupçon ; ils n'auraient pas mis ainsi en suspicion sa sincérité, sa loyauté et sa bonne foi ; ils ne lui auraient pas fait un procès de tendance ; ils ne l'auraient pas calomnié, dénigré, injurié pour le rabaisser, pour l'amoindrir, le déconsidérer et le perdre dans l'opinion publique. Non ! ils n'auraient pas fait cela, ils ne se seraient pas rendus coupables de tant de turpitudes, de tant de procédés infâmes contre l'homme le plus dévoué à la République et à la liberté, s'ils avaient eu un peu de sa foi républicaine et de son amour de la patrie ! Ils lui auraient laissé rendre au pays, à la démocratie et à la liberté tous les services qu'il voulait et qu'il pouvait leur rendre ; ils lui auraient laissé faire toutes les réformes urgentes, utiles, nécessaires et réalisables qu'il voulait et qu'il pouvait faire, s'il avaient été sincères et désintéressés. Ils l'auraient attendu à l'œuvre avant de le juger et de le condamner sans autre preuve de culpabilité, sans autre témoignage juridique que leurs ignobles et ridicules suppositions ; leurs insinuations malveillantes et perfides ; leurs imputations de dénigrement intéressé ; leurs accusations d'ennemis sans loyauté ! Et en se faisant ainsi lâchement et impudemment, tour à tour et à la fois, accusateurs, juges et partie, ils ont fait de leur sentence inique l'expression de leurs jalousies, de leur rancune et de leur haine, ou de leur démence la plus délirante !

Ils devaient, s'ils étaient des républicains et des patriotes intègres et dévoués, comme ils ne cessent de le crier à tous venants, ils devaient non-seulement lui laisser faire tout le bien qu'il voulait et qu'il pouvait faire, mais ils devaient l'aider de toutes leurs forces à le faire. Puis s'il s'écartait de la ligne droite, s'il transgressait la moindre loi, s'il portait atteinte à la moindre prérogative des pouvoirs publics, s'il méconnaissait la souveraineté nationale et violait l'autorité de la Constitution, comme on lui en attribuait gratuitement et méchamment la pensée criminelle, ce qui lui était impossible, ce qui était et ce qui est une injure sanglante de la plus insigne mauvaise foi, alors, en admettant l'impossible qu'on avait la preuve qu'il trahissait ou qu'il voulait trahir la République et la patrie, alors on se serait dressé et on devait se dresser fièrement contre lui, contre son audacieuse et coupable ambition, et l'on devait le combattre de toutes ses forces et de toute son énergie. Car alors on aurait eu le devoir impérieux et l'on devait avoir la volonté résolue et immuable de le combattre à outrance, sans trêve ni merci, et de le punir sans pitié, comme il l'aurait mérité. Et alors tous les républicains sincères auraient combattu et devaient combattre avec eux contre lui.

Mais en restant dans la réalité des faits, en le voyant tel qu'il est, n'ayant d'autre désir, nous le croyons fermement, n'ayant d'autre visée, d'autre passion dominante, d'ambition que celle de servir la République et la patrie, le mieux qu'il croit et aussi bien qu'il le peut, alors, si l'on trouvait, ou si l'on trouve sa politique mauvaise, on avait et on a le droit et le devoir impérieux de le combattre. Mais on devait et l'on doit le combattre sans emprunter les armes ignobles et déshonorantes de la calomnie et du dénigrement, sans lui imputer faussement et hypocritement des intentions coupables qu'il n'a pas et qu'un homme comme lui ne peut avoir. On devait le combattre à face découverte, à armes égales, franchement et loyalement, en hommes d'honneur qui ont le sentiment élevé de leur dignité et qui respectent l'honneur et la dignité des autres, fussent-ils leurs ennemis, comme il convient à des bons républicains ; et il aurait fallu le combattre avec ses propres forces, avec le seul secours des vrais démocrates. Tandis qu'ils l'ont ignominieusement calomnié pour le discréditer et pour le rabaisser, et ne pouvant l'amoindrir à leur profit, dans l'esprit des républicains éclairés et sincères, ils ont eu la cynique impudence de s'allier avec les ennemis les plus redoutables de la démocratie et de la liberté pour le combattre et le vaincre, sans motifs et sans raisons plausibles, lui et ses amis qui furent, étaient et sont encore les meilleurs défenseurs de la République et de la liberté.

Et cette mauvaise action, ce forfait, cette trahison a été et continue d'être d'autant plus hideuse, pour des gens qui se disent républicains, patriotes et libéraux, qu'ils l'ont commise en sachant bien que leurs hétéroclites auxiliaires, monarchistes et cléricaux, ne leur prêtaient leur dangereux concours, contre les meilleurs des républicains, que parce qu'ils savaient que ceux-là seuls étaient capables d'affermir et de faire prospérer la République ; parce qu'ils les savaient les seuls assez puissants dans la confiance et dans les sympathies du pays, pour anéantir leurs espérances de restauration monarchique et cléricale, et parce qu'ils espéraient et espèrent toujours qu'eux, les purs de la démocratie, leurs associés du jour, par leur ignorance, par leur incapacité, par leurs passions malsaines et leurs théories subversives, déconsidéreraient comme ils déconsidèrent déjà, l'idée et le Gouvernement républicains, et la République elle-même, qu'ils plongeraient dans le bourbier de l'anarchie et de là dans l'abîme. Il ne pouvait rester aucun doute dans l'esprit des hommes de bonne foi et de bon sens, que la réaction de toutes couleurs et de toutes doctrines ne faisait et ne fait cause commune avec l'intransigeance rouge et ses co-associés, contre M. Gambetta et ses amis, qu'avec l'espoir d'arracher la République des mains puissantes de ceux-ci, qui pouvaient seuls la faire grande et vigoureuse, pour la livrer aux mains débiles des égoïstes avides, des envieux et des jaloux, et aux compétitions anarchiques et réactionnaires des démagogues échevelés et des modérés paralytiques ou rétrogrades, qui l'étoufferaient, ceux-ci dans les eaux stagnantes, fétides et malsaines de l'immobilité, ceux-là dans la fange de l'anarchie et peut-être dans les commotions de la guerre civile et dans le sang.

Et s'il pouvait rester le moindre doute à ce sujet dans l'esprit des simples et des imbéciles qui se paient de mots sans examen et bien souvent sans en comprendre la teneur, M. de Cassagnac s'est chargé de désillusionner les plus naïfs et les plus insensés qui pouvaient croire au désintéressement et au patriotisme des coalisés réactionnaires. Oh ! ils ont bien mérité l'apostrophe dédaigneux et superbe dont ce rude et franc matamore les a accablés, ces prétendus républicains, ses associés du moment.

Ils ont bien mérité la flétrissure sanglante qu'il leur a jetée à la face et qui les a marqués au front comme le fer rouge du bourreau sur l'épaule du forçat, quand il leur a dit brutalement, comme il sait le faire, que lui et ses amis avaient voté et voteraient encore avec eux et pour leur ministère de pleutres pour tuer M. Gambetta et ses amis, afin de pouvoir balayer la République et les républicains, mais qu'ils le faisaient en les détestant avec le plus colossal et le plus profond mépris. Et M. de Cassagnac a infiniment raison, et j'estime fort la rude franchise de ce capitaine Fracasse, qui est une personnalité tapageuse, mais qui est du moins et reste une personnalité distincte et bien caractérisée. Oui ! M. de Cassagnac est dans le vrai, et il s'honore lorsqu'il jette ainsi le mépris à la face des pseudo-républicains ses alliés, qui, par ambition, par jalousie ou par rancune, font tout, qu'ils le veuillent ou non, ils font tout pour tuer la République qui ne peut plus mourir, et pour ruiner le parti républicain désormais invincible, tandis que lui reste fidèle à l'empire mort et à son parti mourant et continue son rôle de champion réactionnaire et antirépublicain avec une crânerie superbe et dédaigneuse.

Il est douloureux pour les vrais républicains, mais il faut le reconnaître et l'avouer, malgré la honte qu'on en ressent : il y a plus d'honorabilité, plus de loyauté et de mérite chez les légitimistes, les orléanistes, les cléricaux et les bonapartistes qui, sincères et convaincus comme vous, mon cher Monsieur Olimagli, restent fidèles au gouvernement de leur affection, qu'ils n'ont plus que peu d'espoir de voir ressusciter, et font ouvertement et à front découvert, une guerre à mort à la République et aux républicains, qu'il n'y a de sentiments vrais, de dévoûment, de justice, de dignité et d'honneur politique chez les républicains et les libéraux plus ou moins désintéressés et de bonne foi qui, ineptes, faux ou traîtres, n'ont pas craint de se couvrir de honte et d'infamie en tournant leurs armes, empoisonnées de calomnie et de dénigrement, contre les meilleures troupes et les meilleurs généraux de la République qu'ils blessent, qu'ils désorganisent ainsi, et qu'ils tueraient en voulant ou en prétendant la défendre, si elle ne puisait pas sa puissante vitalité, désormais impérissable, dans le bon sens et dans l'amour de plus en plus ardent du pays.

Pour ma part, j'estime sincèrement la franchise, la loyauté et la constance généreuse et désintéressée de ceux des premiers qui sont de bonne foi, et qui n'ont que le tort de se laisser dominer par les idées fausses et malsaines des temps passés. Et j'estime d'autant plus ces survivants du vieux monde enseveli, que je méprise souverainement les seconds qui se disent les enfants et les soutiens du monde nouveau, et qui violent le sens moral et les principes du droit, de la justice et de la liberté de ce monde dont ils se targuent d'être les champions infatigables envers et contre tout. Car les réactionnaires sont dans leur rôle en agissant de la sorte pour tuer les principaux facteurs et les éléments essentiels de la République qui tient la place de leurs gouvernements de prédilection et qui est l'obstacle insurmontable à la réalisation de leurs rêves d'avenir ; tandis qu'eux, les prétendus républicains, les purs de la démocratie, les champions de la vraie liberté, en s'associant avec les ennemis de la République, pour amoindrir ou pour tuer les meilleurs des républicains, ayant la certitude d'affaiblir et peut-être de tuer la République, sont méprisables au suprême degré et méritent d'être d'attachés au pilori d'infamie, devant l'opinion publique et devant les hommes politiques du monde civilisé ! Hélas ! c'est ainsi que les égoïstes, les ambitieux avides et pressés de jouir, les jaloux envieux et affamés, et les démagogues maniaques, ont toujours tué la République et la liberté en France, et c'est ainsi qu'ont toujours procédé les hommes de la réaction monarchique et cléricale contre la République, quand ils étaient les plus faibles ; comme l'atteste le quidam qui demandait une récompense à Louis XVIII, parce qu'il avait puissamment concouru, disait-il, à compromettre et à tuer la République, en se faisant à dessein révolutionnaire et en poussant au désordre, à l'anarchie et à la terreur.

Or, j'y reviens encore, est-ce ces pseudo-républicains sans foi et sans valeur, ces démocrates en démence d'orgueil, de jalousie et de convoitises ambitieuses, ces libéraux aveuglés par la passion, hallucinés par l'envie, par la rancune, le dépit et la haine, est-ce tous ces prétendus républicains sans convictions, sans caractère, sans dignité et sans pudeur, qui ont fait cause commune avec la réaction contre les plus dévoués des républicains, au détriment de la République, et que M. de Cassagnac a stigmatisés et flétris avec tant de mépris, qui peuvent remplacer M. Gambetta et ses amis dans l'esprit de la majorité saine et sagace des vrais républicains? Peuvent-ils inspirer de la confiance et de la sympathie à la démocratie éclairée, ceux qui trouvaient trop timide, trop opportuniste, trop stationnaire ou rétrograde la politique prudente et mesurée, mais essentiellement progressive et réformatrice, de M. Gambetta et qui ont applaudi au programme incolore et sans caractère politique accusé d'un ministère dont les membres sont fort honorables sans doute, et quelques-uns des hommes de valeur, mais dont la politique est infiniment plus modérée, plus pusillanime, moins progressive, moins réformatrice et moins libérale que celle de M. Gambetta?

Et ce ministère hybride, cet enfant adultérin, né d'un mariage monstrueux et contre nature dont il porte la tache originelle, ne pouvait et ne peut avoir que la politique de ses parents; la politique de la majorité hétérogène qui l'a enfanté et le fait vivre : une politique d'égoïsme, de rancunes et de haines personnelles, sans principes, sans idées arrêtées et sans patriotisme; une politique incertaine, vacillante, sans caractère, sans vues claires et sans lendemain, ne voulant plus le matin ce qu'elle demandait la veille avec ardeur. Et qui pourrait avoir confiance en ceux qui faisaient un crime à M. Gambetta de ce qu'il voulait limiter les réformes constitutionnelles aux points essentiels et réalisables, et qui, après avoir voté contre la révision intégrale de la Constitution, votèrent cette révision intégrale une heure après, à seule fin de renverser M. Gambetta? Puis celui-ci éliminé du pouvoir, où il leur portait ombrage, ils acceptèrent avec un assentiment marqué que son successeur renvoyât à des temps meilleurs, indéfinis, la révision de la Constitution qu'ils demandaient avec tant d'énergie auparavant, et qu'ils ne veulent plus intégrale maintenant, mais partielle et telle qu'ils ne la voulaient pas de M. Gambetta. Quelle confiance peut avoir le pays, qui veut et demande les réformes urgentes et nécessaires, quelle confiance peut-il avoir dans les doctrines et la bonne foi des caméléons qui trouvaient trop tardives, insuffisantes, timides et pas assez libérales ces réformes demandées par le suffrage universel et élaborées à bref délai et comme improvisées, avec toute l'ampleur réalisable, par M. Gambetta et ses éminents collaborateurs, et qui acceptent avec satisfaction les mêmes réformes écourtées, rétrécies, bien moins démocratiques, moins hardies et moins libérales, présentées par le nouveau ministère?

Non! personne d'intelligence et de bon sens ne peut avoir confiance à la capacité et à la probité politique d'hommes qui se disent les républicains les plus purs et les défenseurs les plus intrépides et les plus dévoués des principes démocrati-

ques les plus absolus, de la liberté la plus large, de la justice
la plus rigoureuse, de la morale la plus élevée et la plus humanitaire, et dont les agissements et les menées en sont la
négation la plus péremptoire. Non! non! personne ne croira
à la haute intelligence ni à la sincérité et à la bonne foi
d'hommes dont les procédés et les actes politiques sont le contraire de tout ce qu'ils préconisent avec une emphase retentissante. Car, toutes leurs menées, tous leurs agissements, tous
leurs procédés, toutes leurs actions politiques, s'ils ne sont
pas l'œuvre de l'ineptie, de l'ignorance, de l'incapacité ou de
la folie, sont l'œuvre de la mauvaise foi et des passions
égoïstes et malsaines. Car, tout cela n'est ni moral, ni démocratique, ni républicain, ni libéral, ni patriotique! Oui! tout
cela est sans équité, sans pudeur, sans dignité, sans bon sens
et sans raison, et la France républicaine, la vraie France
démocratique, ne peut accorder sa confiance à ces hommes
égoïstes, envieux, jaloux et haineux, incapables ou insensés,
qui font de la politique d'inquisition, de calomnie et de dénigrement, contre les personnes les plus honorables et les plus
méritantes; qui font ainsi de la politique d'envie, de rancune
et de dépit au lieu de faire de la politique austère, désintéressée et magnanime, conformément aux principes du droit,
de la justice et de la liberté dont ils se disent les apôtres, au
lieu de faire de la politique noble et grande, la vraie politique
républicaine et nationale, comme l'a fait et veut la faire
M. Gambetta!

Non! mille fois non! la France ne confiera jamais ses destinées à des hommes qui, pour gagner ou conserver une puérile et malsaine popularité au bénéfice de leurs visées ambitieuses et de leur réélection, calomnient et dénigrent tous ceux
qui leur portent ombrage; puis, pour se donner de l'importance et de la valeur, aux yeux des pauvres dupes qu'ils leurrent, ils élaborent et présentent à chaque session des Chambres une masse de projets de lois, toujours à peu près les
mêmes, toujours plus ou moins pompeux et plus ou moins
séduisants, pour une certaine catégorie de gens et pour un
certain nombre d'électeurs, sachant bien qu'ils sont préma-
turés, inopportuns, intempestifs et impraticables ou dangereux et subversifs, et qu'ils ne peuvent être ni acceptés ni
votés par le bon sens pratique de la majorité républicaine de
la Chambre, et encore moins par la sagesse conservatrice du
Sénat. Mais ils savent aussi que cela produit toujours le petit

effet désiré sur l'esprit crédule des naïfs et des ignorants qui se paient de mots et d'apparences illusoires, et c'est tout ce qu'ils cherchent, tout ce qu'ils désirent et tout ce qu'ils veulent en attendant mieux.

Non, la France n'accordera pas sa confiance à des hommes qui, dans l'intérêt de leur égoïsme et de leur ambition, flattent et égarent souvent les masses populaires par des promesses et et des espérances fallacieuses et impossibles à réaliser, au lieu de demander pour eux des réformes possibles, pratiques, nécessaires, utiles et capables d'améliorer leur sort comme ils le méritent à tous égards. Et c'est ainsi que les travailleurs intelligents et sains d'esprit et de cœur commencent à le comprendre eux-mêmes, après avoir été trop souvent dupes et victimes des charlatans politiques de ce genre, qui ont toujours exploité leur ignorance, leur crédulité, leur misère et leurs souffrances, pour en faire leur marche-pied et les instruments de leur ambition malsaine. Oh! je ne puis me rappeler sans dégoût et sans frissonner certain quidam, de la catégorie de ces histrions politiques, exploiteurs des masses populaires, qui, sous le règne de Louis-Philippe, faisait le républicain fougueux et s'efforça en vain de m'enregistrer dans la Société des Droits de l'Homme dont il était un des chefs supérieurs, et qui, après le Deux-Décembre, se rallia à l'Empire et se fit le délateur de ses anciens coreligionnaires.

Pour ma part, je n'ai jamais eu de sympathies politiques pour les intransigeants, pour les apôtres des principes absolus, de la liberté sans limites et du tout ou rien; pour les vils flatteurs des masses laborieuses, ni pour les lâches mendiants d'une popularité intéressée et malsaine, qui, les uns et les autres, ont toujours égaré les hommes besoigneux, que la misère et leurs promesses fallacieuses remplissent d'envie et de haine, et qui ont toujours plus nui à la République, à la liberté et aux vrais intérêts des travailleurs qu'ils ne les ont servis. Ceux-là j'ai toujours pensé qu'ils n'étaient que des ambitieux vulgaires, sans idées et sans convictions, des intrigants sans foi ni loi, mal assis et cherchant un bon siège, ou des rêveurs sentimentaux, des sectaires fanatiques ou des utopistes maniaques. Parmi ceux de ces dernières variétés j'ai pu et je peux encore en estimer et en aimer sympathiquement quelques-uns, pour ce qu'ils ont de méritant, comme hommes privés : pour leurs talents, pour leur caractère bienveillant et pour leur dévoûment à la République et à la patrie, lors même que ce dévoûment est le plus souvent mal entendu, intempestif et plus dangereux et plus nuisible que secourable et utile ; mais à aucun d'entre eux, égoïstes, rêveurs ou sectaires, je n'ai à retirer une confiance que je ne leur ai jamais accordée, comme hommes politiques doués des qualités nécessaires à l'homme d'État. Par contre, j'ai à retirer et je retire ma confiance aux hommes qui me l'avaient captée, par l'exposé de leurs principes et de leurs doctrines dont le bon sens pratique m'autorisait à les croire assez sensés et assez sincères, assez sains d'esprit, de cœur et de raison pour apprécier sainement et sans parti-pris les hommes et les choses, et qui ont eu la faiblesse impardonnable de se laisser dominer par de viles passions : par l'égoïsme, par la jalousie ou la rancune, et se sont associés sans pudeur avec l'intransigeance rouge et blanche, pour accomplir l'œuvre antilibérale et antipatriotique du Vingt-Six Janvier. Puis, pour se jutïfier de leur vote, d'une moralité douteuse et dénuée de motifs et de raisons avouables, ils ont bravement déclaré, devant leurs électeurs, qu'ils avaient voté contre M. Gamhetta parce qu'il était trop autoritaire, parce qu'il voulait imposer sa politique à la Chambre pour laquelle il n'avait pas toute la déférence et tout le respect qu'il lui doit ; et un d'entre eux a affirmé superbement qu'il avait voté contre M. Gambetta, parce que lui, homme d'indépendance et de liberté, ne voulait pas et n'accepterait jamais d'autre maître que ses électeurs.

Ces mots pompeux et sonores qui font toujours de l'effet sur l'imagination d'une certaine catégorie d'auditeurs et provoquent toujours l'assentiment et même l'enthousiasme chez les travailleurs qui en sont friands, on les avait prononcés, sans nul doute, à défaut de bonnes raisons, pour se faire applaudir et obtenir de ses électeurs une approbation facile et sans examen préalable de la légitimité de sa conduite ; mais ces mots à effet calculé et retentissant n'étaient ni sincères ni justificatifs, car celui qui les prononçait dans ce but, peu délicat, est trop intelligent pour croire que M. Gambetta voulait ou pouvait se faire le maître de quelqu'un ou de quelque chose. Un autre, ou le même, déclarait à ses électeurs, naïvement, sans honte et sans crainte de s'amoindrir et de se déconsidérer, qu'il avait voté contre M. Gambetta, d'après l'avis qu'il avait demandé préalablement à son comité électoral, se faisant ainsi humblement et sans pudeur l'homme de paille, ou par euphémisme l'homme-lige d'une coterie sans mandat. Car ce n'est pas le corps électoral de la circonscription qu'on a consulté et qu'on pouvait consulter, en admettant que le député voulût s'abaisser assez pour se faire ainsi l'instrument passif ou le porte-parole des électeurs, et moi, qui avait voté pour un de ces législateurs avisés et si plein de respect et de condescendance pour ceux qui les ont nommés et qui pourront les nommer encore, s'ils ont des bons procédés pour eux, je n'ai pas eu l'honneur d'être consulté, et je n'ai pas eu à me prononcer pour ou contre M. Gambetta. Et si j'avais assisté à la réunion où mon aimable mandataire aurait fait cette étonnante déclaration, j'aurais sévèrement condamné son vote, sa trop humble condescendance et sa peu convenable déclaration.

Oui, j'aurais blâmé sévèrement sa conduite politique, mais j'ai hâte de dire que ma réprobation de républicain et de patriote n'affaiblit en rien la gratitude que je lui ai conservée et que je lui conserve encore en homme reconnaissant, pour un demi-verre de café qu'il m'offrit très-courtoisement jadis, dans une gorge des Alpes où je le trouvais pêchant la truite sur les bords du Bredat, en compagnie d'une blonde et gracieuse chevrette qu'il avait chassée je ne sais où, et avec laquelle, par caprice de chasseur ou pour imiter Hercule conduisant la biche aux pieds d'airain et aux cornes d'or, il avait monté sur la cîme du Grand-Charnier, d'où ils avaient glissé ensemble jusqu'au pied du mont, où j'eu la surprise agréable de les voir à travers les feuilles ondoyantes des arbres, et à travers les vapeurs irisées du torrent qui leur servaient de voile, lui comme un beau faune assis sur l'herbe fleurie de la rive, elle comme une ravissante naïade sautillant de rocher en rocher au milieu des cascatelles impétueuses et rebondissantes qui l'inondaient d'écume et de gouttelettes brillantes qui me parurent des blanches dentelles ornées de perles et de diamants.

Comment! ces députés se seraient indignés, ils se seraient trouvés blessés dans leur dignité et dans la dignité de la Chambre, parce que M. Gambetta, ministre responsable et représentant de l'État, voulait faire prévaloir ses idées sur les leurs, sur les idées de la Chambre, disent-ils; puis ils demandent à quelques électeurs, sans nom et sans notoriété, ce qu'il faut qu'ils fassent, et comment ils doivent voter dans un cas aussi grave et aussi solennel, où il s'agit des plus grands intérêts moraux et politiques du pays; où il s'agit d'approuver ou de condamner la politique nationale et féconde du plus grand démocrate, du plus dévoué patriote, de l'homme d'État le plus clairvoyant et le plus avisé?

Quoi! ils se défiaient des lumières et de la loyauté de l'homme d'État prudent et perspicace, du républicain infatigable et du patriote ardent qui a fait ses preuves, et ils croient à la sagesse et au désintéressement d'hommes obscurs, inconnus et peut être ignorants ou animés par de folles espérances, par des passions subversives et malsaines? Ils ne savent donc pas, ces grands législateurs, ils ne savent donc pas ce qu'ils ont à faire, ce qu'ils doivent faire et ce qu'il faut faire, pour se croire obligés d'avoir recours aux lumières de pareilles gens, qui peuvent être des hommes honnêtes et bien intentionnés, mais dont les vues politiques ne peuvent être que très-limitées, si elles ne sont pas fausses et dangereuses? Ils ne sont donc que les commissionnaires, les porte-parole, les hommes de paille d'une coterie, je le répète, ces grands législateurs qui font étalage de savoir, de bon sens, d'aptitude, d'indépendance et de caractère quand il s'agit de se faire nommer? Mais, alors, il n'est plus nécessaire de choisir pour députés des hommes de savoir et de talent, le premier venu suffira, pourvu qu'ils sachent exprimer, plus ou moins bien, à la tribune ou ailleurs, les idées et les volontés de ses électeurs, pourvu qu'ils sachent distinguer une boule blanche d'une boule noire et se rappeler celle qu'on leur a dit, ou qu'on leur dira, de jeter dans l'urne. Oh! que les principes sévères de la vraie démocratie radicale et transcendante sont une excellente chose, quand on sait les comprendre et en tirer le meilleur parti!

Mais, où irons-nous en suivant ces beaux principes absolus, ces savantes théories, ces doctrines quintessenciées du mandat impératif, sans réserves et sans limites? Évidemment, au Gouvernement direct de la souveraineté nationale s'exerçant sur la place publique comme à Athènes; c'est-à-dire à l'anarchie, au bouleversement et au désordre; à l'établissement des comités et des tribunaux révolutionnaires, et peut-être, hélas! aux orgies sanglantes de la terreur, si de pareils principes pouvaient trouver crédit auprès de la majorité de la nation sagace dont on aurait perverti le bon sens et le cœur. Ce serait la mort violente de la République; ce serait peut-être la ruine et la fin de la patrie française qui fut la Gaule; le *finis Gallia* du grand Vercingétorix, si de telles aberrations, si de semblables folies pouvaient prévaloir et être mises en pratique au temps où nous sommes, où, fort heureusement, elles ne peuvent plus que provoquer le rire et la pitié. Car si, ce qui est impossible, ce beau système démocratique, poussé jusqu'à la démagogie

la plus effrénée, pouvait prédominer, l'inspiration, l'influence et
la direction morale et politique monteraient de bas en haut ;
l'ignorance et la passion commanderaient au savoir et à la raison ; la queue dominerait la tête ; le député obéirait fidèlement
au télégramme du club de son arrondissement ; le Gouvernement obéirait servilement aux députés qui le soutiendraient ou
le renverseraient, selon la volonté expresse de leurs comités
électoraux, et personne n'obéirait à la loi, jusqu'à l'heure
fatale où un aventurier audacieux profiterait de l'anarchie, de
la désorganisation, du désordre, de l'affaiblissement et de la
ruine de la patrie pour lui mettre le pied sur la gorge ; pour
l'enchaîner et l'asservir, comme elle l'a été et comme elle méritait de l'être d'autres fois, par suite de pareilles folies et d'insanités semblables ou analogues !

Quelle confiance pourrait-elle avoir, la France généreuse,
loyale et chevaleresque, je le répète encore, quelle confiance
pourrait-elle avoir dans ces hommes jaloux de la valeur de tout
homme qui leur est supérieur et envieux de toute chose qu'ils
ne possèdent pas ? quelle confiance pourrait-elle avoir dans la
sagesse et la sincérité politique de ces hommes aux principes
inflexibles, qui se disent modestement les seuls vrais démocrates, les seuls qui veulent la vraie République et la vraie
liberté, avec toutes les conséquences des principes rigoureux
qui doivent faire, disent-ils, le bonheur du peuple français et la
félicité du monde, et qui ne formulent jamais clairement les
théories merveilleuses qui doivent produire ces miracles ; qui
taisent toujours prudemment leurs savantes ou leurs magiques
doctrines ésotériques, et qui cachent toujours avec soin dans
les replis les plus profonds de leurs cerveaux les moyens
effectifs qui peuvent et doivent réaliser ces prodiges politiques
et sociaux ?

Est-ce l'insuffisance du langage à dévoiler la sublimité de
leurs conceptions qui leur fait laisser dans l'ombre et le mys-
tère l'essence et les vertus efficaces de leurs prodigieuses doctrines, ou est-ce la crainte que leurs secrets merveilleux ne
leur soient ravis par les vulgaires profanes qui ne demandent
que les réformes urgentes et nécessaires qu'ils croient possibles et réalisables à cette heure ?

La France républicaine peut-elle avoir confiance dans la
haute intelligence politique, dans la sincérité et le patriotisme
des grands hommes d'État, du genre de celui qui, à l'Assemblée de Bordeaux, aux heures néfastes et douloureuses où le

féroce envahisseur faisait râler la France sous le poids de sa
botte crottée et sanglante et lui arrachait violemment un de ses
membres les plus robustes, demandait emphatiquement avec
l'accent d'un patriotisme théâtral d'une sincérité douteuse, il
demandait que la France s'amputât volontairement d'un autre
membre en rejetant la Corse de son sein, parce qu'elle avait
donné naissance aux Bonapartes, disait-il, avec un air farouche
et courroucé ? Comme si c'étaient les Corses qui avaient fourni
aux Bonapartes les moyens effectifs de leurs coups d'État, dont
ils avaient été victimes aussi bien que leurs concitoyens du
continent, qui les leur avaient fournis par le fait. Cette proposition à la Marat de dépecer la France, cette proposition aussi
stupide qu'elle était antilibérale et antipatriotique, valut à ce
trop dévoué et trop zélé patriote une apostrophe sanglante et
caractéristique de la part de notre compatriote Limperani, qui
lui dit avec un accent ému et indigné, il lui dit que dans notre
pays les hommes sensés et sérieux trouvaient indigne de la
sagesse humaine de répondre aux fous !

Et en effet, c'était la proposition d'un insensé ou d'un niais. Ou
bien plutôt, et plus évidemment, c'était la proposition d'un de ces
hommes de la mauvaise queue du jacobinisme révolutionnaire
qui se fatiguent leur cerveau pour trouver à proposer ou à demander quelque chose de retentissant et d'excessif qui fasse le
plus de bruit possible, qui produise la plus grande sensation,
le plus grand ébranlement, le plus grand effet sur le cerveau,
sur l'imagination, déjà échauffée, des violents, des naïfs et des
imbéciles dont ils veulent ou espèrent capter la confiance, dans
l'intérêt de leur ambition. C'était le prodrome de toutes les insanités retentissantes qu'il débiterait plus tard aux idiots qui
l'écoutent pour gagner leurs sympathies, leurs votes et leur
appui, comme, par exemple, l'instruction intégrale des enfants
du peuple qu'il leur promettait naguère, aux applaudissements
des niais qui auraient pu lui demander : s'il possédait, lui, cette
instruction encyclopédique, où il croyait que la nation pourrait
trouver les ressources nécessaires pour nourrir tous ses enfants pendant leur vie, dont la durée ne serait pas suffisante
pour acquérir les éléments des connaissances humaines, ac-
quises à cette heure, s'il pensait que les cinq milliards par an,
qu'il demandait à cette fin, pourraient satisfaire aux besoins
annuels et incessants de quarante millions de personnes, et
d'où sortiraient ces cinq milliards par an, puisqu'il n'y aurait
plus de travail productif, tous les citoyens étant forcés de

vieillir sur les bancs de l'enseignement intégral, où ils mour-
raient sans l'avoir acquis et seraient obligés de le continuer
dans l'autre monde ? Oh ! charlatans éhontés ! Cette proposition
extravagante et antipatriotique que faisait ainsi, sans motif et
sans raison valable, ce vulgaire ambitieux affamé d'une basse
et vaine popularité, cette proposition insensée et exorbitante de
chasser la Corse du sein de la patrie, comme on extirpe un ulcère gangréneux, n'était que la mise en scène de la comédie
ignoble que jouent impudemment les charlatans politiques de
notre temps de misère morale, et dont le premier rôle est artis-
tement rempli par ce féroce proscripteur des Corses, coryphée
bouillant et zélé de ces grotesques et vils histrions et de leurs
naïfs ou idiots adeptes, auxquels il inspire plus d'idées fausses
et malsaines et plus de passions perverses et subversives que
de bon sens, d'équité et de patriotisme ; plus dominé qu'il est,
lui-même, par l'égoïsme, par l'orgueil et par l'envie qu'il n'est
dévoué comme il s'en targue; plus qu'il n'est dévoué au peuple,
à la justice, à la liberté et à la patrie, dont les noms sonores
font seuls l'éclat de son éloquence et de sa politique vides et
stériles.

Car, avec un peu plus d'intelligence et de cœur, avec un peu
plus de sincérité et de désintéressement, avec un peu plus de
sens politique et de véritable amour de la patrie, et avec moins
d'égoïsme, moins d'orgueil et moins de convoitises ambitieuses
d'une malsaine renommée, ce chef des jaloux et des envieux
aurait pu et pourrait peut-être mieux employer le peu de talents qu'il a, il pourrait mieux faire pour les véritables intérêts
des pauvres d'esprit et de bien-être dont il se dit l'ami dévoué,
pour gagner leur confiance, leurs suffrages et leur appui, il
pourrait mieux faire que de les égarer en les leurrant par de
fallacieuses promesses, étincelantes de mots pompeux et sonores
mais vides de sens et de raison, vides d'idées saines, effectives
et profitables. Oui ! il pourrait mieux faire pour les intérêts positifs et réalisables du peuple dont il se dit le vrai champion et
pour les intérêts essentiels du pays, qu'il a mission de défendre, il
pourrait mieux faire que de transformer la tribune française en
tréteaux forains, où lui et certains de ses amis jonglent avec les
grands mots à effet retentissant, comme le bateleur jongle avec
des boules creuses.

Cette proposition extravagante, idiote et antinationale faite à
la France de se dépecer, de se rogner, de se diminuer elle-même,
lorsqu'elle était déjà amoindrie par le sort, et qu'elle pleurait

les enfants qu'on avait violemment arrachés de son sein, était
la proposition la plus outrecuidante, la plus folle, la plus grotesque et la plus ridicule qu'un cerveau malade et en délire de
la fièvre chaude d'une ambition morbifique pouvait seul concevoir et proposer à une Assemblée nationale, qu'on devait croire
composée, sinon d'hommes d'élite et de patriotes ardents, au
moins d'hommes doués du sens commun et d'un patriotisme suffisant, pour ne pas vouloir le démembrement et la mutilation de
la patrie déjà mutilée ! C'était insensé, absurde et ridicule, non-
seulement au point de vue politique, matériel et national, mais
au point de vue de la plus stricte équité, au point de vue intellectuel et moral. Car, si les Bonapartes ont fait beaucoup de mal
à la France, et ce n'est pas moi qui veux le nier, il faut dire
aussi pour être juste, il faut dire que la France mérita un peu
le sort qu'ils lui firent, et il faut reconnaître également, et avec
la même équité, que s'ils l'accablèrent de maux et de douleurs
sans nombre ils lui firent aussi quelque bien. Oui! s'ils firent
la France esclave et l'avilirent, en lui ravissant sa liberté, ce
fut un peu la faute de la France elle-même qui, enivrée par une
vaine et fallacieuse gloire, puis par le prestige fascinateur du
nom magique de celui qui la lui avait donnée, se jeta dans les
bras du triomphateur d'Arcole et des Pyramides, comme une
jeune fille affolée d'amour se jette dans les bras de son séduc-
teur ; puis elle se jeta dans les bras sans gloire et sans force du
héros de Strasbourg, de Boulogne et du Deux-Décembre,
comme une prostituée de bas étage, sans réserve, sans dignité
et sans pudeur ! hélas ! sans frissonner d'horreur à la vue du
sang de ses enfants, dont ce bourreau parricide était couvert !
Il faut reconnaître également que si les Bonapartes liberticides ont imposé à la France des lois mauvaises et tyranniques,
ils lui en ont donné encore plus de bonnes qui ont servi de
modèle à tous les peuples de l'Europe. Et s'ils nous ont attiré
trois invasions terribles, c'est après avoir promené triomphale-
ment le drapeau prodigieux et libérateur de la Révolution dans
toutes les capitales de l'Europe et sur tous les continents, après
avoir fait retentir glorieusement le nom sympathique ou re-
douté de la France, dans tous les coins du monde où il pouvait
se produire un écho capable d'être entendu des humains ! Ils
ont souvent, trop souvent couvert, la France de malheurs et de
deuil, mais ils l'ont encore plus souvent couverte de lauriers
d'une gloire éblouissante ! Lauriers décevants, fallacieux et
homicides, qui coûtaient des millions de vies humaines et dégout-

taient le sang et les larmes, je le sais bien, mais qui, à tort ou
à raison, étaient ce qu'on appelait la gloire, et qui faisaient alors
de la France, aux yeux des préjugés et des passions malsaines
qui régissent et dominent le monde, la première, la plus grande
et la plus resplendissante nation de la terre ! Ils l'ont souvent,
bien souvent, violentée, démoralisée et torturée, cette pauvre
France dont ils avaient paralysé les nobles instincts, effacé les
sublimes traditions de liberté et d'indépendance, et perverti son
génie, après l'avoir enchaînée et réduite à l'obéissance passive
et muette de l'esclave !

Ils ont trop souvent payé ainsi de la plus noire ingratitude
les faiblesses sans nombre qu'elle avait eues et qu'elle avait
pour eux et les faveurs enivrantes qu'elle leur prodiguait ou
qu'elle leur laissait prendre, sans souci de son honneur et
de sa beauté, qu'ils flétrissaient sans ménagement en usant
d'elle, pour assouvir leurs passions malsaines, comme
d'une vile courtisane, parce que, trop sensible, trop ai-
mante et trop généreuse, elle avait eu la sottise ou la folie
de se livrer à eux, pour un peu de gloire dont elle était
friande, et l'imprudence coupable de les faire trop grands, à
son détriment, en leur donnant sa noble main et en les élevant jusqu'à elle au trône lumineux de ses plus grandes splendeurs! Mais ils l'ont aussi beaucoup aimée! Ils l'aimèrent
pour eux, parce qu'elle satisfaisait leurs passions insatiables;
leur orgueil démesuré et leur ambition dévorante, je le sais
aussi ; mais dans tout amour il y a toujours un peu de l'égoïsme
du moi, et on n'aime pas moins la personne qu'on aime parce
qu'on l'aime pour soi tout en croyant ne l'aimer que pour elle.
Et puis, la France les avait élevés trop haut, en les élevant
jusqu'à elle, pour qu'ils ne l'aimassent pas un peu par gratitude
et par patriotisme. Oui! si les Bonapartes ont aimé la France
pour eux, pour la satisfaction de leur orgueil et de leur ambition, ils l'ont aimée aussi par reconnaissance et par patriotisme : le Corse est reconnaissant et patriote, et le premier
Bonaparte préféra perdre sa couronne en 1814 plutôt que de
consentir au démembrement de la France, qu'il refusa d'accepter des mains de ses vainqueurs, amoindrie et plus petite
qu'il ne l'avait prise à la République, qu'il avait trahie.

Et, du reste, si les Bonapartes n'ont aimé et glorifié la France
que pour eux; s'ils l'ont trahie, asservie, bâillonnée et corrom-
pue au profit de leur orgueil et de leur féroce ambition, pour
la satisfaction de l'appétit dévorant de leurs passions mal-

saines, ils ne l'ont jamais trahie au profit de l'étranger, comme
le connétable de Bourbon, comme les Guise, comme Byron,
comme Condé, comme Dumouriez, comme Moreau, comme
Bourmont, qui étaient Français! Puis encore, la Corse n'était
pas plus responsable des crimes de Bonaparte que la France
n'est responsable des crimes de la Saint-Barthélemy et des
Dragonnades, et elle ne méritait, à aucun titre, qu'il vînt à la
pensée d'un Français, même d'un énergumène et d'un fou,
qu'elle fût ou seulement qu'elle pût être détachée de la mère-
patrie, comme on détache un membre gangrené du corps d'un
malade, qu'elle fût ou seulement qu'elle pût être jetée aux
gémonies comme une criminelle suppliciée, ou en pâture au
premier fauve qui aurait voulu la dévorer! Oui! les Corses
ne méritaient pas cette insulte sanglante d'ostracisme, même
de la part d'un maniaque, d'un halluciné ou d'un démagogue
convulsionnaire. Non! ils ne méritaient pas cela d'un Français
quelque insensé qu'il fût, eux qui pendant plus d'un siècle ont
mêlé héroïquement et glorieussment leur sang généreux avec
celui non moins chaud de leurs frères du continent, partout où
il y avait à défendre les droits, l'honneur, la gloire et la grandeur de la patrie commune, qu'ils n'ont jamais trahie! Il n'y
avait pas un Corse parmi les émigrés de l'armée de Condé
qui combattait criminellement contre la France avec l'étranger, mais il y en avait au défilé de l'Argonne, à Jemmapes, à
Valmy, à Fleurus, à Huningue où l'héroïque Abbatucci se faisait
tuer, lui général en chef, en chargeant les Autrichiens, le sabre
à la main, comme un simple soldat, plutôt que de se rendre; il
y en avait aux Pyramides, à Arcole, où mon oncle Jérôme fut
emporté par un boulet de canon !

Et pendant que l'emphatique et bruyant proscripteur de la
Corse, l'exécuteur des hautes-œuvres des clubs positivistes de
Paris, débitait ses sottises, ses insanités et ses folies à la tribune nationale de l'Assemblée de Bordeaux, qu'il déshonorait
ainsi, le sang généreux des volontaires corses était encore
chaud sur le sol sacré de la patrie qu'ils étaient accourus
défendre en nombre trois fois plus grand que celui d'aucun
autre département, eu égard à sa petite population! et beaucoup de nos vaillants volontaires étaient morts glorieusement
en combattant avec courage, côte à côte avec leurs frères du
continent, aussi vaillants qu'eux, que bien des légions d'autres
départements, plus voisins que le leur de la lutte, n'étaient pas
encore arrivés sur le lieu du combat. Qu'en pense le bouillant

ami du proscripteur de la Corse? que pense-t-il du patriotisme des Corses et de celui des légions du département dont il est l'heureux député, qui ne purent jamais arriver en face de l'ennemi? Et que pense-t-il du patriotisme de son autre ami politique, l'étranger naturalisé Français qni brigue l'honneur de représenter la France, qui a eu l'audace de se mettre en compétition avec le plus illustre des Français, lui, Français d'hier, et qui a invoqué tous les subterfuges et tous les prétextes, jusqu'à faire valoir son titre d'étranger, afin de ne pas exposer sa trop précieuse vie pour défendre la nation généreuse qui l'avait adopté pour son fils, lui enfant perdu? Et ce transfuge de son pays, cet intrus sans valeur, parmi les enfants de la France, ce renégat sans foi qui a renié tour à tour le pays où il est né et où dorment les os de ses pères, et le pays qui l'a adopté pour fils et qu'il s'est lâchement refusé à servir et à défendre, en se disant alternativement et tour à tour oiseau et souris, comme la chauve-souris de la fable, cet ambitieux indigne, sans gratitude et sans pudeur, ne craint pas de troubler le pays généreux qui l'a accueilli, en se faisant le propagateur et le champion des doctrines subversives et perturbatrices, qui l'agitent, l'affaiblissent et le déconsidèrent.

Et cet ingrat sans cœur et sans loyauté, indigne du beau et noble titre de citoyen français, qu'il a mendié et qu'il a obtenu sans mérite, a trouvé dans la capitale de la France, dans la ville la plus intelligente, la plus éclairée et la plus progressive de la terre et qu'on appelle le cerveau du monde libéral, il y a trouvé assez d'hommes pervertis par les mauvaises passions, assez ineptes ou assez idiots pour le nommer conseiller municipal de cette glorieuse cité qui porte le flambeau du progrès et de la civilisation et qui s'appelle Paris. Il y a trouvé, dans cette ville des grandeurs et des lumières, il y a trouvé un grand nombre de mauvais Français, si l'on peut leur donner encore ce nom envié, dont ils sont si peu dignes, il y a trouvé une quantité de mauvais patriotes, assez dépouvus d'intelligence, de sens et de cœur pour le préférer au plus grand démocrate, au plus laborieux ouvrier de la République, au défenseur le plus infatigable et le plus dévoué de la liberté et de la patrie! Et ces mauvais citoyens, ces ingrats sans mémoire, dénués de tout sentiment de justice, de tout amour patriotique et de tout sens moral, ont été assez nombreux pour permettre à cet homme, inconnu à la France, de disputer la victoire au plus grand patriote dont la France s'honore ! Ils ont, ces pauvres d'esprit, égarés et crétinisés par les doctrines perverses et fallacieuses des charlatans politiques qui en font leurs instruments, ils ont lutté ainsi, sans raison et sans pudeur, contre les meilleurs patriotes, et ils ont mis en échec et injurié lâchement l'héroïque et indomptable défenseur du pays et de l'honneur national qu'il a sauvé, au profit d'un étranger, Français d'hier, qui avait refusé de défendre la France qui l'a accueilli, l'a hébergé et l'a admis généreusement à prendre une part de son bien-être, de sa liberté, de sa gloire et de sa grandeur !

Mais je m'aperçois, mon cher Monsieur Olimagli, je m'aperçois que l'indignation patriotique me fait divaguer encore plus que j'en ai l'habitude. Car, tout le monde sait, aussi bien que moi, que ce Français d'aventures n'a fait que ce que font, à quelques honorables exceptions près, tous les étrangers, naturalisés ou non, qui habitent notre France hospitalière et généreuse. Comme les tribus nomades qui n'aiment la vallée où ils dressent leurs tentes que pour les fruits qu'ils peuvent y cueillir et pour l'herbe tendre que leurs troupeaux peuvent y brouter, et sont toujours prêts à l'abandonner pour une autre contrée qui leur offrirait plus de fruits et un meilleur pâturage, les étrangers n'aiment la France que pour les avantages en tous genres et le bien-être qu'ils y trouvent, et sont toujours prêts à la déserter, à la renier et à la trahir pour un autre pays qui leur offrirait plus de profit, comme ils ont déserté et renié le pays où ils sont nés et où dorment leurs ancêtres du sommeil éternel.

Ce n'est pas édifiant, mais c'est ainsi, et cela prouve qu'il n'y a que quelques hommes d'élite, capables de reconnaissance et de dévoûment envers le pays qui les a accueillis avec cordialité et les a mis généreusement au nombre de ses citoyens.

Pour aimer la patrie, même ingrate et cruelle, comme l'aimèrent les Thémistocle, les Aristide, les Annibal et tant d'autres magnanimes patriotes ; pour aimer la patrie jusqu'à l'abnégation, jusqu'au sacrifice de sa vie, comme l'aimèrent les Codrus, les Léonidas, les Décius et les Curtius ! pour aimer ainsi la patrie de toutes les forces de son âme, pour la servir et la défendre courageusement, énergiquement, héroïquement, de toute la puissance de notre intelligence, de notre cœur et de notre bras, pour donner au besoin toute notre fortune, tous nos enfants, tout notre sang et notre vie pour elle, il faut être né dans son sein ; il faut avoir sucé notre premier lait à sa vaste et bienfaisante mamelle ; il faut qu'elle ait souri à notre premier sourire, à nos premières paroles, à nos premiers pas dans la vie ; il faut qu'on ait été élevé sur ses genoux, qu'on ait été bercé par les chansons nationales, par les récits de sa gloire et de ses revers, par la légende des hauts faits de ses preux ; il faut avoir été nourri de ses sentiments, de sa pensée, de ses passions, et même de ses préjugés. Pour aimer et servir la patrie avec une entière abnégation et jusqu'au sacrifice de toute notre existence, il faut que notre jeunesse se soit épanouie sous les chauds rayons de son soleil, en respirant sa tiède haleine, en nageant dans ses eaux, en parcourant joyeusement ses montagnes, ses forêts et ses vallées sombres ou riantes, en se roulant sur sa tunique verte et fleurie, en patinant sur la glace de ses lacs et de ses fleuves, en jouant aux soldats avec des boules de neige qu'on jette à la tête de ses camarades du camp ennemi, et en folâtrant sur les arbres de ses vergers et de ses bosquets dont on cueille et l'on savoure les fruits en jouant avec les feuilles et les fleurs, comme l'enfant joue avec les cheveux bouclés de sa mère.

Pour aimer vivement la patrie, il faut se rappeler les lieux aimés où l'on a couru enfant après les papillons diaprés, après les oiseaux, après les bourdons, après le frétillant lézard, après l'insecte doré ou le lampyre lumineux, couronné de lierre, de pampre et de fleurs. Pour aimer la patrie avec tendresse et avec ardeur, il faut y avoir été charmé jeune, aux heures fortunées où tout est ravissant, par le chant mélodieux des oiseaux, par le souffle caressant du zéphir, par le doux murmure des flots de la mer, par le grondement du torrent, par le babil du ruisseau et par les suaves accents de la jeune fille qui nous faisait frissonner sous les traits furtifs et perçants de son doux regard, et nous enivrait de son gracieux et innocent sourire. Pour aimer la patrie avec passion, il faut y avoir été couronné des lauriers sans tache de l'école, il faut y avoir formé son intelligence et son cœur, il faut y avoir rempli sa mémoire et son âme des nobles sentiments du beau, du bon, du bien, du juste et du vrai, puisés dans les chants harmonieux de ses poètes, dans les récits émouvants de ses historiens, dans les préceptes édifiants de ses moralistes, dans la science de ses savants, dans les vivifiants et salutaires exemples de sagesse, de dévoûment et d'héroïsme patriotique de ses grands hommes et dans la contemplation ravissante de ses palais, de ses jardins, de ses temples, de ses bibliothèques et de ses musées ; il

faut y avoir pleuré sur les malheurs du pays en y voyant pleurer son père, et y avoir pleuré sur la tombe de ses ancêtres en
y voyant pleurer sa mère.

Et lorsqu'on est arrivé à l'âge viril, ainsi nourri de la moelle
intellectuelle et morale des forts de la patrie, alors la fée ou
l'idole qui s'appelle la patrie n'est pas seulement pour nous un
être moral, un être de raison et d'intérêt matériel, c'est un être
vivant dans lequel s'incarnent toute notre existence, toute notre
vie, toutes nos facultés mentales et affectives, et nous sentons
le besoin, la passion irrésistible de la défendre, ainsi que, par
instinct et par raison, nous sentons le besoin impérieux de
défendre notre propre vie ! Nous sentons le besoin de défendre
en elle tous les précieux souvenirs qui font partie de nous-
mêmes ; nous sentons le besoin d'y défendre ses nobles traditions d'héroïsme, de générosité, de dévoûment et de justice, et
nous avons à y défendre et nous y défendons ses mœurs, ses
coutumes, ses croyances, sa gloire, son honneur, ses vertus,
son prestige et sa grandeur. Nous avons à y défendre nos traditions et nos relations de famille, les sentiments de sympathie
et d'estime que peuvent avoir pour nous nos proches, nos
amis, nos camarades d'enfance, nos voisins et nos concitoyens.
Nous avons à y défendre notre foyer domestique, nos dieux
lares, le bouquet nuptial de notre mère, la couronne virginale
de notre sœur ou de notre fille, le voile pudique de notre fian-
cée ou de notre femme. Nous avons à y défendre la vie et
l'honneur de tous ces êtres chers, l'honneur et la vie de tous
nos concitoyens, notre propre honneur et les cendres de nos
aïeux ! Ainsi fait, en un mot, nous sentons le besoin impérieux
de défendre le sol, la liberté, l'indépendance, l'honneur, le
prestige et la grandeur de la patrie ! et en les défendant nous
défendons tous les éléments constitutifs de notre personnalité
intellectuelle, morale et matérielle, tout ce qui rayonne, tout
ce qui luit, tout ce qui brille, tout ce qui vibre, tinte et résonne
harmonieusement pour nous ; toutes les splendeurs qui nous
illuminent, nous charment et nous enivrent de félicité ; tout
ce qui nous fait vivre heureux, tout ce qui vit pour nous et
pour qui nous vivons !

Voilà, mon cher Monsieur Olimagli, à quels titres on est
véritablement citoyen français : *Sum civis romanum !* Alors la
patrie est pour nous l'éden qui renferme les vestiges et les
souvenirs de tous les objets de l'affection, de la tendresse, de
l'amour et de l'adoration de notre enfance, de notre jeunesse,

de notre adolescence, de notre âge viril et de notre vieillesse ;
le souvenir enfantin du berceau où notre tendre mère avait
épié notre premier sourire en nous regardant dormir ; le souvenir de la pierre du bord du chemin où nous nous étions assis
enfants folâtres, fatigués par les jeux de tous genres ou épuisés
par des courses échevelées ; le souvenir de l'arbre touffu qui
nous avait abrité de l'ardeur du soleil, des eaux fraîches et
limpides qui avaient souvent rafraîchi et calmé le sang en-
flammé de notre jeunesse, de la source vive qui nous avait
désaltéré, du banc de l'école où nous avions lutté d'émulation
avec nos condisciples, pour gagner le prix du savoir; les
souvenirs enfin du siège antique du foyer paternel où nos tendres parents, heureux et fiers, nous dorlotaient sur leurs
genoux, et le souvenir ineffaçable du bosquet vert et fleuri du
bord du torrent où notre cœur tressaillit pour la première fois,
ravi et charmé par le regard modeste et gracieux de la jeune
fille qui devait faire notre bonheur et qui fut la mère de nos
enfants !

Et cet éden, ce temple vénéré, ce reliquaire de tous nos plus
doux souvenirs, de tous nos plus précieux trésors, de toutes
nos plus tendres affections, depuis les premières caresses d'une
tendre mère jusqu'aux sourires et aux caresses enfantines de
nos enfants, ce sanctuaire sacré qui renferme tout ce que nous
avons aimé, tout ce que nous aimons, tout ce qui fait notre
bonheur, et tout ce qui fait notre fierté et notre orgueil patriotique, renferme aussi toutes nos espérances de prospérité, de
gloire et de grandeur nationale, et aucun pied profane ne doit
ni peut fouler malgré nous le parvis de ce temple sacré qui
s'appelle la patrie, tant qu'il nous reste une goutte de sang et
un souffle de vie !

Or, les étrangers qui ne sont pas nés Français, qui n'ont pas
vécu dès l'enfance de notre vie nationale, qui n'ont en France
aucuns des trésors de souvenir et d'affections que nous y avons,
et qu'ils ont abandonnés dans leur pays en le désertant, par calcul d'intérêt peut-être, ces étrangers, naturalisés ou non, ne
peuvent avoir pour la France notre amour de la patrie, et
encore moins notre dévoûment et notre passion ardente à la
servir et à la défendre.

Cet amour ardent de la patrie, ce dévoûment et cette passion
à la servir et à la défendre, leurs enfants seuls pourront
l'avoir, si, nés Français, ils ont été allaités par la France,
chauffés et éclairés par son bienfaisant soleil, et si, baignés

dans sa féconde atmosphère morale, ils y ont puisé assez d'intelligence et de cœur. On ne sert et on ne défend bien que ce qu'on aime bien ; et on n'aime bien que ce qu'on a aimé dès l'enfance : ses premiers amours ! J'en excepte hautement quelques hommes d'élite, tels que les Wallace et les Cernuschi, qui, bien que nés étrangers, sont dévoués à la France beaucoup plus que certains mauvais Français qui y sont nés. Oh ! ceux-là sont dignes d'être Français et j'applaudirai des deux mains et de grand cœur les Français qui leur donneront leurs suffrages pour une fonction des plus élevées ; d'autant plus que ceux-là, j'en suis convaincu, sont trop grands et ont trop le sentiment du devoir et des convenances pour accepter d'être mis en compétition avec les plus grands citoyens du pays. Mais avoir mis le grand patriote, l'ardent défenseur de la République et de la patrie, en compétition avec un étranger obscur qui a refusé de défendre la nation généreuse qui l'avait adopté pour fils, c'est ce qu'il y a de plus triste et de plus écœurant pour tout homme qui aime ardemment son pays. C'est une honte pour les travailleurs qui ont concouru à cette mauvaise action ; c'est une honte pour Paris, pour le suffrage universel et pour la France !

Mais, hélas ! c'est l'histoire lamentable d'une certaine catégorie de citoyens dans nos discordes civiles de tous les temps : les hommes des masses populaires, pour la plupart ignorants, crédules et inflammables, sont mobiles et changeants comme les flots de la mer, ou comme un amas de feuilles sèches bouleversées par l'ouragan. Agités par mille passions contraires, ils vont, soudainement et sans cesse, d'un extrême à l'autre, de la bassesse des appétits âpres et grossiers aux plus grandes hauteurs du dévoûment et de la magnanimité, des actes ignobles aux actions sublimes, passant tour à tour de la veille au lendemain, et souvent d'une heure à l'autre, de la violence à la mansuétude ; de l'égoïsme à la générosité ; de la bienveillance à la cruauté ; de l'indulgence à la sévérité intolérante ; de la clémence à l'injustice ; du dévoûment à l'ingratitude ; de l'indifférence à la passion ; de l'héroïsme à la pusillanimité ; de la servitude volontaire à l'amour de la liberté sans limites ; du crime à la vertu, et *vice versa*, brûlant ainsi le lendemain ce qu'ils avaient adoré la veille, pour pleurer après ce qu'ils ont brûlé ; selon la nature, la force et la direction du vent qui souffle et qui éveille leurs instincts bienfaisants ou pervers, agite ou soulève plus ou moins leurs passions bonnes ou mauvaises.

13

C'est ainsi que bien des hommes de cette catégorie, aux heures propices et fortunées de leur existence morale, prendront facilement la défense du faible contre le fort dont ils recevront héroïquement les coups destinés à leurs protégés, et c'est ainsi qu'ils se jetteront, généreusement et avec un courage héroïque, à l'eau et au feu pour sauver un inconnu au risque de périr avec lui; puis, aux heures mauvaises de leur mobile et violente nature, ils insulteront, ils maltraiteront, houspilleront et même, aux heures malheureuses et funestes, pour eux et pour leurs victimes, ils égorgeront ou pourront égorger, comme des bêtes féroces, les personnes qu'ils avaient défendues en recevant les coups qui leur étaient destinés ou celles qu'ils avaient sauvées au péril de leur vie. Et quelquefois, hélas! aux heures les plus néfastes et les plus maudites de leur existence, ils pourront maltraiter, violenter et même tuer leurs amis les plus chers, qu'ils pleureront amèrement après. Ils font ou peuvent faire ainsi alternativement le bien et le mal, selon qu'ils sont poussés à faire le bien par leurs bons instincts quand ils en sont dominés, ou qu'ils sont poussés à faire le mal par leur mauvais génie, par leurs passions perverses et le plus souvent poussés par des ambitieux avides, par des misérables fainéants, qui, mal assis et affamés de fortune, de bien-être et d'honneurs, exploitent sans cesse leur ignorance, leur crédulité et leurs convoitises, pour se faire hisser par eux à la position meilleure qu'ils convoitent.

C'est ainsi que beaucoup de ces hommes des masses populaires qui sont tour à tour des hommes secourables et bienfaisants et des bêtes féroces, terribles et dangereuses, insultèrent Étienne Marcel et le cardinal de Retz après les avoir suivis, glorifiés et applaudis. C'est ainsi que les hommes de la même catégorie qui s'étaient précipités souvent au-devant des voitures de l'infortuné Louis XVI et de la malheureuse Marie-Antoinette pour les acclamer avec enthousiasme aux jours de leur grandeur, au risque de se faire écraser par leurs chevaux, insultèrent lâchement à leurs infortunes aux jours de leur effroyable malheur, jusqu'à à applaudir à leur atroce supplice. C'est ainsi que les mêmes hommes qui avaient acclamé cent fois Vergniaud, Danton et Robespierre aux jours de leur triomphe, les accablèrent tour à tour d'injures aux jours de leurs revers et leur jetèrent, lâchement et sans pitié, des immondices à la face jusqu'au lieu de leur supplice, auquel ils aidèrent successivement, en se trouvant toujours du côté du vainqueur. C'est

ainsi qu'ils insultèrent à la chute et aux malheurs, plus ou
moins mérités, de Charles X, de Louis-Philippe et des Napoléon après avoir exalté leurs bienfaits, plus ou moins douteux,
aux jours de leur puissance, surtout des derniers, devant lesquels ils s'étaient prosternés et avilis, comme de lâches et misérables esclaves.

C'est ainsi que des hommes de cette espèce, qui avaient
acclamé avec enthousiasme la bonne et gracieuse impératrice
Eugénie aux jours de sa splendeur, l'insultaient lâchement ces
jours-ci, devant le Grand-Hôtel de Lyon, d'où on la sortait en
chaise, infirme et malade, triste, languissante et malheureuse!
Et cependant cette pauvre femme, malade de corps, d'esprit
et de cœur, qu'on insultait ainsi sans motif et sans raison, a
régné brillamment sur la France, qui l'aimait alors, qu'elle
aimait, elle, incontestablement et qu'elle aime évidemment
encore, malgré le mauvais destin qui l'en a exilée. Elle se
souvient sans doute, la pauvre proscrite, qu'elle en fut aimée,
sans se souvenir peut-être, l'âme généreuse, qu'elle l'avait
dotée, elle, cette France, qui aujourd'hui a des enfants aussi
ingrats et aussi malveillants pour elle, elle l'avait dotée, en
reconnaissance de son ancien amour pour elle, aujourd'hui
éteint, elle l'avait dotée d'œuvres méritantes et utiles qui portent son nom et qu'elle avait édifiées dans l'intérêt de ceux qui
l'insultent à cette heure. Oh! à ces titres seuls elle méritait
les plus grands égards, le plus profond respect de tous les
Français, ne fût-ce que pour la dignité de la France, qu'elle
avait gouvernée un instant, non sans éclat, au temps où elle
était la souveraine et l'idole de ses vils insulteurs de l'heure
présente!

Car ceux qui insultent lâchement et gratuitement ainsi cette
divinité déchue par la fatale et inexorable inconstance du sort,
je les ai vus, à Lyon, lorsqu'elle traversait la France comme
une brillante étoile dont les splendeurs faisaient espérer alors
lumière, gloire, paix et bonheur au plus grand nombre de nos
concitoyens, qui, pour la plupart, sont toujours impressionna-
bles, généreux, mobiles, inflammables et faciles à se faire
illusion et à se passionner pour tout ce qui brille, même pour
ce qui brille à leurs dépens, je les ai vus alors, ces ignobles
insulteurs d'une noble femme malheureuse, je les ai vus, eux
ou leurs semblables, se précipiter au-devant de son char de
triomphe pour la saluer de leurs vivats enthousiastes et fré-
nétiques, pour l'admirer et recueillir son gracieux sourire, à

ces heures fortunées où elle était sur le pavois, resplendissante
de jeunesse et de beauté, couronnée de l'auréole éblouissante de la toute-puissance! Et ces idolâtres fanatiques, qui
l'adoraient lorsqu'elle était déesse de l'Olympe, l'insultent
maintenant qu'elle est tombée du ciel étoilé, comme l'ange
rebelle, sans espoir de remonter jamais dans les hautes ré-
gions des sphères lumineuses de l'empyrée de la France, où
elle brilla un moment, couronnée des rayons étincelants du
soleil radieux de ce ciel éblouissant, d'où elle fut précipitée, par
le choc en retour de la foudre qu'elle y alluma en voulant jouer
imprudemment avec les sombres et dangereux nuages d'une
politique ambitieuse et pleine de périls! Enflammée d'éblouis-
sants souvenirs de gloire et ivre d'orgueil dynastique, elle osa
invoquer Bellone et brandir les armes de Mars, dont le tranchant, faible et mal dirigé contre le puissant ennemi qu'elle
avait sottement provoqué, laissa blesser cruellement la France,
et par suite elle fut elle-même mortellement frappée!

On l'insulte maintenant qu'étoile éteinte elle marche dans
l'ombre crépusculaire de l'incognito, sans rayons et sans éclat,
comme le peuple hébreux marchait enveloppé par l'ombre protectrice du nuage divin! On l'insulte maintenant qu'elle est
ou qu'elle se croit forcée de cacher son nom, jadis glorieux et
vénéré et toujours illustre, sous le voile vulgaire et humiliant
de l'anonyme, pour traverser la France qui fut un temps son
paradis, et qu'elle parcourait accompagnée par le bruit retentissant du canon, par les accords mélodieux de la musique, par
les gais accents des fanfares et par les cris joyeux des accla-
mations du plus grand nombre des Français, au milieu des
ovations sans nombre et des illuminations éblouissantes qu'elle
ne peut plus espérer! On l'insulte après l'avoir acclamée ainsi,
après l'avoir trop glorifiée, trop exaltée, trop adulée, trop enivrée d'encens. On l'insulte ainsi après que, dépouillée de son
auréole et de ses ailes d'ange ou de fée, elle est tombée des
splendeurs de l'Olympe dans le Tartare ténébreux des plus
grandes tortures, des plus grandes souffrances, de toutes les
plus grandes calamités et les plus grandes misères morales
dont une âme humaine sensible et affectueuse peut être accablée, tourmentée et impitoyablement déchirée! On l'insulte
ainsi aux heures les plus sombres et les plus douloureuses de
sa vie voilée, obscurcie, éclipsée et à moitié éteinte; sans pitié
pour tant d'infortunes, sans compassion ni miséricorde pour sa
pauvre âme ulcérée par tant et de si cruels souvenirs, rongée

par tant et de si poignants regrets ! On l'insulte ainsi aux heures ténébreuses, aux heures sans clarté pour elle et sans espérance de lumière pour les yeux voilés de son cœur, aux heures où un deuil noir éternel et sans espoir de joie, et une douleur déchirante, implacable et sans fin remplissent seuls ce pauvre cœur navré, à la place de l'être si cher, à la place du fils unique qui faisait tout son orgueil, toute sa joie et toute son espérance, et qu'elle a si malheureusement et si cruellement perdu ! On l'insulte ainsi lorsqu'elle respire à peine cachée et écrasée sous le sombre manteau de ce deuil éternel qui l'enveloppe comme le manteau empoisonné de Nessus, comme un linceuil funèbre ; lorsqu'elle ne vit plus que nourrie par des souvenirs amers et impitoyables , abîmée dans cette mer de douleur sans fond et sans rivages, comme tout ce qui est infini ! deuils et douleurs trop grands pour laisser dans ce pauvre cœur de femme et de mère, qu'ils hypertrophient, la moindre place aux regrets de la perte de sa couronne qui, sans doute, ne fut pas toujours sans épines et légère à porter ; qu'elle ne porta peut-être pas toujours sans fatigue, sans soucis et sans ennuis, et qui, hélas ! ne fut pas toujours brillante.

Eh bien ! insulter ainsi une femme qui, à tort ou à raison, a régné sur la France, qui a aimé ce pays et lui a fait quelques biens, insulter une femme qu'on a adulée, encensée et adorée ; insulter ainsi une pauvre mère en deuil de tout ce qu'elle avait de plus cher au monde ; l'insulter à ces heures terribles et cruelles , à ces heures de tortures et d'agonie physiques et morales ; ce n'est pas seulement ignoble et lâche, ce n'est pas seulement sauvage et cruel, c'est monstrueux, féroce et inhumain, c'est honteux pour la France et pour la civilisation !

C'est ainsi que les hommes, aux passions violentes et mobiles , qui, par entraînement, par instinct ou par raison, sont, à leur heure, des patriotes ardents et dévoués ; c'est ainsi qu'ils défendirent vaillamment la patrie et Paris assiégé, aux jours néfastes et douloureux où l'étranger souillait notre sol ; puis ils allumèrent une guerre fratricide, incendièrent Paris qu'ils avaient défendu au péril de leur vie, assassinèrent les otages, parmi lesquels il y avait des républicains sincères et méritants qu'ils avaient aimés ; et ils auraient poussé dit-on, ils auraient poussé l'oubli de tout sentiment de dignité, d'honneur, de moralité et de patriotisme, jusqu'à vouloir pactiser avec les Prussiens, qu'ils avaient combattu courageusement et avec l'énergie du patriotisme, pour se faire aider à vaincre leurs frères qui défendaient la patrie contre eux, qui la déchiraient et la déshonoraient après l'avoir défendue ! Ils la défendaient contre eux qui, s'ils avaient pu triompher dans leur infâme et parricide attentat, si leur crime horrible de lèse-nation et de lèse-patrie avait pu s'accomplir, l'auraient infailliblement ruinée et poussée à l'abîme, par leurs insanités et leurs folies, et se seraient entr'égorgés sur ses ruines en flammes ou calcinées, en s'en disputant la dépouille sanglante !

C'est ainsi que, dans un de ces moments d'aberration et de démence démagogique, ils renversèrent la colonne Vendôme devant laquelle ils s'extasiaient peu de temps avant, en y lisant les hauts faits de nos héroïques soldats morts pour la gloire, pour l'honneur et la grandeur du pays. C'est ainsi qu'un de ces pauvres fous, enthousiasmé sans doute par les lueurs sinistres, lugubres et effrayantes des flammes qu'ils avaient allumées, et qui dévoraient l'Hôtel-de-Ville, les Tuileries, la Cour des Comptes et tant d'autres monuments publics et qui menaçaient de dévorer Paris, aurait proposé au comité exécutif, de la terrible et hideuse Commune, de brûler le Louvre et tous les trésors sans nombre, sans égal et sans prix qu'il renferme, pour produire, disait-il, un brillant et merveilleux effet révolutionnaire ; voulant se donner ainsi une renommée par le crime, à l'exemple d'Érostrate, qui brûla le magnifique temple de Diane à Éphèse, pour se rendre célèbre, ou à l'exemple d'Omar, qui brûla la riche et splendide bibliothèque d'Alexandrie, comme dangereuse ou inutile. C'est ainsi qu'ils démolirent la maison de M. Thiers sans autre motif que leur haine sauvage, leur fureur de bêtes féroces, exhalant leur rage à mordre la pierre et le fer, ne pouvant mordre l'homme, tels que des chiens enragés ; pour se venger lâchement de ce que le grand patriote les combattait au nom de la République et de la patrie qu'ils déchiraient, ravageaient et ruinaient plus que l'étranger descendant des vieux Vandales ne l'avait fait ! Puis ceux qui avaient échappé au châtiment plus ou moins mérité, trop sévère et trop cruel pour les nombreux égarés, tous leurs complices et leurs semblables accompagnèrent en masse l'illustre citoyen à sa dernière demeure, en témoignage de ce qu'il avait maintenu la République et délivré le pays de la présence de l'étranger qui la profanait encore, et qu'ils avaient voulu appeler aux jours de leur démence, au secours de leur œuvre criminelle de folie et de destruction !

Et c'est ainsi qu'ils exaltaient le courage, l'énergie, l'habi-

leté politique et le patriotisme de M. Gambetta dont ils glori-
fiaient les suprêmes efforts pour sauver la patrie aax jours douloureux de la Défense nationale, et pour sauver la République
et la liberté aux mauvais jours du 24 Mai et du 16 Mai, et
alors ils se seraient généreusement fait tuer pour lui, par gratitude patriotique et pour le conserver à la défense de la République et de la patrie !

Puis, le danger passé, mal conseillés par la misère, par les
besoins, par l'envie, égarés par l'ignorance et les préjugés,
égarés surtout par les charlatans politiques qui leur promettent
toujours ou leur font espérer un meilleur sort et ne cessent de
leur dénoncer M. Gambetta comme le principal obstacle à la
conquête des biens imaginaires dont on les leurre, ils se laissent gagner par leurs mauvais instincts, et n'écoutant plus que
leurs appétits malsains et les ambitieux qui exploitent leurs
passions, leurs convoitises, leur faim et leurs vices, ils oublient tout sentiment de reconnaissance, de patriotisme, de
dignité, de justice et d'honneur, et fascinés par le mirage de
l'avenir merveilleux qu'on leur fait espérer, ils ne voient plus
qu'un ennemi dans le républicain infatigable qu'ils admiraient,
qu'ils aimaient et acclamaient avec enthousiasme naguère ! Et
le patriote ardent et dévoué qui les électrisait la veille et pour
lequel ils se seraient fait tuer, ils l'insulteront en l'accablant
d'injures, et le pourchasseront s'ils le peuvent !

Ils croiront d'autant plus facilement les ambitieux qui les
poussent, et ils haïront d'autant plus M. Gambetta que ce
grand citoyen, qui veut et peut leur faire le plus de bien possible, tout le bien qu'on peut leur faire, combat les doctrines
fallacieuses ou chimériques de leurs faux prophètes et de leurs
idiots rêveurs ; doctrines aussi absurdes, aussi injustes et subversives qu'elles sont contraires et préjudiciables aux réformes essentielles et nécessaires aux intérêts positifs, aux intérêts réels
de ceux au profit desquels on préconise, avec plus ou moins de
bonne foi, toutes ces utopies insensées et irréalisables. Aussi,
lorsque M. Gambetta se retira devant la meute des envieux,
des jaloux, des affamés et des rancuneux coalisés contre lui,
on entendit hurler un des coryphées de ces énergumènes, aux
applaudissements de ses acolytes et des pires ennemis de la
République, leurs associés du moment, on l'entendit hurler :
« Citoyens ! voilà un beau jour, un jour glorieux pour la République et pour la liberté ! » Tandis que tous les bons esprits,
tous les hommes de sens et de cœur, tous les démocrates, tous

les républicains, tous les patriotes sincères et dévoués exclamaient avec tristesse et douleur : « Voilà un mauvais jour pour la République, pour la liberté et pour la grandeur, la dignité et le prestige de la patrie ! » Et les suites désastreuses qui ont pesé et qui pèsent encore lourdement sur la France, au dedans et au dehors, leur ont donné surrabondamment raison.

Et lorsque, après avoir ainsi gonflé de colère et de haine le cœur de certains de ces hommes crédules et envieux, la plupart sans convictions et sans foi, si ces histrions politiques, si ces sycophantes qu'ils écoutent ont l'infamie de leur dire que M. Gambetta n'empêche les réformes radicales et le triomphe de leurs fécondes doctrines politiques et sociales, qui feraient le bonheur ineffable du peuple, que parce qu'il veut usurper le pouvoir ! Alors la colère et la haine de ces hommes ignorants, aux passions fougueuses et violentes s'exaltent, jusqu'au paroxysme de la folie furieuse, et, comme des bêtes féroces enragées, ils seraient capables de déchirer et de traîner aux gémonies le grand patriote qu'ils avaient aimé et qu'ils pleureraient amèrement après, si nous avions le malheur de vivre dans les temps néfastes de nos convulsions douloureuses du passé ! Heureusement que ces temps horribles, de fratricide mémoire, sont bien loin de nous et que si la France est, à cette heure, et pourra être encore affligée par des luttes personnelles d'ambitieux égoïstes se disputant la prééminence et le pouvoir, ce qui est un peu inhérent à son tempérament, elle ne verra plus les jours douloureux et lugubres, où les meilleurs républicains se faisaient une guerre implacable de compétitions ambitieuses, analogue à la guerre injuste et acharnée que les médiocrités font aux meilleurs républicains de ce temps, et s'entr'égorgeaient tour à tour, par les mains d'hommes de cette espèce qui leur servait réciproquement de bourreau et qui haïssaient et égorgeaient ainsi le soir ceux qu'ils avaient aimé et acclamé le matin, et qu'ils pleuraient bien souvent le lendemain avec des larmes amères.

Et malheureusement il en sera toujours plus ou moins ainsi, tant qu'on n'aura pas amélioré l'intelligence et le cœur, les mœurs et la position matérielle de ces gens-là : tant que, malgré eux et malgré leurs exploiteurs politiques, on n'aura pas élevé le niveau de leur raison, de leur moralité et de leur situation précaire ; tant qu'on ne les aura pas arrachés à l'ignorance, à l'influence perverse et aux menées dangereuses et criminelles des ambitieux qui exploitent leurs passions, leurs

vices et leur faim! Or, les hommes qui ont la folle prétention
de transformer d'un seul coup et de toute pièce notre vieille
société, nos institutions, nos mœurs et nos lois ; les hommes
qui ont la sottise et la mauvaise foi, pour tromper les imbéciles qui les écoutent, de s'attribuer impudemment la puissance, d'éteindre le paupérisme, la misère et la gêne d'un coup
de baguette, et même d'effacer les inégalités sociales inhé-
rentes et essentielles à notre civilisation dont elles sont le principal facteur, étant le plus puissant aiguillon de l'activité humaine en toute chose, ces hommes qui, de bonne foi, par
exagération de sentiments, d'idées, de principes et de doctrines
ou par ambition, par calcul égoïste, par jalousie ou par rancune, encouragent les passions subversives de gens qui pourraient se porter aux violences et aux crimes de la Terreur, aux
iniquités et aux forfaits de la Commune, ou qui peuvent se
porter aux invectives et aux injures grossières et infâmes dont
on a accablé M. Gambetta, méritent-ils, comme hommes politiques, l'estime et la confiance de la majorité éclairée et sincère,
saine et sagace de la France républicaine et libérale ?

La France peut-elle avoir mieux la foi et la confiance nécessaires, dans l'intelligence et le bon sens pratique de ceux qui,
en 1848, se faisant les apôtres d'une politique sentimentale,
prêchaient aux travailleurs des théories quintessenciées de générosité fraternelle contraires à leurs sentiments, à leurs
mœurs, à leurs habitudes professionnelles, moralement impossibles et irréalisables, et qui, si elles pouvaient être mises en
pratique, tueraient toute industrie, tout travail productif et
tout progrès, en tuant l'émulation et l'effort individuel que pro-
voque l'intérêt personnel, l'intérêt égoïste du moi, qui est l'essence des actions humaines, bonnes ou mauvaises ? Non, la
France ne peut croire aux capacités politiques de ces rêveurs sentimentaux, de ces myopes politiques, qui, aux heures troublées de ce pauvre 48, connaissant les prétentions
ambitieuses et les tentatives criminelles de Louis Bonaparte,
demandaient à l'Assemblée constituante, dont ils étaient membres, ils lui demandaient, avec une éloquence attendrie, l'abrogation de la loi qui frappait d'exil la famille Bonaparte.
Et quelques jours après, profitant de cette abrogation, votée
par les libéraux transcendants et par les réactionnaires du
jour, contre Ledru-Rollin et contre tous les républicains sensés et clairvoyants, le chef attitré de cette famille ambitieuse et liberticide rentrait en France, était nommé président

de la République qu'il étranglait en violant tous ses serments, en faisant égorger tous les vaillants champions qui voulaient la défendre, et les forçait, eux, ses défenseurs, ses avocats bénévoles, il les forçait à s'expatrier et à prendre sa place à l'étranger d'où ils l'avaient tiré et où il les envoyait par gratitude de prince. Il récompensait ainsi généreusement leur zêle officieux qui lui avait ouvert les portes de la France et les marches du trône, et que, vu les circonstances, vu l'état des choses et des hommes, on aurait pu le considérer comme un acte d'insensés ou de traîtres, si l'on ne connaissait pas leur saine intelligence et leurs grands talents, et si l'on ne croyait pas à leur bonne foi, à leurs convictions inaltérables et à l'incorruptibilité de leur désintéressement et de leur intégrité ; si l'on ne pensait pas que leur plaidoyer intempestif, impolitique, antirépublicain et antilibéral, n'était que le fait de leurs utopies plus généreuses que sensées, de leurs folles doctrines d'une liberté sans limites.

La France aura encore moins confiance et croira encore moins au bon sens politique dont elle a tant besoin, au désintéressement, à la bonne foi et au manque d'ambition égoïste de ceux qui ont couru les plages de l'Océan pour faire des homélies sentimentales et des ovations aux complices des incendiaires de Paris et des assassins des otagés, qu'ils serraient dans leurs bras avec effusion de tendresse, comme s'ils étaient des héros qui venaient de sauver la patrie, ainsi que les Grecs reconnaissants auraient pu embrasser les héros de Platée et de Marathon, et qui embrassaient affectueusement une Louise Michel, cette nouvelle Théroigne, moins la beauté, la grâce et l'esprit, comme les Français d'autres temps auraient pu embrasser avec la plus tendre gratitude les grandes et généreuses héroïnes Jeanne Hachette et Jeanne d'Arc ! Certes, j'abhorre souverainement, j'exècre et j'ai toujours réprouvé et maudit toute rébellion contre la loi, quelque mauvaise qu'elle puisse être, parce qu'une mauvaise loi sert à en faire de bonnes, selon l'expression juste et sensée du grand Franklin, et selon l'expression non moins sage, et non moins vraie de je ne sais qui, qu'une nation n'a et ne peut avoir que les lois qu'elle mérite, les lois qui conviennent à son tempérament, à ses mœurs, à ses sentiments et au degré de sa culture intellectuelle et morale et de sa civilisation. Oui ! j'ai toujours eu en horreur toute révolte, toute insurrection, toute guerre civile, quelle que soit la forme de gouvernement que la nation a toujours le droit imprescriptible de changer, et elle en a toujours la puissance, puisqu'il n'a d'autre force que celle qu'elle lui prête elle-même, et que c'est toujours tous contre un, selon le fameux et véridique aphorisme de La Boëtie.

Et si, pour une raison ou pour une autre, l'insurrection devient une douloureuse nécessité, un droit et un devoir sacré, pour une nation qui ne peut se débarrasser autrement d'un gouvernement despotique et oppresseur, elle est toujours un crime abominable et sans excuse, un crime liberticide et de lèse-nation, sous une République et sous le régime du suffrage universel. Et dans ce cas de violation criminelle de la société et de ses lois, le gouvernement, la société, la souveraineté nationale, contre lesquels on se révolte, ont le droit et le devoir stricts et absolus de se défendre, de défendre les droits et la liberté de tous contre la faction rebelle, qu'on combattrait et qu'on doit combattre énergiquement, sans faiblesse, et sans pitié s'il est nécessaire, pendant la lutte qu'elle aurait criminellement commencée. Puis, la rébellion finie, défaite ou écrasée et hors d'état de nuire, je voudrais qu'il n'y eût plus ni vainqueurs ni vaincus, mais seulement des défenseurs des lois et de la société et des enfants mutins que la mère-patrie aurait sévèrement châtiés en les combattant et en les réduisant à merci. Je voudrais qu'on enlevât les morts et les blessés, s'il y en a, sans distinction des coupables de ceux du devoir, comme une mère relèverait deux de ses enfants qui se seraient querellés, avant de savoir qui a tort ou raison ; je voudrais qu'on lavât le sang mêlé, qu'on effaçât les traces de l'horrible forfait et qu'on pardonnât les crimes de ces mauvais citoyens, de ces parricides de la patrie, en jetant sur le passé le voile le plus épais de l'oubli ! Je ne voudrais ni poursuites, ni arrestations, ni emprisonnement, ni procès, ni condamnations, qui ne servent le plus souvent qu'à faire un piédestal à ces malfaiteurs politiques : piédestal d'une bruyante et malsaine renommée que cherchent toujours les factieux dans les troubles qu'ils provoquent et qu'ils font.

C'est vous dire, au risque de vous scandaliser, mon cher Monsieur Olimagli, c'est vous dire que j'étais partisan de l'amnistie pleine et entière des hommes de la Commune, et tout en frissonnant d'horreur et d'indignation patriotique à la vue des murs calcinés de la cour des Comptes, de l'Hôtel-de-Ville, des Tuileries et des autres monuments incendiés par ces forcenés vandales, j'applaudis de tout cœur aux paroles éloquentes d'indulgence, de pardon et de sagesse politiques par lesquels M. Gambetta exhorta chaleureusement la Chambre et la France au pardon et à l'oubli. On sait quelle reconnaissance ont conservée au grand et généreux patriote ses doux et sensibles protégés ! Ne lui ont-ils pas témoigné leur gratitude, à leur manière, en le calomniant, en le dénigrant et en l'injuriant ! Et cela, sans doute, pour mieux tremper son âme et le fortifier contre les éventualités fâcheuses et contre les rigueurs que le mauvais destin pourrait lui réserver encore !

Ne l'ont-ils pas averti charitablement et fraternellement qu'il n'avait rien à espérer, ni gratitude ni sympathie, des hommes à principes absolus et inflexibles comme eux, pour tout le bien qu'il peut leur avoir fait ?

Oui ! il faut le répéter encore, pour l'édification des esprits faibles qui croient aux devoirs de la reconnaissance, n'ont-ils pas dit avec une franchise et une loyauté qui caractérisent leur grandeur d'âme et l'élévation de leurs sentiments et de leur sens moral ? n'ont-ils pas dit qu'ils ne devaient à M. Gambetta ni égards, ni estime, ni reconnaissance, pour l'argent qu'il avait donné ou qu'il avait fait donner pour eux, ni pour ce qu'il avait dit ou fait en faveur de leur amnistie, parce qu'ils ne lui avaient rien demandé, et qu'il fallait attendre qu'ils lui demandent un service s'il voulait avoir des titres à leur gratitude ? Voilà ce qui s'appelle avoir du caractère et de la dignité morale ! Voilà des hommes qui ont une personnalité distincte des autres pauvres humains, qui ont l'âme fortement trempée, qui sont toujours eux et que rien ne saurait émouvoir, ébranler ou changer, ni bienfaits, ni malheurs ! et ce n'est certes pas eux, élevés ainsi au-dessus du vulgaire, ce n'est pas eux qui abaisseront jamais leur fière dignité personnelle, pour imiter lâchement les hommes à préjugés qui, l'âme pleine des fadaises de la sensiblerie et des puérilités du sentimentalisme, ont la faiblesse indigne de dire merci et de conserver au cœur un souvenir de reconnaissance à ceux qui se sont précipités pour les secourir en les voyant tomber ou pour les relever en les voyant à terre, et qui ont la naïveté ou la sottise de croire que le bienfait, qu'ils ont reçu ainsi, a d'autant plus de mérite et de prix, à leurs yeux et aux yeux des niais qui pensent comme eux, qu'ils l'ont reçu gratuitement et sans l'avoir demandé.

En élevant ainsi l'ingratitude et le déni de justice à la hauteur d'un principe de morale, les grands prêtres de l'intransigeance n'ont pas seulement cherché à amoindrir le bienfait et à payer de la plus hideuse ingratitude la générosité politique de M. Gambetta, mais ils ont voulu aussi et surtout le blesser dans ses sentiments intimes de désintéressement, de loyauté et d'indulgence politique ; cherchant à le mordre au cœur sans que leurs dents venimeuses puissent en entamer le puissant péricarde.

Qu'on ne vienne donc pas parler de bienfaits, de services rendus, d'égards et de reconnaissance à ces grands réformateurs de toutes choses ! Qu'on ne leur dise pas que jusqu'ici les moralistes et le bon sens public avaient cru et affirmé qu'un service rendu spontanément sans avoir été demandé et à l'insu de la personne obligée était infiniment plus méritant qu'un service sollicité ! Tout cela peut être cru et pratiqué par les esprits faibles et arriérés, tout cela peut être bon et profitable aux adroits qui, selon le proverbe, donnent un œuf pour avoir un bœuf, mais ils ne sont que des vieilleries usées, des restes des préjugés du vieux temps, des moyens avec lesquels le fort séduit, captive et enchaîne le faible, si l'on en croit les grands prophètes et les fervents apôtres de l'intransigeance, du radicalisme transcendant des principes absolus, du gouvernement réduit et de la liberté sans limites qui ont changé tout cela !

Oui ! tous ces grands réformateurs ne sont ni du temps passé ni du temps présent, ils sont des prophètes inspirés, qui prêchent contre les niaiseries de la vieille morale pratique, contre l'iniquité des lois et des institutions de ces temps vieillis dans la perversité et dans l'injustice, d'où la République qui s'y traîne, disent-ils, ne pourra se dégager que par un effort suprême du peuple inspiré par leurs fécondes doctrines. Ils sont les Solons et les Lycurgues de l'avenir qui ont élaboré et tiennent en réserve une morale nouvelle et sublime, des lois justes et souverainement libérales, des institutions puissantes et merveilleusement fécondes de prospérité et de bonheur, pour la société nouvelle qu'ils ont heureusement conçue et qu'ils veulent former de toute pièce en détruisant la vieille qu'ils battent en brèche et qui tombe en ruine. Ils n'attendent qu'une occasion favorable, qu'ils espèrent faire naître en écartant de la scène politique M. Gambetta et les autres républicains autoritaires qui les gênent, pour ouvrir la boîte de Pandore, d'où sortiront cette fois les merveilles politiques et sociales qui doivent faire le bonheur ineffable de tous les humains, et essentiellement de tous ceux qui ont été et seront les victimes de l'iniquité des vieilles institutions jusqu'à l'application et à la pleine jouissance de celles conçues par leur vaste et fécond cerveau ! Il pourra bien y avoir quelques blessés, quelques victimes, quelques sacrifiés, dont les premiers seraient immanquablement les insensés qui, par égoïsme, par jalousie ou par rancune, se font les néophytes de ces nouveaux messies sans en avoir la foi ; mais on ne fait rien sans sacrifices, et le plus grand nombre des hommes nagera dans les eaux de la félicité suprême, dont la nouvelle société sera la source inépuisable et féconde, l'Hippocrène de la politique de l'avenir, à la place de la vieille société dont on aura tari la source fangeuse !

Oui, mon cher Monsieur Olimagli, comme tous les républicains sincères, je voulais qu'on jetât le voile du pardon et de l'oubli sur les insanités et les forfaits abominables des malfaiteurs politiques de la Commune ; je voulais qu'on passât l'éponge sur les traces hideuses de leurs pas, pour que la France oubliât avec leurs crimes leurs peu sympathiques personnes. J'aurais voulu et je trouvais raisonnable et conforme aux sentiments et aux devoirs affectifs d'humanité, qu'on leur donnât des secours, qu'on soulageât leur misère, comme les personnes bienfaisantes soulagent celle du malfaiteur qui souffre, lors même qu'elles savent qu'il est malheureux par sa faute et qu'il a mérité ses souffrances ; et j'aurais donné de grand cœur mon obole pour eux si on me l'avait demandée dans ces conditions ; je l'aurais donnée avec d'autant plus d'empressement, de satisfaction et de plaisir qu'il y avait immanquablement parmi eux des égarés et peut-être des innocents.

Mais, aller au-devant de ces gens qui ne pouvaient inspirer aux bons citoyens que de la pitié mêlée d'aversion et de dégoût ; les accueillir comme des héros, leur faire des discours pour leur témoigner de l'estime et de la sympathie ; leur donner des banquets, leur faire des ovations, en quelque sorte, triomphales, comme à des sauveurs du pays ; tandis que nos pauvres soldats qui sortaient des prisons de la Prusse déguenillés, minés par les privations et la maladie, par les souffrances de leurs cruelles mais glorieuses blessures, exténués par les fatigues d'une route longue, pénible et douloureuse, entraient sur le sol bien-aimé de la patrie qu'ils avaient arrosé de leur sang généreux, pour la défendre contre l'étranger, sans que leur infortune, leur misère et leurs souffrances imméritées, sans que le souvenir de leur héroïsme et de leur dévoûment à la patrie aient attiré sur eux un regard de reconnaissance ou de commisération sympathique de la part de ces hommes compatissants qui ont eu tant de tendresse pour les assassins fratricides de leurs concitoyens, pour les parricides qui ont déchiré et ensanglanté le sein de la mère-patrie ! sans que ces philanthropes dévoués, qui ont eu tant d'effusion de cœur pour les incendiaires de Paris et pour les assassins des otages, aient senti le besoin patriotique et fraternel de témoigner un sentiment de reconnaissance et de sympathie compatissante, aux défenseurs malheureux de la patrie, où ils revenaient tristes et cruellement blessés au physique et au moral, après avoir été vaincus par le sort et par la trahison !

Ce contraste hideux où l'ingratitude et l'impudence s'allient au manque de toute dignité, à l'insanité et à la folie, me navre, m'indigne et m'écœure toutes les fois que j'y pense, et je ne puis m'empêcher d'exclamer, à l'exemple de Brutus ou de Cassius : O pudeur! ô vertu, tu n'es qu'un vain mot! et je serais tenté d'ajouter : O grands hommes, vous n'êtes que des brutes sans raison, sans conscience et sans équité, dénués de dignité et de bon sens, malgré l'intelligence, le savoir et le talent de quelques-uns d'entre vous! Oh! je sais bien que parmi les champions des théories absolues et du puritanisme républicain, il y en a qui sont de bonne foi et sincèrement dévoués à la République, il y en a même qui sont de beaux caractères et qui ont des incontestables talents, mais ce sont des rêveurs, des sectaires fanatiques dévoyés de la politique rationnelle, opportune et effective, par exagération d'un libéralisme sentimental et métaphysique; une sorte de Don Quichotte démocratique à la Barbès, qui, croyant conduire la République et la démocratie à un idéal paradisiaque, les conduirait l'une et l'autre aux catastrophes et à l'abîme. Ils ne songent pas, ces insensés, qu'ils pourraient être eux-mêmes les premières victimes des éléments hétérogènes dont ils s'entourent pour en faire leur puissance d'action, sans craindre les commotions électriques de contact ou d'effet en retour qui pourraient se produire par le rapprochement de ces éléments contraires!

Voilà, mon cher Monsieur Olimagli, pourquoi et comment j'admire, j'estime et j'aime M. Gambetta, que je considère comme l'un des plus grands patriotes et des plus grands hommes d'État de notre temps, sinon le plus grand. Et, en tenant compte du milieu où il s'est mû et se meut, des circonstances, des hommes et des faits qui ont toujours rétréci le cercle de son infatigable activité, qui ont toujours diminué la sphère d'action où pouvait s'exercer toute la puissance de ses hautes facultés intellectuelles et morales, on peut le croire le plus grand, sans crainte d'être illusionné par son patriotisme, et aussi sans crainte d'être injuste envers les nombreux démocrates républicains de grand mérite, d'intelligence et de cœur, qui ont été et qui sont, pour la plupart, ses intrépides et valeureux collaborateurs, pour la défense de la patrie, pour la fondation et l'affermissement de la République et de la liberté. Est-ce à dire que j'aime M. Gambetta quand même, quoi qu'il veuille et quoi qu'il fasse? comme le sauvage aime son fétiche, comme certains nègres aiment leur chef, comme le dévot de l'Inde aime Bouddha, jusqu'à se faire écraser volontairement sous les roues de son char?

Et comment pouvez-vous, mon cher Monsieur Olimagli, comment pouvez-vous, me connaissant bien, sachant que je suis, comme vous, de la race de ceux qui se tuaient pour ne pas être esclaves des Romains, comment pouvez-vous me faire la sanglante injure de croire, comme vous paraissez le faire, que j'aime M. Gambetta comme un homme providentiel et sauveur auquel je sacrifierais, gaîment et sans réserve, tout ce qui fait mon être moral : ma liberté et mon indépendance d'esprit et de cœur, ma dignité d'homme et de citoyen libre, et trop fier et trop heureux que je suis de l'être? Comment pouvez-vous croire, vous qui savez que j'ai cessé d'aimer notre glorieux compatriote quand j'ai pu bien voir ce qu'il y avait de faux et de surfait dans sa légende héroïque et ce qu'il y avait de criminel et de tyrannique dans ses actes; comment pouvez-vous croire que je pourrais aimer M. Gambetta, usurpateur de mes droits et de cette liberté qui m'est si chère, usurpateur des droits et des libertés du pays? Comme vous avez aimé, vous et les vôtres, les Napoléons liberticides, comme le néophyte aime stupidement sa nouvelle idole; comme le bigot crétinisé aime son Dieu et le remercie des souffrances qu'il lui fait endurer ici-bas pour lui faire gagner là-haut, croit-il, la félicité éternelle du paradis; comme les chauvins enthousiastes de tous les temps adorent les triomphateurs et sont heureux et fiers de se croire protégés par leur puissance usurpée, dont la tyrannie les opprime et les écrase !

Non! et je suis contristé et quasi honteux d'être obligé de

vous faire, à vous, une pareille déclaration; non, je n'aime pas
M. Gambetta sans réserve et comme un homme providentiel
et indispensable au salut de la France et de la République.
J'abhorre, je hais, j'exècre trop les sauveurs des peuples à la
façon des Cromwell et des Bonapartes, qui en sont toujours les
tyrans et les oppresseurs, pour aimer M. Gambetta comme
tel et pour le croire indispensable à la France et à la République, non, mille fois non! La France qui sera toujours la
grande et immortelle nation dont la magnificence et les splendeurs font et feront sans cesse l'admiration de tous les peuples
du monde qui la craignent ou la jalousent quand ils ne l'aiment pas, la France ne manquera jamais d'hommes éminents,
d'hommes d'État supérieurs, ni de patriotes ardents et dévoués pour la conduire à sa plus haute destinée; ni la République et la liberté ne manqueront d'hommes de valeur capables de les guider et de les défendre avec énergie et dévoûment.
Tels sont, je crois, beaucoup des nombreux républicains sincères et dévoués, des patriotes intrépides et indomptables qui
ont été et sont à côté, autour et derrière M. Gambetta, comme
ses compagnons de labeur, comme ses amis et ses émules de
la première à la onzième heure.

J'aime M. Gambetta parce qu'il a rendu à la France, à la
République et à la liberté des services éminents, incomparables et sans prix, parce que je le crois, à cette heure, le plus
utile et même le plus nécessaire à l'affermissement, à l'évolution et au développement progressif de la République et de
la liberté, au relèvement et à la grandeur de la patrie; parce
que, dans l'état de trouble, de confusion, de conflit et de guerre
implacable des idées, des opinions, des doctrines et des passions plus ou moins malsaines et subversives où nous nous
trouvons, je le crois le seul centre de gravité de toutes les
forces vives et efficaces de la vraie démocratie, le seul centre
d'attraction pour faire naître l'affinité nécessaire, l'affinité
élective entre les éléments divergents de la France républicaine; le seul capable de concilier les théories, les principes,
les idées, les opinions et les convoitises, les intérêts et les
passions en lutte. Je l'aime enfin par ses actes accomplis, pour
ce qu'il a fait et pour ce qu'il peut faire; je l'aime pour ce qu'il
a été, pour ce qu'il est et pour ce que je crois et ce que j'espère qu'il sera, le Washington de la France et de la liberté!

Et si, par malheur pour lui, pour la République et pour le
pays, il cessait d'être ce qu'il est, ce que j'espère et ce que je

désire qu'il soit, aussi bien pour sa gloire et pour son honneur que pour le triomphe et le perfectionnement progressif le plus libéral de nos institutions et pour la prospérité et la grandeur de la France; s'il cessait d'être le grand patriote, le citoyen magnanime, le démocrate sincère, désintéressé et vaillant que j'aime, pour devenir un ambitieux vulgaire et égoïste qui aimerait le pouvoir, pour le pouvoir, et se ferait le contempteur et le destructeur de la liberté, l'usurpateur des droits et de la souveraineté de la nation, au lieu d'être le dévoué défenseur de la République et le glorieux bienfaiteur de la patrie!!! Eh bien! alors il ne serait plus l'homme que j'aime à cette heure, il ne serait plus l'homme en qui je mets tout mon espoir patriotique, pour la réalisation possible de mon plus sublime idéal de la liberté, pour la prospérité et la grandeur de la France! Il serait un autre homme pour moi! Un homme que je pourrais détester et haïr autant et peut-être plus que je l'aime, en déplorant sa chute qui serait semblable à celle de l'ange rebelle tombant du ciel étoilé et lumineux dans les ténèbres du Tartare! Oh! je n'oublierais pas, je ne pourrais pas oublier le premier de ces deux hommes, parce que je ne pourrais oublier ce qu'il fut, ni la reconnaissance que je lui devrais toujours pour son patriotisme passé et pour son dévoûment d'autrefois à la République et à la patrie! Mais je ne l'aimerais plus que dans le passé, pour sa vie d'autrefois, et par souvenir, comme on aime les morts qu'on estimait et qu'on affectionnait pendant leur vie! ainsi qu'un amant trompé aime dans le passé et par souvenir l'idéal qu'il s'était fait de la maîtresse qui l'a trahi, tout en la trouvant laide et dépourvue des attraits séduisants qu'il adorait jadis et qu'il ne lui trouve plus en la voyant au bras d'un rival.

Vous me demandez ce que je pense de M. Gambetta, maintenant que mes amis les républicains ont aidé les vôtres, dites-vous, à le renverser et à le tuer moralement dans l'opinion publique.

Et d'abord, mon cher Monsieur Olimagli, les prétendus républicains qui étalent des opinions de libres-penseurs, et affichent avec une ostentation ridicule, sans motif et sans nécessité, un dédain inconvenant pour la religion de leur mère; qui professent bruyamment des théories d'une liberté sans limites, d'un gouvernement réduit à la plus simple expression d'autorité ou à l'anarchie, et qui s'associent avec les pires ennemis de la liberté de conscience, avec les ennemis de la tolérance religieuse, politique, morale et philosophique, avec les ennemis les plus redoutables et les plus acharnés de la démocratie républicaine, pour déverser la calomnie, l'injure et le dénigrement contre le patriote le plus dévoué qui a tant fait pour la liberté et pour la patrie, et qui, par suite, les a faits eux-mêmes quelque chose de rien qu'ils étaient ; ces gens-là ne sont pas et ne seront jamais mes amis ; ces gens-là ne peuvent avoir et n'auront jamais ni mon estime, ni mes sympathies !

Oui ! je ne puis avoir ni estime, ni amitié, et je n'éprouve que de l'aversion et du mépris pour ces libéraux transcendants, pour ces purs démocrates, pour ces vrais républicains libres-penseurs qui se sont associés sans pudeur avec les disciples de Loyola, avec les enfants des Verdets, avec les héros de Décembre et les complices des incendiaires de Paris, pour dénigrer, pour amoindrir et pour chasser, s'il était possible, l'homme énergique et dévoué qui a le mieux et le plus puissamment revendiqué et défendu les saines traditions démocratiques et républicaines, les meilleures et les plus fécondes doctrines libérales et progressives de la glorieuse Révolution française !

Et ils se sont associés ainsi, ces puritains des principes sévères et absolus de la démocratie ; ils se sont associés ainsi avec les plus féroces ennemis de nos institutions républicaines, contre le plus illustre et le plus libéral des citoyens, sous des prétextes aussi vains et aussi absurdes que lâches et de mauvaise foi, qu'ils cherchent vainement à colorer de vraisemblance sans pouvoir leur donner une ombre de vérité, et ne font que se rendre plus grotesques et plus ridicules toutes les fois qu'ils veulent les invoquer et les faire valoir pour justifier, devant leurs électeurs, leur conduite égoïste, haineuse et anti-patriotique ; car si, malgré leur impudence, ils n'osent avouer les vrais motifs qui les ont poussés contre le grand patriote, parce que cela nuirait immanquablement aux petits intérêts qui les ont fait agir, la France les connaît, à cette heure, ces motifs peu honorables qu'ils n'osent avouer, et qu'ils s'efforcent de travestir par des explications incohérentes et contradictoires qui dénoncent leur embarras et leurs mensonges. La France sait bien qu'ils n'ont conspiré la chute de M. Gambetta que parce que ce grand citoyen qu'ils jalousent porte ombrage à leur sotte vanité, à leurs prétentions absurdes, à leurs mesquins intérêts et à leur folle ambition.

Eh bien! ces républicains-là, je le répète, n'auront jamais ni mon estime, ni mon amitié, ni mon vote, ni les suffrages des miens, parce que je les considère, à cette heure, comme des mauvais citoyens, des pseudo-républicains, sans sincérité et sans convictions; qui n'ont d'autre souci que celui de capter l'opinion publique en exaltant la fécondité de leurs idées stériles, et en dénigrant tous les hommes de mérite, avec la folle espérance de prendre leur place dans le cœur de la France, en se hissant sur les épaules et sur la tête des masses laborieuses dont ils s'efforcent d'exploiter l'ignorance, la crédulité et les appétits malsains, par tous les moyens possibles, au profit de leur ambition démesurée.

Je n'estime pas mieux comme des républicains sincères et convaincus, et comme mes amis politiques, des hommes à l'aspect sévère qui affichent des idées modérées et conservatrices, voisines ou proches parentes des idées monarchiques, et montrent une aversion invincible, un souverain mépris et un dédain haineux contre les théories absolues révolutionnaires et anarchiques des intransigeants et des autonomistes qu'ils abhorrent, puis ils s'associent avec eux contre le seul homme qui a été et qui peut-être le paratonnerre de la foudre révolutionnaire, le dominateur des tempêtes et des orages que l'anarchie pourrait déchaîner sur le pays et sur eux-mêmes, qui en seraient peut-être les premières victimes, et ils font cela, parce que, toujours tentés de reculer en arrière, ils trouvent la politique de M. Gambetta trop avancée, trop progressive, trop hardie, trop aventureuse et pleine de dangers pour leur quiétude et leurs mesquins intérêts ; surtout par ses projets de réforme du Sénat, de l'armée, de la magistrature, de l'enseignement, du droit d'association et du rétablissement du scrutin de liste.

Toutes choses qui porteraient atteinte à leur influence régionale, nuiraient à leur réélection et leur ôteraient toute espérance d'arriver au pouvoir où ils aspirent, ou de s'y maintenir s'ils y sont arrivés.

Je ne puis pas avoir beaucoup plus d'indulgence et d'estime pour ceux qui professaient, à peu près, les mêmes idées et les mêmes doctrines que M. Gambetta, qui, sincèrement républicains, il faut le croire, ont concouru jadis au triomphe de la République en combattant bravement pour elle avec lui ou à côté de lui, dont ils étaient ou se disaient les amis dévoués, et qui, par entraînement aveugle ou mal entendu, par jalousie ou par bêtise, par peur du scrutin de liste ou par rancune de ce

que M. Gambetta ne les avait pas appelés à partager le
pouvoir avec lui, n'ont pas craint de s'associer honteusement
avec les monarchistes de toutes couleurs, avec les cléricaux,
avec les intransigeants et les anarchistes dont ils ont toujours
détesté et combattu les doctrines réactionnaires ou subversives
des uns et des autres. Ceux-là, je puis les croire encore des
républicains sincères et des patriotes dévoués, ils en ont
donné des preuves pour la plupart, mais je ne puis les estimer
ni avoir de la sympathie pour eux à cette heure; ce dont ils
peuvent se passer facilement, plus facilement que des suffrages
de leurs électeurs, qu'ils affectionnent évidemment au-dessus
de tout. Car, ou ils ont agi sous l'influence égoïste d'un vil
intérêt personnel et avec l'espérance d'arriver au pouvoir en
en chassant M. Gambetta, et alors ils ont manqué de sincérité, de loyauté et de bonne foi envers M. Gambetta, envers
leurs électeurs et envers la France ; ou ils ont agi sous l'influence de la peur, ou pour essayer leurs forces, comme des
enfants, contre le fantôme du prétendu pouvoir personnel de
M. Gambetta, que l'intransigeance et la réaction auraient
inventé pour les effrayer, et qu'ils auraient renversé pourtant
sans le croire dangereux, et seulement parce qu'il n'avait pas
assez montré de déférence pour la Chambre, comme l'a dit
l'un d'entre eux pour se justifier, et alors ils sont de pauvres
esprits, de piètres politiques, ou de lâches poltrons qui ont
sacrifié les intérêts supérieurs de la démocratie, et par suite les
intérêts essentiels de la nation qui leur en a confié la garde, à
la satisfaction de leur vanité ambitieuse et de leur orgueil, ou
à la crainte d'un danger imaginaire et impossible, qui leur
ferait réellement peur et dont ils ne se sentiraient pas le courage nécessaire pour le combattre de front, le cas échéant.

Maintenant, laissez-moi vous dire, mon cher Monsieur Olimagli, laissez-moi vous dire que M. Gambetta n'a pas été terrassé, comme vous le dites, avec trop de joie, vous et les vôtres,
et qu'il n'est pas mort ni politiquement ni moralement, comme
le disent vos amis, qui prennent toujours leurs désirs et leurs
vaines espérances pour la réalité des choses. Non! M. Gambetta n'a pas été terrassé, il n'est pas homme à se laisser terrasser ni à attendre qu'on le terrasse! Il s'est retiré du pouvoir,
comme Achille du camp des Grecs. Il s'est retiré noblement
et dans une attitude digne et fière qui l'a grandi, tant qu'il
pouvait grandir encore moralement, dans l'opinion de la majorité saine et sensée des citoyens français, auxquels il aurait pu

dire, en réponse aux attaques injustes et stupides de ses ennemis, comme le grand Scipion disait aux Romains : Français,
il y a quelques années, à pareil jour, je luttais contre l'étranger pour défendre la patrie et je sauvais l'honneur national !
Et plus tard, à pareille heure, je luttais contre la conspiration
monarchique et cléricale et je sauvais la République et la
liberté ; montons au Capitole en rendre grâce aux dieux !

Oui ! il ne tenait qu'à lui de rester au pouvoir, il n'avait qu'à
faire quelques concessions à l'égoïsme d'un certain nombre de
ses adversaires, il suffisait qu'il leur abandonnât le scrutin de
liste ; mais ces moyens de transiger avec sa conscience, pour
rester au pouvoir, comme font la plupart des ministres dont la
politique est une politique d'expédients, ne pouvaient convenir à son génie politique, à son noble caractère, à son inaltérable loyauté, ni à sa dignité immuable, et il préféra abandonner un fardeau embarrassant, qui gênait ses mouvements
et l'empêchait d'aider la République à s'affermir et la patrie à
se relever ; comme le sauveteur se débarrasse de sa veste en se
jetant à la mer pour sauver le navire en détresse ! Non, il n'est
pas mort, ni moralement, ni politiquement ! Il est plus vivant,
plus robuste, plus grand et plus puissant que jamais dans l'esprit et dans le cœur de la France ! et, s'il se retire sous sa tente,
comme Achille, il en sortira, soyez-en sûr, ainsi que le héros
grec sortit de la sienne pour venger Patrocle ! il en sortira
lorsqu'il aura à défendre la République, la liberté et la patrie,
que les pseudo-républicains et les mauvais patriotes auront
compromises, par leur égoïsme, leur incapacité et leurs folies.

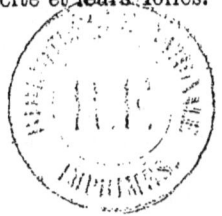

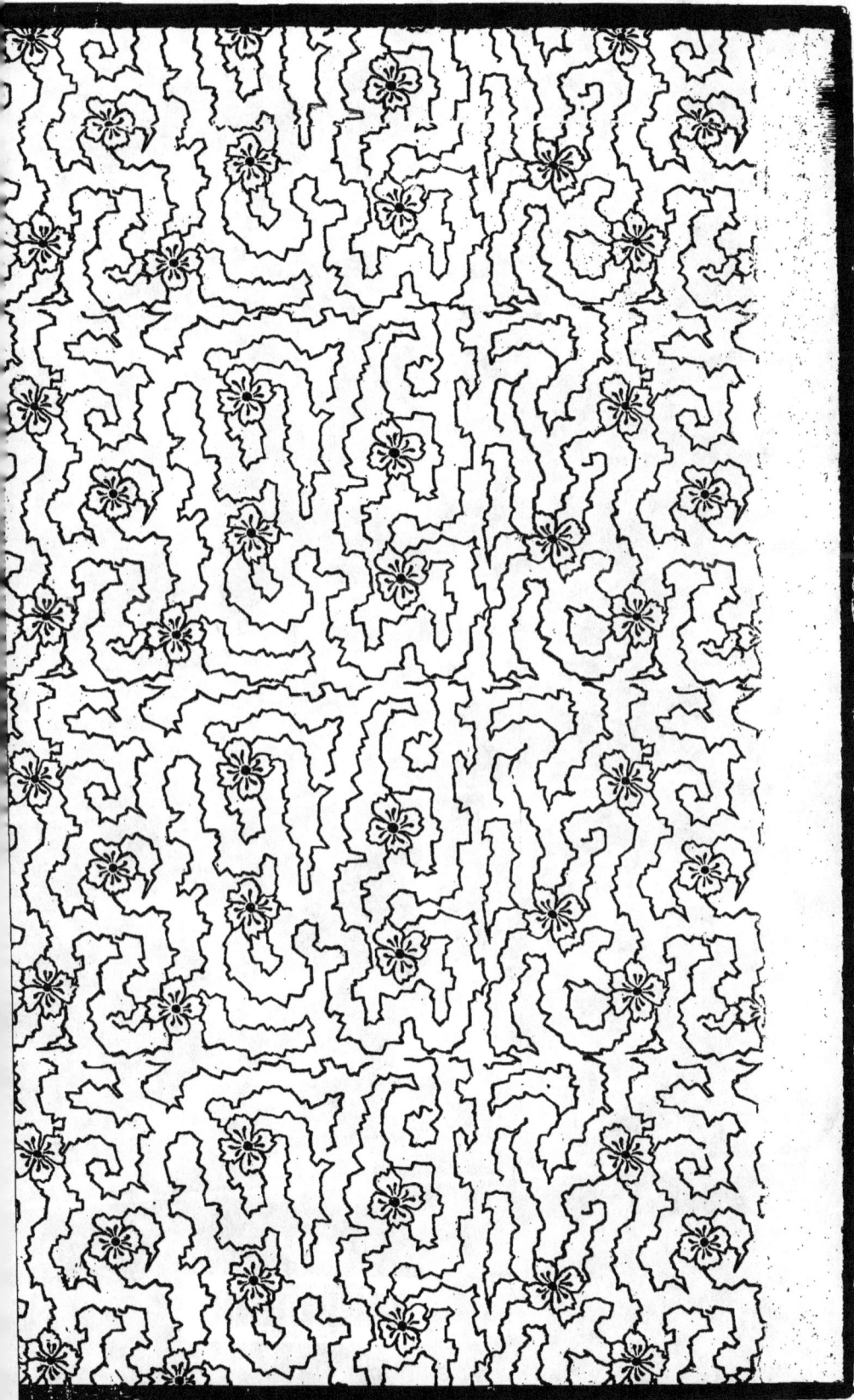

www.ingramcontent.com/pod-product-compliance
Lightning Source LLC
Chambersburg PA
CBHW071937090426
42740CB00011B/1731